Astrid von Friesen ● Von Aggression bis Zärtlichkeit

Astrid von Friesen

Von Aggression bis Zärtlichkeit

Das Erziehungslexikon

Das Wichtigste auf einen Blick

Kösel

Für Hubertus und Dorothea von Below (Döben/Sachsen), die nicht nur vier Kinder aufziehen, sondern ganz nebenbei noch eine evangelische Grund- und Mittelschule gegründet haben.

Druck und Bindung: Kösel, Kempten
Umschlag: Elisabeth Petersen, München
Umschlagfoto: Corbis/Michael Keller
Illustrationen: Mathias Hütter, Schwäbisch Gmünd
ISBN 3-466-30609-4

Gedruckt auf umweltfreundlich hergestelltem Werkdruckpapier (säurefrei und chlorfrei gebleicht)

Inhalt

Um groß zu sein, sei ganz:
Entstelle und verleugne nichts,
was dein ist. Sei ganz in jedem Ding.
Leg, was du bist, in dein geringstes Tun.

Fernando Pessoa (1888–1935)

Vorwort

Die meisten Kinder kommen »ganz«, so wie Pessoa es ausdrückt, auf die Welt. Sie werden völlig intakt, im Vollbesitz ihrer Körperlichkeit, ihrer Sinnlichkeit und mit all ihren Anlagen, die nach Entfaltung lechzen, geboren. Die Säuglingsforschung zeigt es uns in immer differenzierterer Weise: Sie sind zum Beispiel schon als Babys fähig, selbst Situationen zu gestalten, also die Kommunikation mit ihren Müttern und Vätern mitzustrukturieren.

- Sie sind voller Neugier.
- Begeistert von jedem kleinsten Spiel.
- Haben Geduld ohne Ende: Denn nur durch 100-maliges Hinfallen lernen sie laufen.
- Sie überleben durch das innige, erklärende Miteinander-Sprechen.
- Werden böse, wenn man ihnen die bereits (mühsam) erlernten Schritte durch zu rasche Hilfestellungen kaputtmacht.
- Sie sprühen vor Humor und Schalk.

- Sie kuscheln gerne. Und streiten schon bald laut!
- Sie lehren uns neu zu sehen: das Gänseblümchen, die Schnecke, die Vögel.
- Sie möchten Situationen gestalten, sind stolz auf jedes Können.
- Doch sie sind abhängig von Grenzen im Chaos dieser großen Welt.
- Sie sind fähig zur Einfühlung, zu Respekt und Höflichkeit.
- Sie lieben ihre Eltern ohne Ende. Egal, wie garstig die sind!
- Sie sind sinnlich in ihrem gesamten Körper, mit Augen, Ohren, Nase, der Haut, dem Mund. Genussmenschen!
- Emotional satt werden sie durch innige Zeit, viel Zeit, gemeinsame Zeit, intensives, unabgewandtes Zusammen-Sein!

Kinder entstellen nichts, sie müssen von sich aus nichts verleugnen. Und sie sind zunächst »ganz in jedem Ding«, also konzentriert auf den Moment, auf den Bauklotz, den sie probeweise lutschen, das Stuhlbein, gegen das sie treten, beim Klettern auf die Mauer und beim Suchen von Kastanien, beim Verkleiden und beim Sternebasteln. Sie lehren uns, dass wir nur im Hier und Jetzt Glück empfinden. Nicht in Gedanken an ein Gestern oder ein Morgen.

»Leg, was du bist, in dein geringstes Tun«: Kinder machen alles mit ihrer ganzen Person, legen in alles ihr ganzes Können, alle Sinne. Sie erinnern uns daran, dass wir in unserer eigenen Kindheit ebenso selig beim Matschen mit Sand und Wasser waren, so selbstvergessen mit Legosteinen bauten und uns so absolut glücklich beim Rodeln zwischen den Knien des Vaters fühlten. Aber diese wunderbaren Erinnerungen verursachen heute bei uns auch Neid und verhindern keineswegs die gereizte Stimme, den barschen Ton, die Ungeduld und das rasche Anschalten des Fernsehapparates ...

Pessoa sagt: »Um groß zu sein, sei ganz«! Um lebensvolle, lebenssprühende, ganze Menschen zu werden und zu sein, müssen wir möglichst all unsere Facetten entdecken, entwickeln und ausleben: Ob wir eher malen oder lieber bauen, ob wir lieber backen oder mit dem Chemiebaukasten spielen, ob wir eher zu zweit oder in Gruppen sind, lieber laut oder leise, welche Sportart, welches Musikinstrument das »unsere« werden könnte, wann es Spaß macht, was zu tun, welches Repertoire an Entspannungsmöglichkeiten wir uns schaffen, welches Reservoire an positiven Erinnerungen für schlechte Zeiten zur Verfügung steht, welche Werte in welchen Situationen zum Zuge kommen – all dies muss ausprobiert, sinnlich fühlbar erlebt werden. Täglich neu!

»Erfahrungen erwirbt man nicht durch das Sammeln und Anhäufen von Mitteilungen über Beobachtungen an Menschen, Tatsachen und Erscheinungen. Erfahren heißt: selbst erleben, stark empfinden und schmerzhaft berührt werden – durch Niederlagen, Enttäuschungen, Rebellionen und Resignation, durch Fragen, Zweifel, Wachsamkeit und Prüfung und skeptische Revision aktueller Ansichten – zur eigenen Wahrheit hin, einer Wahrheit, die niemals sicher und vollkommen ist«, so Janusz Korczak, der große polnische Pädagoge, der freiwillig mit den jüdischen Kindern seines Waisenhauses nach Auschwitz ins Gas ging!

Auch hier wieder: Nicht durch Beobachtung sammeln wir Erfahrungen, sondern nur durch das Selbsterleben und das »stark empfinden«, keineswegs durch das Leben aus zweiter Hand: über den Bildschirm, durch die Autoscheibe, in überdachten Einkaufspassagen – ohne Bodenhaftung, ohne Wind in den Haaren und Regen oder Sonne auf dem Gesicht ...

Der Kindertherapeut und Autor Wolfgang Bergmann (2002) beschreibt diesen Zustand vieler heutiger Kinder als

»Erfahrungsleere«: »Allein, zurückgezogen, dabei in seinem sozialen Auftreten scheinbar unbeschwert, unbeeinträchtigt, mit allen Anzeichen einer Selbstsicherheit, die von Arroganz und, gegenüber Erwachsenen, von Unverschämtheit kaum zu unterscheiden ist, dabei immer hektisch, unbeständig und wie getrieben ... Sie fallen auch aus dem Erlernen der grundlegenden symbolischen Ordnungen heraus ... und ziehen sich zurück in ihre Erfahrungsleere. Dieser Leere entspricht ein immer hochfahrenderes Selbstbild.«

Die Gründe? »Lieblosigkeit. Sogar in den Familien. Auch Verwöhnung kann Lieblosigkeit sein, auch Nachgiebigkeit kann Gefühlsarmut ausdrücken ... Wo Wirklichkeit sein sollte, tritt eine Ego-Realität in Erscheinung.« (Bergmann 2002) – Erst dann kommen die digitalen Medien und stabilisieren diese »Erfahrungsleere«, diese grauenhafte Kindereinsamkeit, füllen sie scheinbar tröstend mit dieser selbst fabrizierten »Ego-Realität«, die nichts mit der Wirklichkeit zu tun hat. Und lässt diese dann als Zumutung erscheinen. Solche Kinder fühlen sich ja schon gequält, wenn sie nur zum Essen den Computer verlassen müssen, geschweige denn dass sie Anforderungen wie Tischdecken oder Schularbeitenmachen ertragen könnten! Alles ist ihnen zu viel und zuwider, wie uralte Menschen scheinen sie gemartert von den kleinsten Lebensansprüchen!

Bergmann beschreibt diesen Sozialisationstypus, der bei heutigen Kindern nicht selten auftritt, nach dem Amoklauf in Erfurt. Dort wurde er in der Person des Robert S. – ins Extreme gesteigert – überdeutlich. Doch gewarnt haben wir Pädagogen davor seit Jahrzehnten, denn diese aus Amerika stammende Sozialisation ließ Schlimmes auch bei uns erwarten. Zumal die emotionale »Grundausstattung« des Menschen die gleiche bleibt! Sodass wir sagen können: Kinder sind konservative Wesen, auch wenn sich ihre Fingerfertigkeiten wegen der Gameboys und der Handys bereits verändert haben!

Kinder kommen als ganze Personen auf die Welt. Und dann passiert zu oft und viel zu früh eine *Überflutung*. Sie werden überflutet und dadurch bedroht in ihrem »Ganzsein«. Sie müssen sich wegducken, klein machen, können nicht mit ihrer ganzen Person »ganz« sein und gegen diese Flutwellen ankämpfen. Wenn ihre *»berauschten Eltern«* nicht Einhalt gebieten gegen die Gefahren der Überflutung, sondern diese selbst betreiben und/oder sich ihnen selbst aktiv aussetzen, wird es problematisch, weil das Überflutetwerden von Reizen und Gefühlen (Überstimulierung ist genauso unangenehm wie dessen Gegenteil!) zum Schutzmechanismus der Verdrängung führt: Alles wird als zu viel empfunden, das Individuum muss sich abschotten, verschließen, schlimmstenfalls sich selbst narkotisieren.

Die Folgen? Vielleicht die raschen Umwege des Konsums (kaufen, schauen, essen, chatten ...) oder das Abdriften in die Erstarrung, in die Depression, woran jeder dritte Erwachsene zeitweilig leidet – ebenso wie viele Kinder! Oder aber es entsteht der Wunsch, diese Verdrängung aufzusprengen: durch den Rausch, die Extremsportart, das exzessive Hungern. Wer sich selbst und das Leben, die Natur, die anderen Menschen nicht differenziert fühlen kann, der braucht die Extreme bis hin zur Selbstzerstörung! Wer sein Leben im gläsernen Haus führt (vor den Bildschirm, im Auto, in Einkaufspassagen), wird eines Tages mit Steinen werfen müssen, um sich selbst zu spüren ...

Die erste Überflutung ist meist die *Hektik* durch das Leben der Eltern: Gestillt wird nicht in der Stille, sondern zwischen Musikberieselung und SMS-Mitteilungen (s. Stichwort »Musik«); schon mit acht Wochen haben viele Babys ihren ersten Wochenendtrip auf der Autobahn hinter sich; mit drei Monaten sind sie schon auf lauten, verqualmten Ausstellungseröffnungen zu finden und fliegen mit einem Jahr um die halbe Welt (s. »Ferien«) – alles, was Hektik, Unruhe, Verwirrungen bewirkt, jenseits von Ruhe, von Innigkeit, von innigem Zu-dritt- oder Zu-viert-Sein, auch von Muße (s. »Langeweile«) und Sich-Zeit-Nehmen.

Dic nächste oder gleichzeitige Überflutung geschieht mit der *Nahrung*. Erwachsene ziehen mittlerweile Ernährungscoachs zurate, die ihnen für sehr viel Geld die schlichtesten Regeln beizubringen versuchen (meist dauert dies Monate, weil man sich schlechte Gewohnheiten so schlecht abgewöhnen kann!). Zwei Dinge sind offensichtlich das Wichtigste fürs bessere, schlankere, gesündere Leben. Erstens: am besten nur drei Mahlzeiten pro Tag (Gemüse, Vollwertkost, Obst). Strenges, höchst altmodisches Nicht-zwischen- den-Mahlzeiten-Naschen, möglichst mehrere Stunden lang nicht, weil erst dann die Verbrennung hochtourig laufen kann! Und zweitens: Wasser trinken! Stündlich einen viertel Liter! That's all!

Kinder werden »überflutet« von unregelmäßigem Essen und permanentem Naschen, nahezu rund um die Uhr. Außerdem: Die Nahrungsmittel sind zu fett, zu süß, zu salzig. Die meisten Kinder essen (s. »Essen und Trinken«) fast immer, kauen auf irgendetwas herum: im Bus, in der Schule, beim Fernsehen. Ein typisches Verhalten von Babys, auf deren Entwicklungsstufe viele Menschen offensichtlich stehen bleiben! Die daraus resultierenden Ernährungsstörungen werden spätestens in 15 Jahren unseren Krankenkassen und damit jedem von uns schwer zu schaffen machen!

Eine weitere »Überflutung« geschieht durch unbeständige *Familienkonstellationen*. Die Kindergartenfrage »Wie viele Eltern hast denn du?« bringt es auf den Punkt. Heutzutage vermehren sich weniger die Kinder als die Erwachsenen. Lassen sich die Eltern und nur ein Großelternpaar (s. dort) scheiden (s. »Scheidung«) und verheiraten sie sich neu, kommen auf ein Kind zehn liebeshungrige Erwachsene, die bis aufs Messer mit Geschenken (s. »Geschenke und

Konsum«) und Klimbim konkurrieren, immer in der panischen Angst (s. »PAS-Syndrom«), die Liebe der Kinder zu verlieren. Da lassen sich Erwachsene, die eigentlich die pädagogische Vernunft walten lassen sollten, buchstäblich erpressen oder erschleichen sich Zuneigung durch sinnlose Geschenke und unpädagogische Verwöhnung. – Und dann die tiefen, verstörenden und oftmals ein Leben lang anhaltenden Verwirrungen durch geheime, »künstliche«, leibliche, soziale, juristische oder temporäre Väter und Mütter, abgesehen von allen Liebespartnern, die die Kinder auch noch verkraften müssen ... (s. »Scheidung«; »Stiefeltern«; »Vaterentbehrung«).

Der Mangel an Kontinuität, an Vaternähe, an Grenzen (s. dort), an beständiger Wärme und Zugewandtheit mit viel Zeit gräbt Spuren und bewirkt emotionalen Hunger (s. dort). Absolut vergleichbar mit Mangelernährung: Je früher und langanhaltender erlitten, desto schlimmer und unauslöschlicher werden die Fehlbildungen sein!

Eine Überflutung findet auch durch die *akustische Umweltverschmutzung* (s. »Musik«) statt, durch die ständige Berieselung im Aufzug, im Auto, bei den Schulaufgaben ... Ohren lassen sich nicht verschließen, also müssen dies auf einer tieferen Ebene unser Bewusstsein und unsere Gefühle tun. Wir stumpfen ab! Die hyperaktiven Kinder (s. »Hyperaktivität«), die von der typischsten Krankheit unserer Zeit gequält werden, spiegeln fast 1:1 unser aller Leben: hektisch, unkonzentriert, schnell aufbrausend und aggressiv, ohne tiefere Gefühle, aber dahinter voller Einsamkeit, dem permanenten Gefühl des Versagens und des Verwirrtseins ob der überflutenden Vielfalt und der dadurch bewirkten unendlichen Hilflosigkeit, Unruhe und Ziellosigkeit.

Und dann die Medien: Fernsehen, Computer (s. dort) und Internet. Eine Überflutung durch Grenzenlosigkeit, Raumlosigkeit, Zeitlosigkeit, unermessliche, auch unmenschliche Geschwindigkeit, Sprunghaftigkeit und Unvorhersehbarkeit (Bergmann 2002), und das hunderte von Stunden im Jahr! Verlorene Lebenszeit, denn in dieser Zeit kommen die Kinder nicht zum inneren Strahlen, werden nicht selbstbewusst und autonom, erobern sich weder mit Händen noch mit Füßen Lebensfreude. Kopfhörer auf den Ohren, Bildschirm vor den Augen, in der Unbeweglichkeit erstarrt, ständig Chips konsumierend: So werden Kinder ruhig gestellt. Abgestellt! Und fühlen sich innerlich leer, unlebendig, tot! (So erging es Robert S., der nur in einer Explosion von Gewalt, Blut und Tod für sich einen Ausweg sah.)

Eine wichtige Frage ist: Was tun Kinder nicht, wenn sie glotzen oder chatten? Sie bewegen sich nicht, reden nicht, lernen weder Frustrationstoleranz (s. »Spiel«; »Soziales Lernen«) noch für die Schule, stärken keineswegs ihr Selbstbewusstsein, auch symbolisieren sie nicht mehr. Das heißt, sie entwickeln keine eigenen Bilder (wie beim Lesen) und lernen deswegen immer weniger mit ihren eigenen Gefühlen und Affekten umzugehen (s. »Aggression«; »Wut«). Sie werden ja auch von tausenden von Affekten, Problemen, Gewalttaten überflutet. Viele große und kleine Menschen sind eindeutig süchtig nach dieser schnellen Befriedigung und verlieren in der Banalität, dem Immer-Gleichen der Medien das Gefühl für sich selbst (s. »Einsamkeit«; »Freunde«; »Familienghetto«, »Süchte«).

»Wenn mein eigenbestimmter Takt durch einen Maschinentakt übertönt wird, verliere ich auch die Fähigkeit, mich dem Du gegenüber taktvoll zu verhalten. Und offensichtlich geht mit dem Takt auch der Respekt verloren. Beschädigt wird die kindliche Seele nicht nur durch unmittelbare Gewalteinwirkung (›Seelenmord‹), sondern auch indem existenzielle kindliche Bedürfnisse wie z.B. das Spielen dem Maschinentakt unterworfen werden. Und nicht zu weit hergeholt erscheint die Vermutung, dass zertrümmerte

Schamgrenzen, Beziehungsverluste und der Eintausch menschlicher Würde gegen den maxi-thrill sich in der sexuellen Gewalt gegen Kinder fortsetzt ... Umgekehrt: Der Rückfall in die Zivilisation würde mit Abschaffung der Quotengeilheit in den Medien beginnen.« (Schiffer 1997, S. 189)

Kinder sollten sich zunächst in ihrer Welt (s. »Spiel und Kreativität«), mit ihren Gefühlen, mit ihren Mitmenschen zurechtfinden, sich dort verwurzeln, eine Basis erobern, ehe sie in ferne Welten per Knopfdruck und Mausklick aufbrechen, zumal die Medienbilder die Tendenz haben, seelisch zu entleeren. Man sieht es viel fernsehenden Kindern an: Sie haben leere Blicke und vermeiden jeglichen realen Kontakt, reagieren unwillig bis aggressiv bei normaler Nähe und realer Ansprache. Und Erwachsene, die viel fernsehen, haben immer weniger Energie, um ihre Ehen, ihr Familienleben zu gestalten und ihren Lebenssinn (s. »Sinn und Sinnlichkeit«) zu suchen, geschweige denn die Welt ein klitzekleines bisschen zu verbessern (s. »Altruismus«), um damit ihren Kindern Vorbild zu sein und Hoffnung zu vermitteln ...

Die Medien: Lebenszeitkiller, Ehe- und Familienzerstörer und Energieräuber!

Viele Eltern der 15-jährigen Schüler aller Schulstufen, die bei der weltweiten PISA-Studie 2001 so blamabel abschnitten, haben sich entschieden, der »Spaßgesellschaft« anzugehören und nicht der »Wissensgesellschaft«, so der damalige Kultusminister von Sachsen, Matthias Rößler (2002, S. 63). Es wurde überdeutlich, dass es einen engen Zusammenhang gibt zwischen dem Besitz und dem Gebrauch klassischer Kulturgüter (Literatur, Gedichte, Kunstgegenstände, Theater- und Museumsbesuche) und den Schülerleistungen, unabhängig von den sozialen Verhältnissen, d.h. von der Größe des Autos und der Wohnung.

Minister Rößler poiniert es: »Wohlstand und sozialer Aufstieg haben sich von Bildung und Teilhabe am kulturellen Leben abgekoppelt ... Das Problem dabei ist, dass es sich viele *nur dieser* Elterngeneration leisten können, auf Bildung und Kultur ... zu verzichten. Für ihre Kinder gilt dies nicht mehr. Denn PISA hat bewiesen: Wer sich trotz sozialen Aufstiegs und Wohlstands nicht um Bildung und Kultur bemüht, der erhält die Quittung in der nächsten Generation. Vielen der Fünfzehnjährigen fehlt fast unwiederbringlich eine Bildungs- und Kulturerfahrung aus dem Elternhaus und damit droht ihnen der soziale Abstieg ... Wer seinen Kindern nicht vorliest, sie stattdessen vor den Fernseher setzt und ihnen lieber die neuesten Computerspiele als Bücher schenkt, darf sich nicht über fehlende Lesekenntnisse wundern.« (S. 63)

Auch gibt es eine Überflutung vom *Ego*, von den Befindlichkeiten. In den Talkshows palavert es uns ungezählte Stunden am Tag entgegen: Es gilt, seine innigsten Gefühle auf dem Marktplatz der Öffentlichkeit zu präsentieren – bezogen auf unsympathische Mitmenschen, auf Samencocktails, auf bettnässende Kinder und Katzenfutter. Reden, Gefühle austauschen ist ein Frauen-Spezifikum: Ich fühle, also bin ich, also haben alle anderen Unrecht, sind weniger erleuchtet und sollten am allerbesten so wie ich denken, handeln, sogar sein! Besonders natürlich die Männer. Leider hat auch das weibliche Bereden, dieses endlose »ja ... aber«, dieses gegenseitige Hochpuschen unter Freundinnen weder die Beziehungen noch die Familien noch die Welt nennenswert vorangebracht. Schlimmer noch: Es lenkt oftmals vom Fühlen, vom Handeln, ja sogar vom »wirklichen Leben« ab! Neben dem Reden bleibt einfach zu wenig Zeit. Auch bleibt die Vernunft, der Diskurs auf der Strecke. Und dies sollte neben der emotionalen Intelligenz unbedingt das zweite wesentliche Standbein in der Erziehung bilden!

Zudem ist das Ego ziemlich langweilig: immer dasselbe, immer die gleiche Leier! Es wird überproportional viel über das Leben geredet: beim Telefonieren, beim SMS-Schreiben, bei jedem Treffen aller möglichen Leute. Sehr viel weniger wird »gelebt«, d.h. Sinnliches (s. »Sexualität«) erfahren, Neues ausprobiert, getan, verändert, die Ärmel aufgekrempelt. – Wann haben Sie mit Ihren Kindern das letzte Mal genussvoll im Wald gespielt?

Eine ständige Überflutung geschieht generell durch Verwöhnung, die nichts mit Liebe zu tun hat. Manchmal mehr mit versteckten Aggressionen, weil der Erwachsene zu ungeduldig ist. Die kindlichen Anforderungen nach Zeit, Zärtlichkeit und Zuwendung, Pestalozzis drei große Zs, werden kurzerhand erstickt durch Konsum, Schnell-mal- eben-Erlauben oder durch »Totloben« (s. »Lob«). Alles wird den Kids abgenommen: Sie können weder ihr Fahrrad flicken noch das Badezimmer putzen (s. »Haushaltspflichten«) noch ihre Hemden selbst bügeln. Sie werden erzogen zu einem Leben mit Butler und Köchin: So wird das Scheitern in ihren späteren Partnerschaften vorprogrammiert! – Verwöhnt werden Kinder auch, indem Eltern sie zur Schule chauffieren, ihnen z.B. keine Saxophon-Disziplin von 30 Minuten pro Tag abfordern, sie alle vier Monate den Sportverein wechseln lassen und indem sie ihre Handy-Rechnungen bezahlen.

Noch zugespitzter sieht es der Neurologe Gerald Hüther: Wenn Kinder lange Zeit mit »Schreien und Zappeln durchs Leben kommen«, was durch das Verwöhnen provoziert wird, entwickeln sie falsche Lebens- und Problemlösungsstrategien. Dies zeichnet sich im schlecht durchbluteten Frontalhirn ab, so wie es bei hyperaktiven Kindern (s. dort) zu beobachten ist (*Der Spiegel,* H. 11/2002).

Dem liegt ein spezieller Egotrip der Erwachsenen zugrunde: Denn verwöhne ich ein Kind (unpädagogisch), verwöhne ich in erster Linie mich selbst! Es ist kurzzeitig angenehmer, das Bett des Zehnjährigen zu machen, als es dutzende Male anzumahnen; es ist bequemer, die Kinderschokolade zu kaufen, als mitten im Supermarkt einen Machtkampf auszufechten; es ist einfacher, »rasch mal eben ein Geschenk mitzubringen«, als sich zu überlegen, ob der Besitz des x-ten Steiftieres Sinn macht und pädagogisch zu vertreten ist. Es ist viel einfacher, keine Zeitprioritäten für die Kinder zu setzen, sondern ihnen einen Platz vor dem Bildschirm anzubieten und freizuhalten. Nach einer Scheidung (s. dort) ist es augenscheinlich einfacher, die Kinder im Horror der Besuchsregelungen und im Loyalitätskampf seelisch zu zerreißen, als Vernunft anzunehmen und respektvoll miteinander umzugehen!

Eltern sind auch nur Menschen, weswegen in diesem Buch versucht wird, die enge Verschränkung zwischen ihrem pädagogischen Handeln und ihren Kindern zu bedenken. Denn in den meisten Situationen geht es um »menschliches«, nicht rein »pädagogisches« Handeln, weshalb es hilfreich ist, dass Eltern sich erst einmal über ihre eigenen Gefühle, Ambivalenzen, Überforderungen, Hilflosigkeiten, ihre kurzzeitigen und langfristigen Erziehungsziele, über ihre eigene Stimme, ihre eigenen Schlafrhythmen, ihre eigenen Ernährungs- und Mediengewohnheiten klar werden (s. »Das innere Kind«). Am besten schriftlich (s. »Erziehungsmethoden«)! Denn logischerweise kann man ein Kind nicht gesund ernähren und aufwachsen lassen, wenn man selbst ungesund lebt!

Und natürlich hängt das eigene Verhalten mit den Erfahrungen in der eigenen Kindheit zusammen. Man kann nur so viel Liebe weitergeben, wie man selbst gespürt hat, nur so viel Weisheit, wie man selbst »eigenhändig« erworben hat, nur die Lebenserfahrung transportieren, die wir »stark empfinden und (die uns) schmerzhaft berührt« hat (Korczak).

Aus Mangel an Lebenserfahrung (z.B. noch nie ein Kind länger als zehn Minuten im Arm gehalten, bevor das eigene kam!) und in Krisen ist es deswegen manchmal sinnvoll, sich professionelle Hilfe (s. dort) zu suchen: nicht erst fünf Minuten vor der Scheidung, nicht erst nach drei Jahren Bauch-, Rücken- und sonstigen Schmerzen bei sich selbst oder den Kindern, sondern bald, rasch. Es ist ein Luxus, keine Strafe, sich weiterentwickeln zu dürfen und mit Fachleuten an der positiveren Gestaltung des Lernens, der intensivierten Entspannung, der Familienstruktur, der misslingenden Kommunikation zu arbeiten (s. »Erziehungsmethoden«; »Professionelle Hilfe«)! Und manchmal erfährt man, dass sich nur ein kleines Rädchen im Ehe- und Familiengetriebe – jedoch mit potenziell katastrophalen Folgen – verklemmt hat, welches erstaunlich rasch zu »reparieren« ist.

Kinder lassen sich mit jungen Bäumen vergleichen. Fügt man diesen sehr früh kleine Kerben bei, wird dies die Pflänzchen absterben lassen. Wird die gleich große Kerbe erst in späteren Jahren beigebracht, bleibt eine große Narbe sicht- oder spürbar. Bei einem ausgewachsenen Baum bewirkt die gleiche Kerbe nur einen kleinen Kratzer!

Folgende Frage wird anhand der 60 folgenden Erziehungsbegriffe immer wieder zu beantworten versucht: Wie können Eltern fröhlich, sinnlich, genussvoll, zielorientiert, gesund und zärtlich zugewandt mit ihren Kindern umgehen, damit diese fröhlich, sinnlich, gesund, genussvoll sowie ziel- und lernorientiert aufwachsen?

Oder: Wie kann ich das innere Strahlen meines Kindes bewahren?

Literatur

Bergmann, Wolfgang: »Das kindliche Ego. Verirrt im Niemandsland der Computerspiele«, in: *MUT*, H. 6/2002

Rößler, Matthias: »Aufschlussreiche PISA-Studie«, in: *MUT*, H. 2/2002

Schiffer, Eckhard: *Der kleine Prinz in Las Vegas. Spielerische Intelligenz gegen Krankheit und Resignation*, Weinheim: Beltz 1997

Aggression und Ärger

Zunächst sind Kinder erst einmal Opfer von Ärger und Aggressionen: 80 % von ihnen geben an, von den Eltern geschlagen zu werden, so der Kinderschutzbund Deutschland. Hinzu kommen 100 000 Kinder, die stark vernachlässigt sind, was eine Form von Daueraggression ist, sowie 1,3 Millionen Kinder, die unter körperlicher Misshandlung leiden: Jungen erleiden eher körperliche Gewalt, Mädchen sexuelle – und das von den eigenen Eltern, Stiefeltern, Großeltern und Verwandten, also von denen, die dazu da sind, Kinder zu schützen! – Und erst seit dem Jahr 2000 stehen körperliche Strafen und seelische Gewalt gegen Kinder unter Strafe! Ganz zu schweigen von den gereizten Stimmen, dem genervten Gezerre am Arm, dem Rumgebrülle, dem eisigen Schweigen und der bestrafenden Opfermiene usw., die Kinder ängstigen und quälen.

Kinder ärgern sich – genauso wie Erwachsene – im Durchschnitt einmal pro Tag. Bei sehr kleinen Kindern ist ihre erste, noch unzivilisierte Reaktion oft das Spucken, Beißen, Kratzen, Hauen. Völlig normal. Denn es bedarf der Erziehung, um ihnen klar zu machen, dass dies keineswegs (!) zum gewünschten Ziel führt, Streit damit nicht zu schlichten ist, Situationen dadurch vielmehr eskalieren können.

Aggressionen gehören zu unserem Leben und Kinder müssen lernen, damit umzugehen. Erhebt sich bei Geschwistern im Kinderzimmer das Gebrüll, sausen Eltern – getrieben von ihrem Beschützerinstinkt – meist sofort hin, werfen sich (oft auch nicht auf der Höhe ihrer Vernunftbegabung) mitten ins Getümmel und stellen die unheilvolle

Frage »Wer hat ...?«. Unheilvoll insofern, weil es keine »objektive« Wahrheit gibt, da jeder den Streit völlig anders bewertet (so wie auch Sie und Ihr Partner Ihren Ehekrach!) und damit die Schuldfrage eingebracht wird. Je nach Tageslaune und uneingestandenen Vorlieben für das eine Kind, wird dann »gerichtet« ... Erkennen Sie lieber Ihre Grenzen: Die wirkliche Ursache bekommen Sie doch nicht heraus, denn beide Seiten haben ihren Anteil! Also eher raushalten!

Seltsam, dass die meisten Streitigkeiten am Wochenende, im Urlaub, in Hörweite der Eltern passieren! Das geheime Ziel der Kids: Beachtung! Lieber ausgeschimpft als missachtet. Dummerweise unterstützen Eltern dann das falsche »Lernen«, wenn sie mehr Aufmerksamkeit den Zankereien widmen als dem friedlichen Verhalten.

Einige Regeln, wie Eltern und Kinder mit ihren jeweiligen eigenen Aggressionen sinnvoller umgehen können:

- Deeskalation als erster Schritt, sprich: Ablenkung, ohne auf die Streitigkeiten einzugehen.
- Nicht einmischen bei normaler Streitlage: Kinder sind stark und müssen (!) es lernen, ihre Angelegenheiten selbst zu regeln.
- Keine »automatische« Bewertung: Immer sei der Älteste schuld. Auch kleine Mädchen können versteckt und subtil biestig sein ...
- Klare Regeln: keine Schimpfwörter, keine Gewalt. Doch auch die feine Unterscheidung, dass eine Balgerei noch keine Gewalt darstellen muss und Spaß macht und der tägliche Ringkampf mit dem Vater (s. »Bewegung«) Aggressionen löst und Fairness einübt!
- Jedem Kind Gelegenheit geben, über seine Wahrnehmung der Situation zu berichten – Ohne Unterbrechung vom Kontrahenten. Denn jeder hat seine (!) Wahrheit, die er erzählen darf.

- Auch mit jungen Kindern tagtäglich die Frustrations- Aggressionskette aufdröseln: »Ich war frustriert, weil meine Puppe kaputtging ... da kam Sven gerade ins Zimmer und wollte nur den Ball holen ... da habe ich ihn angeschrien und ihm den Ball weggenommen ... da hat er mich gehauen ...«!
- Nehmen die Schimpfwörter überhand, kann ein Paradoxon helfen: 15 Minuten darf geflucht werden. Danach nicht mehr! Die Luft ist ziemlich bald raus!
- Mit Kindern darüber sprechen, auf welche Reize sie und ihre Eltern besonders allergisch-aggressiv reagieren: Das kann ein Wort, eine Stimmlage, ein spezielles Ohnmachtsgefühl sein. Den positiven (!) Umgang mit dieser »Gefahrenlage« täglich notieren und belohnen (eine gute Übung auch für jeden Erwachsenen!).
- Strategien und ein ganzes Repertoire für schwierige Situationen gemeinsam für jedes Familienmitglied entwickeln und aufschreiben: ablenken (weggehen, weghören); entspannen (Wut ausatmen); Quasi-Aggressionen: mit Tennisschläger aufs weiche Bett hauen, im Wald brüllen ...; neutrale Aktivität: Klavier spielen, die blöde Situation malen ..., eine Runde Joggen ...!
- Die hinter der Aggression liegenden tiefen Ängste ansprechen: »Immer wollen mir alle etwas Böses!«, und diese »negativen Glaubenssätze« immer wieder korrigieren: »Nur heute wollte Jan mich ärgern, weil er wütend war über seine Fünf in Mathe.« – »Er hat mich angerempelt. Aber nur aus Versehen!« – »Schularbeiten machen mich wütend. Aber ich tue mein Bestes. Ich bin o.k.«.
- Bewegung (s. dort) und das Austoben von Wut, Enttäuschungen, komischen Gefühlen, Langeweile (s. dort) usw. sind das Wichtigste für Kinder. Wenn möglich, Kinder z.B. nicht mit dem Auto zur Schule bringen, denn Bewegung vor und nach dem sechsstündigen Sitzen tut gut,

entspannt und fördert das Selbstbewusstsein. Nur unsichere Menschen meckern, brüllen und schlagen!

- Einfühlung in andere (s. »Soziales Lernen«) mindert u.a. Ängste vor dem »Fremden« (s. »Fremdenangst«). Das geht durch Gefühleraten bei Passanten oder bei TV-Figuren mit abgestelltem Ton, durch Mimik- und Rollenspiele, durch das Einfühlen in die andere Person: »Ich setze mich jetzt so hin wie Papi und rede mit seiner Stimme und erkläre die Situation aus seiner Sicht ... Und Papa nimmt meine Position ein.« Streitigkeiten noch einmal durchspielen mit vertauschten Rollen!
- Bestrafungen sollten immer ohne Aggressionen, Angstmacherei und Beschämung durch die Erwachsenen erfolgen, möglichst unmittelbar (s. »Grenzen«). Sie sollten »natürliche Konsequenzen« beinhalten: aus dem Zimmer weisen, Entschuldigungen, Wiedergutmachung (real oder auch symbolisch: »Dafür putze ich die Kellertreppe«), Entzug von Taschengeld, Fernsehen, Belohnungen usw. Die Strafe muss immer begründet werden, denn sie soll keinen blinden Gehorsam erzwingen und soll zum Aufbau von positivem Verhalten führen!

Literatur

Eisenberg, Götz: *Amok – Kinder der Kälte. Über die Wurzeln von Wut und Hass,* Reinbek: Rowohlt 2000

Walter, Dagmar C.: *Kinder vor Gewalt schützen. Erkennen, vorbeugen, eingreifen,* Zürich: Kreuz ²1998

Zeltner, Eva: *Kinder schlagen zurück. Jugend-Gewalt und ihre Väter,* Gümligen: Zytglogge ²1994

Alkohol

30 % der 12- bis 25-jährigen jungen Leute trinken regelmäßig Alkohol, 34 % haben einen geringen Alkoholkonsum. Nur 8 % der Jugendlichen sind völlig abstinent. Eine häufige Koppelung: Zwei von fünf Jugendlichen (41 %) rauchen, bei den 12- bis 15-Jährigen sind es bereits 35 %! Ihre ersten Alkoholerfahrungen haben drei Viertel von ihnen zu Hause gemacht. Und, wie eine weitere Untersuchung belegt, der Genuss ist stark abhängig von der häuslichen »Verfügbarkeit«, denn je früher Alkohol probiert wird, desto eher wird das Trinken zur Gewohnheit. (Bundeszentrale für gesundheitliche Aufklärung 2001)

Alarmierende Zahlen! Doch wen können sie wirklich wundern? 4,3 Millionen Erwachsene sind in Deutschland alkoholabhängig, Millionen andere auf dem Weg dorthin – in voller Verleugnung! Die (Krankheits-)Folgekosten von zu starkem Alkoholkonsum betragen 20 Milliarden Euro im Jahr (erhöhte Gefahr von Rachenraum-, Leber-, Brust- und Darmkrebs, Schädigung des Nerven-, Immun- und Hormonsystems, Potenzstörungen, erhöhte Gefahr von Verkehrs-, Sport- und Badeunfällen). Auch fließt in jedem »coolen« Film viel Alkohol und die Werbung verspricht das glückliche, leichte, reiche Leben durch den Genuss von diesem oder jenem alkoholischen Getränk.

Alkoholkranke Eltern bereiten ihren Kindern oft die Hölle auf Erden: Sowohl in der Schwangerschaft als auch später, weil sie keinen kontinuierlichen Kontakt herstellen können, was besonders Säuglinge zutiefst schädigt; sie bieten keine Geborgenheit, sondern oftmals unrealistische, beängstigend schwankende Reaktionen, Aggressivität, Schläge, Missbrauch. Kinder werden für ihr Leben geschädigt!

Ein kurzfristig glücklich, entspannt, kommunikativ machender »Stoff« ist immer ein Umweg. Man möchte einen bestimmten Zustand erreichen, doch ohne Alkohol gelingt es nicht: Erst er sorgt für Entspannung nach einem frustrierenden Tag, für Verdrängung nach einem Streit und das Auffüllen von innerer Leere und Langeweile.

Normaler alltäglicher Frust wird auch schon den Kleinsten nicht mehr zugemutet, weil ihre Eltern ihn als eigene Zumutung empfinden: Quengelt ein Kind im Supermarkt, werden ihm natürlich die Süßigkeiten gekauft. Schlägt es sich das Knie auf, wird weniger körperlich und sinnlich getröstet, als rasch ein Bonbon in den Mund geschoben. Schläft es vor Angst wegen des Mathematiklehrers schlecht, werden ihm Schlafmittel oder sogar Psychopharmaka verabreicht. Der schnelle, von außen kommende Weg zur Frustrationsreduzierung wird täglich eingeübt. Umwege werden somit regelrecht trainiert, weswegen das Kind nicht lernt, aus eigener Kraft Situationen zu verändern, darüber zu sprechen, Schmerzen auszuhalten, sich Schlaf oder Entspannung selbstständig zu verschaffen und mit Ärger und Wut sinnvoll umzugehen. Dann ist es kein Wunder, wenn die Kids mit zwölf Jahren bei Krisen oder um den Freunden zu imponieren zu anderen Drogen greifen: Weglutschen, runterspülen statt lösen!

Auch leben die Eltern die »Umwege« vor, indem sie selbst ihre Möglichkeiten der direkten Konfliktbearbeitung nicht ständig ausweiten, sondern ihr Leben durch »Ersatzstoffe« immer stärker reduzieren. Viele Eltern haben kein Bewusstsein dafür, dass Kinder und Jugendliche wegen ihres sich noch entwickelnden Körpers und Geistes speziell geschützt werden müssen: vor den Anfechtungen und Verführungen, die natürlich auch jeder Supermarkt bereithält. Das Erziehungsziel, Kinder suchtfrei aufwachsen zu lassen, wird nur noch selten erreicht.

Es geht bei all diesen Stoffen um orale Befriedigung, um das In-den-Mund-Schieben-und-Schlucken. Ein Hinweis darauf, dass diese Kinder nicht »satt« sind, dass sie emotional bedürftig sind, oftmals ausgehungert nach Zärtlichkeit, Zeit und Zuwendung, ohne die Liebe ein hohler Begriff bleibt.

Alkoholismus entsteht keineswegs plötzlich, sondern aufgrund einer Haltung, die von Tag zu Tag ein bisschen mehr Verantwortung für sein eigenes Leben an den »Ersatzstoff« abgibt. Abhängigkeit entsteht über einen negativen Lernprozess in der Erziehung zur Inkompetenz, sein Leben positiv zu bewältigen. Es geht dabei auch um die Frage, wie die Eltern die Gratwanderung zwischen ihrem eigenen Alkoholkonsum und ihrer Vorbildfunktion handhaben. Wichtig ist auch, den Kindern zu vermitteln, dass es Dinge gibt, die Erwachsene dürfen, aber sie noch keineswegs! Der schlechteste Weg: das eigene problematische Verhalten den Kindern direkt weiterzugeben, frei nach dem Motto »Gönne« ich mir diese oder jene kleine oder große Sucht, soll mein Kind auch süchtig werden! So, als ob die Erwachsenen einen Mittäter bräuchten, um ihre eigenen Verfehlungen besser ertragen zu können. Denn wer die verzweiflungsvollen Anstrengungen kennt, sich das Trinken oder Rauchen abzugewöhnen, der wird alles in seiner Macht Stehende tun, damit ein junger Mensch sich dieses Problemlösungsverhalten gar nicht erst angewöhnt. Aber dazu braucht es Zeit, viel Zeit, um täglich mit den Kindern nicht stoffgebundene Strategien zur Bewältigung des Lebenstrubels einzuüben: Zeit und Sprechen, Nähe und Intimität, Zärtlichkeit!

Fazit:

- Emotional satte Kinder brauchen keine Ersatzstoffe!
- In der Familie immer wieder Strategien zur Entspannung besprechen, einüben und gemeinsam erlernen (z.B. in der Volkshochschule, in Sportvereinen).
- Mineralwasser als Einziges gegen den Durst etablieren!
- Der absichtliche Alkoholkonsum eines Kindes ist ein Alarmsignal. Sofortige professionelle Hilfe für die gesamte Familie ist nötig!
- Sport, Bewegung und Reden macht satt!
- Wenn (pubertäre) Kinder Kummer haben und nicht reden, ihnen andere Gesprächspartner vermitteln!

Literatur

Bundeszentrale für gesundheitliche Aufklärung (Hrsg.): *Die Drogenaffinität Jugendlicher in der Bundesrepublik Deutschland*, Köln 2001

Stimmer, Franz u. Müller-Teusler, Stefan: *Jugend und Alkohol. Jugendalkoholismus – Ursachen, Auswirkungen, Hilfen, Prävention*, Wuppertal/Bern: Blaukreuz 1999

Alleinerziehende

1999 gab es in Deutschland laut Familienministerium 1,84 Millionen Alleinerziehende, davon waren 18 % Väter, d.h., 2,7 Millionen Söhne und Töchter wachsen nur mit einem Elternteil auf (*Süddeutsche Zeitung* vom 17.9.2001). Und: Eine Million Kinder unter 18 Jahren bekamen im Jahr 1997 Sozialhilfe, davon lebten die Hälfte (48 %) im Haushalt ihrer allein erziehenden Mütter (Weiß, 2000 S. 18).

Nur wenige Erwachsene gestalten ihr Leben so, dass sie ein Kind »ganz für sich« allein haben wollen, quasi als Teddybär-Ersatz, nicht als einen Menschen mit eigenem Lebenssinn jenseits des Kuscheleffekts. Die meisten Kinder werden in Liebe gezeugt, doch die Liebesfähigkeit, sprich Frustrationstoleranz, Nachsicht, Einsicht, ist immer weniger ausgeprägt, sodass die so lebensnotwendige Triangulierung, das Dreieck aus Mutter, Vater und Kind, oftmals nicht lange hält (s. »Väter«; »Vaterentbehrung«). Die meisten Erwachsenen gehen somit augenscheinlich davon aus, dass Kinder beide Eltern brauchen, auch wenn sie dies oft nicht realisieren können.

Auch wenn Frauen Kinder quasi ohne Vater bekommen, steht ihnen zwar nach dem Bundessozialhilfegesetz sowie den Landeserziehungsgesetzen bis zum Ende des dritten Lebensjahres Hilfe zu, doch oftmals mit der Kehrseite, dass sie in diesen Jahren etwas passiv und träge werden und danach die Rückkehr in die Berufstätigkeit nicht mehr schaffen. Zumal die öffentliche Kinderbetreuung sehr zu wünschen übrig lässt und es immer noch nicht genügend qualifizierte Teilzeitarbeitsplätze gibt, die familienkompatibel sind. Nicht selten wird aus diesem Grund das nächste Kind gezeugt, um wiederum in den Genuss staatlicher Zuwendungen zu kommen.

Da eine Scheidung (s. dort) für die Partner und die Kinder immer eine Katastrophe und eine schwere Lebenskrise bedeutet und der- oder diejenige mit den Kindern sich völlig neu orientieren muss (Wohnung, Beruf, Kinderbetreuung, schlechtere finanzielle Lage), ist dringend anzuraten, sich Hilfe zu suchen: in Selbsthilfegruppen, bei Psychotherapeuten für die Erwachsenen und/oder die Kinder, aber auch durch Kindertausch mit anderen Eltern usw. – Nur ein Übermensch könnte solch einen Zusammenbruch der eigenen Familienstruktur alleine bewältigen. Und: Hilfen nicht anzunehmen zeugt keineswegs von Stärke, sondern nur von mühsam und Energie verschwendendem Verstecken der meist allen ins Auge springenden Schwäche. Außerdem brauchen Kinder Stabilität, die Geschiedene oftmals über Jahre nicht bieten können, sowie – dringend! – den Kontakt zum anderen, meist männlichen Elternteil (s. »PAS-Syndrom«).

Das Vorurteil, alle folgenden Schwierigkeiten der Kinder auf die Situation des Alleinerziehens zurückzuführen, ist weit verbreitet. Doch sollte jeder genauer hinsehen: Vielleicht liegen die Probleme der Heranwachsenden auch an dem Desinteresse, der Kälte, der Ich-Bezogenheit der Eltern, was genauso oft in vollständigen Familien der Fall ist. Oder an den Konflikten, die die geschiedenen Eltern noch miteinander haben und unter denen die Kinder leiden (z.B. Stress bei der Besuchsregelung). Auch maßen sich gerade Mütter oftmals an, den männlichen Part ersetzen zu können, was per se nicht funktioniert, sondern zu schädlichem Perfektionismus und extremer Kontrolle führt, was wiederum den Kindern schadet. Auch haben viele Erwachsene das tiefe (kindliche) Bedürfnis, ständig geliebt zu werden (s. »Jammern«), und können schlecht mit der (zeitweiligen) Wut ihrer Kinder gegen sie umgehen. Sie verlieren ihre Klarheit und Konsequenz, setzen keine Grenzen und machen sich selbst erpressbar.

Wenn beide Eltern nicht in Klarheit und mit innerer Gelassenheit zu ihrer eigenen Trennung bzw. zu ihrem Alleinsein stehen, greifen Kinder oft (unbewusst) diese inneren Konflikte auf und versuchen immer wieder, die Eltern zusammenzuführen: sei es durch Krankheiten oder Unfälle, durch Schulversagen oder auffälliges Verhalten, um die Eltern zu »zwingen«, sich gemeinsam zu kümmern. – Da hilft nur, an sich selbst zu arbeiten, um die eigene Situation zu akzeptieren, mit Respekt dem anderen Elternteil zu begegnen und beides den Kindern zu vermitteln.

Da Alleinerziehende notgedrungen oft Zeitprobleme haben, sind folgende Tipps hilfreich (vgl. Rogge 2000, S. 168):

- Prioritäten setzen: Der Haushalt muss nicht ständig strahlen, sondern das Kind sollte es tun!
- Ab und an einige »Chaos-Tage/-Stunden«: Wer den Alltag loslässt, gewinnt Lebensqualität und vertieft die Beziehungen zum Kind, zu seinen und den eigenen Freunden!
- Das Akzeptieren von »So-ist-es-Gefühlen« stärkt, das Bejammern von »So-sollte-es-sein« schwächt die ganze Familie!
- Ein soziales Netzwerk aufzubauen beweist Souveränität, Hilfen anzunehmen ebenso. Denn sich zu Hause zu isolieren schadet, verstärkt die negative, elterliche Fixierung auf die Kinder, nervt diese und macht sie abhängig, rebellisch oder wütend.
- Das schlechte Gewissen ist der denkbar schlechteste Ratgeber in der Pädagogik, weil es ein Wirrwarr von Gefühlen darstellt, jenseits von Lebensfreude, Klarheit und Autonomie, auch dem Kind gegenüber!
- Ist der Vater nicht präsent, beweist es Größe, andere männliche Mitglieder der Familie oder des Freundeskreises um väterliche »Extrazuwendung« für die Kinder zu bitten. Und diese zuzulassen!

- Alleinerziehung gelingt umso besser, je emotional satter die Mutter/der Vater ist, weil sie/er sich nicht unbewusst durch das Kind sättigen muss (z.B. gehören diese ins eigene Bett!). Kinder sind nicht auf der Welt, um ihren Eltern partnerschaftliche Zärtlichkeits- oder Kontaktdefizite aufzufüllen und ihre Einsamkeit zu lindern!
- Wer das Alleinleben mit Kindern nur verherrlicht, muss offensichtlich etwas verdrängen: seien es eigene, nicht bewältigte Gefühle dem anderen Geschlecht gegenüber, sei es »kindlicher« Trotz (»Ich schaffe das auch alleine!«), sei es Rache oder Besitzanspruch an das Kind.
- Stellt sich ein neuer Liebespartner ein, bedenken Sie Folgendes: Wie würden Sie es finden, morgens plötzlich einem fremden Menschen im Bad zu begegnen? Auch ist es schädlich für Kinder, von Liebesfreuden und Liebesleid ihrer Eltern zu hören. Das ist Erwachsenensache und belastet Kinder!

Literatur

Rogge, Jan-Uwe: *Ohne Chaos geht es nicht. 13 Überlebenstipps für Familien,* Reinbek: Rowohlt 2000

Schwarz, Gislinde u. Mieder, Rosemarie: *Kursbuch für Alleinerziehende. Rat und Information für alle Lebensbereiche,* Höfen: Humboldt 1997

Weiß, Hans (Hrsg.): *Frühförderung mit Kindern und Familien in Armutslagen,* München: Ernst Reinhardt 2000

Altruismus

Ein Kind ohne menschlichen Kontakt würde sterben oder – wie Kaspar Hauser – ohne bedeutsame menschliche Eigenschaften aufwachsen. Zu diesen gehört u.a. der Altruismus, die Einfühlung in andere. Egoistisch sind wir sozusagen »von selbst«, um unser biologisches Programm durchzusetzen, um unser Leben und die Fortpflanzung zu sichern.

»Am Anfang ist Beziehung. Der Mensch wird am Du zum Ich«, wie der Philosoph Martin Buber sagte. Ohne den lebendigen, intimen Austausch zunächst zwischen dem Baby und seiner Mutter würde ein Kind buchstäblich seelisch verhungern und daraufhin körperlich erkranken.

Erinnern Sie sich noch an die rumänischen Waisenkinder, die 1990 im Kinderheim Cighid gefunden wurden, in dem sie wie kleine Tiere in ihren Betten gehalten wurden? Die Hirnforschung kann mittlerweile nachweisen, dass bei ihnen bestimmte Hirnbahnen irreversibel geschädigt sind, weil sie nicht zum rechten Zeitpunkt gefordert und geformt wurden.

Unser Leben gestaltet sich in der Reziprozität, in der Wechselseitigkeit zwischen Menschen. Ein universelles Prinzip: Geben und Nehmen. Dabei geht es nicht nur um Materielles (Arbeit gegen Lohn), sondern auch um die Gestaltung von Situationen. Ein Gespräch zwischen einem hundertprozentigen Redner und einem hundertprozentigen Schweiger würde nicht funktionieren!

Da das Verhältnis zwischen Erwachsenen und Kindern ungleich ist, müssen Wohlwollen und pädagogische Verantwortung hinzukommen. Aber auch Kinder sind wohlwollend. Sie können bereits wenige Stunden nach der Geburt so etwas wie Mitleid empfinden, sich empathisch einfühlen, das fremde Leid dem eigenen Empfinden gleichsetzen, wenn z.B.

ein anderer Säugling schreit. Und bereits im zweiten und dritten Lebensjahr können Kinder sympathisch mitfühlen, also die Gefühle anderer aufnehmen und mitschwingen. – Bei Pubertierenden ist das Mitleiden mit den Gequälten und Hungernden der Welt ein wesentliches Merkmal ihrer Entwicklung, ehe sie resignieren, weil die Welt so schwer zu verändern ist, und daraufhin der Familien-Egoismus der Erwachsenen einsetzt.

Dabei wird deutlich, dass Mitleid nur über die Einfühlung, das Erspüren der eigenen Gefühle gelernt wird, keineswegs über Moralpredigten! Die Frage ist: »Was würde ich in jener misslichen Situation empfinden und was bräuchte ich an Hilfe?« Doch wer dazu erzogen wird, immer die Nummer eins zu sein, wem es ausschließlich darum geht, der Schnellste, Schönste und Beste zu sein, und wer nichts davon wissen will, wie sich der andere gerade fühlt und ob er im Moment Nachsicht, Verständnis oder sogar aktive Hilfe braucht, der wird zum einen dieser menschlichen Eigenschaften beraubt und zum anderen wird es seine eigene innere Leere verstärken (s. »Schlaraffenlandkinder«).

Wenn der angeborene und durch Vorbilder erworbene Altruismus nicht unterstützt wird, kreisen das Kind und der Erwachsene immer nur um das Ich, was zu Depressionen, Sinnleere, Überdruss oder Aktivismus führt, denn das Ich ist auf Dauer ziemlich langweilig. Auch ist, obwohl oft psychologisierend falsch behauptet, der Altruismus keineswegs nur ein umgekehrter Egoismus, sondern ein tiefes Bedürfnis: Eine Studie an 1 700 karitativ arbeitenden Frauen hat gezeigt, dass sich ihre Gesundheit wesentlich verbesserte und sie weniger (!) unter Stress litten als zuvor. – Altruismus ist gesund!

Kinder müssen dazu angehalten werden, sich dieses subjektive Wohlgefühl zu verschaffen, und sei es nur, indem sie einer alten Dame über die Straße helfen. Wird bei Kindern diese angeborene Hilfsbereitschaft, diese aktive Hinwendung zum Du durch alles kaputtmachendes übermäßiges Loben (s. »Lob«), durch lebensverhinderndes Schonen, durch egoistische Vorbilder abgewürgt, so werden sie einer wichtigen Lebensdimension beraubt.

Das Wissen um die Möglichkeiten des eigenen Tuns erzeugt auch wachsendes Vertrauen, dass der Handelnde selbst in hilfsbedürftiger Situation nicht allein gelassen wird – ein simpler innerpsychischer Umkehrschluss (Reziprozität). Schenke ich Vertrauen, wird mein Vertrauen zum Mitmenschen wachsen – extrem wichtig, da die Depressivität, d.h. die innere Leere und die Suizidalität, bei Kindern und Jugendlichen zunimmt!

Kinder und Jugendliche möchten Respekt und Achtung vor ihren Eltern haben. Wie soll dies aber funktionieren, wenn diese z.B. immer nur vor dem Fernseher sitzen oder nur egoistisch um das Familiengeschehen kreisen? Gemeinsames ehrenamtliches Handeln (s. »Arbeitslosigkeit«) würde alle Mitglieder verbinden, viel Spaß machen und Lebenssinn vermitteln.

Auch ist unsere Demokratie entscheidend davon abhängig, dass der eine sich in den anderen, besonders in den Schwächeren, einfühlt und für ihn etwas tut. Das Zusammenleben von lauter Egoisten, die alle darauf beharren, Opfer bzw. überlastet zu sein und keine Zeit zu haben, gefährdet unsere Demokratie jeden Tag ein wenig mehr!

Literatur

Nuber, Ursula: *Die Egoismus-Falle. Warum Selbstverwirklichung oft so einsam macht,* Zürich: Kreuz 1996

Prekop, Jirina: *Einfühlung oder Die Intelligenz des Herzens,* München: Kösel ^{2}2002

Seyfahrt, Kathrin: *Mitmischen statt Rumhängen. Warum soziales Engagement Spaß macht und sich lohnt,* München: Kösel 2001

Arbeitslosigkeit

Drei Millionen Kinder im reichen Deutschland sind so arm, dass sie am gesellschaftlichen Leben nicht wie andere teilnehmen können. Der Deutsche Kinderschutzbund schätzt außerdem, dass rund 500 000 Kinder unter Obdachlosigkeit oder extrem schlechten Wohnverhältnissen leiden. Auch leben über eine Million Kinder von der Sozialhilfe. In Ostdeutschland ist jeder vierte Haushalt von Alleinerziehenden oder Familien mit mehr als drei Kindern sogar über längere Zeit arm.

Armut hängt oft mit Arbeitslosigkeit zusammen. Für Kinder ist jedoch nicht die Arbeitslosigkeit an sich von Bedeutung, sondern es sind die sich daraus ergebenden Folgen: Resignation der Eltern, ihre Zukunftsängste und Ohnmachtsgefühle, Depressionen, Streitereien, Alkoholismus und Gewalt. Oftmals ernennen sich dann Väter zu überstrengen Wächtern bei Leistungen und Wohlverhalten: »Du sollst es einmal besser haben ...« Ein gut gemeinter Vorsatz, solange er nicht verknüpft wird mit Demütigungen, Leistungsstress und Verhöhnungen. Der psychische Mechanismus funktioniert folgendermaßen: »Ich habe versagt! Ich bin nicht mehr der Größte für meine Kinder, worüber ich nicht offen traurig sein kann. Also suche ich (unbewusst) nach einem Versagen bei den anderen, um dieses zu brandmarken und um meine Wut herauszulassen.« Ein Teufelskreis, weil Kinder dann irgendwann nichts mehr »richtig« machen können, wenn sie dem Lauern auf Fehler ausgesetzt sind.

Zunächst wäre es sinnvoll zu fragen, was die Kinder überhaupt schon über das Thema wissen. Durch die Medien haben bereits kleine Kinder diffuse Vorstellungen über Arbeitslosigkeit. Im magischen Alter zwischen drei und sechs

Jahren verknüpfen sie nicht selten bizarre Dinge miteinander: »Wir müssen alle hungern! – Dann redet keiner mehr mit uns!« – Solche Gedanken sollten ausgesprochen, als Ängste ernst genommen und gerade gerückt werden. Das Bewusstsein sollte gestärkt werden, gemeinsam in einem nun schwieriger zu steuernden Boot zu sitzen, aber auch, dass die Chance für intensivere Familienbeziehungen besteht. Denn Kinder brauchen am allernotwendigsten viel Zeit. Und die ist nun vorhanden!

Kinder sollten nicht belogen werden, alles sei nicht so schlimm und keiner müsste zurückstecken. Solche Floskeln bremsen das Aussprechen eigener Probleme und verstärken die Einsamkeit. Die Eltern dürfen auch über ihre Traurigkeit sprechen, aber – mit dem feinen Unterschied – die Kinder nicht dazu gebrauchen, ihre eigene Traurigkeit nun z.B. mit guten Schulnoten aufzuhellen. Oder sich an die Kinder zu hängen: »Wenn ich nach Hause komme, will Mutti sich ständig mit mir unterhalten und mir alles aus der Nase ziehen«, so die 14-jährige Nermin. Kinder sind keineswegs dazu da, die Einsamkeit, Langeweile und andere negative Gefühle der Eltern auszugleichen. Ihr eigenes Bedürfnis, den Eltern emotional zu helfen, ist groß genug, da sollten Eltern nicht noch mit indirektem Druck oder emotionalen Erpressungen (»Wenn du weggehst, bin ich so einsam ...«) arbeiten.

Wenn es Eltern nicht schaffen, gut für sich zu sorgen, kommen Kinder in die Gefahr, das für ihre Eltern zu tun. Dieser (häufige) Zustand, wenn Kinder quasi für ihre Eltern eine Elternrolle einnehmen und diese trösten und unterhalten, heißt »Parentifizierung«. Dabei entstehen massive Konflikte und große Ängste, weil die Kinder viel zu früh in eine sorgende, erwachsene Rolle gedrängt werden, während sich die Eltern in eine Kinderrolle begeben.

Bei den ersten Gesprächen mit den eigenen Kindern könnten, um bei allen Familienmitgliedern keine Hoffnungslosigkeit aufkommen zu lassen, gemeinsam Listen aufgeschrieben werden, welche Aktivitäten in Zukunft mit Muße und wenig Geld unternommen werden können. Das wären Radtouren, Übernachtungen im Zelt, Ballspiele im Park mit Picknick, Gesellschaftsspiele, Basteln, genussvolle Besuche bei Freunden usw. All das, was in der Zeit der Berufstätigkeit zu kurz gekommen ist.

Wichtig wäre auch das freiwillige Tun für andere (s. »Altruismus«). Andernfalls rutschen alle zu schnell in die höchst problematische Opferrolle hinein und machen es sich dort mit einem Geschimpfe auf die böse Welt bequem! Rückzug und Abbruch sozialer Kontakte würden sich sehr negativ auf die Kinder auswirken. Sinnvoller wäre es, wenn die Eltern sich im Kindergarten, in den Schulen oder im Sportverein aktiv engagierten (beim Milchverkauf, Malern oder im Elternrat) und heilsam dort erlebten, dass »alle« mit ihnen reden und sie eine wertvolle Tätigkeit verrichten, die sonst niemand täte! Das macht gute Gefühle!

Zu Hause könnten regelmäßig Nachmittage mit den kleinen Freunden abgehalten werden, um zu spielen oder vorzulesen. Da die meisten berufstätigen, aber auch nicht berufstätigen Eltern sich nur wenige Minuten am Tag *wirklich* mit den eigenen Kindern beschäftigen, wäre dies Balsam auch für die Nachbarskinder.

Besonders beim um sich greifenden Drama der »Vaterentbehrung« (s. dort) sind Aktivitäten von Vätern (Fußballspielen, Basteln, Fahrradreifenflicken oder Schularbeitenhilfe in Mathematik) für alle Nachbarskinder pädagogisch höchst wertvoll und wirken dem Gefühl der Leere entgegen. Denn Medienkonsum, den besonders viele Langzeitarbeitslose exzessiv pflegen, macht nicht satt, Budenbauen im Wald aber in hohem Maße! Innerhalb der Familie sollte auch die gewohnte Disziplin aufrechterhalten bleiben, dass z.B. die Eltern morgens mit den Kindern frühstücken – eine gute

Selbstregulierung und wichtig als Vorbild, denn vom Zu-lange-im-Bett-Liegen nehmen die depressiven Gefühle sowieso nur zu. Melanie hat dies schon schmerzlich bei ihrer Mutter erfahren: »Mutti ist zu Hause, leider immer, aber sie hat trotzdem nie Zeit für mich!« Auch ist es für Kinder schier unmöglich, pünktlich ihren (Schul-)Pflichten nachzukommen, wenn zu Hause der Schlendrian herrscht!

Hoffnungslosigkeit und mangelnde soziale Kontakte schwächen Kinder, gemeinsame Aktionen und Spielzeit stärken sie!

Literatur

Schindler, Hans u.a. (Hrsg.): *Familienleben in der Arbeitslosigkeit. Ergebnisse neuerer europäischer Studien,* Heidelberg: Roland Asanger 1990

Bewegung und Sport

Mein Leib, das bin ich! Der Leib ist der beseelte Körper – diese Ansammlung von Knochen, Zellen, Nerven usw. –, der sich ein Bild von sich selbst und der Welt machen kann. Wenn wir Angst haben, müde, fröhlich oder konzentriert sind, basiert dies auf leiblich-seelischen Empfindungen. Selbst unser Denken ist abhängig von unserer Sitzhaltung, der Sauerstoffzufuhr, dem Ausgeschlafensein und unserem Hungergefühl. Auch Liebe ist immer an leibliche Vorgänge gebunden: liebevoll schauen, streicheln, eine Überraschung bereiten ...

Leben ist Bewegung! Alles bewegt sich: die Energie, der Blutkreislauf, das Herz und das Gehirn. Stillstand bedeutet Starre, Versteinerung, Tod.

Kinder bewegen sich bereits im Mutterleib, nach der Geburt erforschen sie die Welt durch den Körper: Sie spüren das Windelwechseln auf der Haut, lutschen am Daumen, greifen nach allem, robben sich zur interessanten Steckdose und zählen mit den Fingern.

Es gibt die Fernsinne Augen, Nase, Ohren und den Mund sowie drei körpernahe Sinne: Der *Tiefensinn* erschließt sich durch den Druck auf die Gelenke und die Muskulatur und teilt dem Gehirn mit, ob wir eine Feder hochheben oder den Roller schleppen. Der *taktile Sinn* lässt uns warm und kalt, rau und glatt erspüren und sendet diese Botschaften ans Gehirn, welches Folgerungen daraus zieht. Der *Gleichgewichtssinn* versorgt uns sekundenschnell mit Informationen, ob wir stehen oder fallen, wie schnell und in welche Richtung wir uns bewegen.

Diese »sensorische Integration« ist bei Kindern unterschiedlich ausgeprägt. Werden Reize zu stark wahrgenommen, können sie Angst machen. Kinder werden so zu Bewegungsvermeidern, scheu und apathisch, was wiederum ihre Angst erhöht. Oder sie werden hyperaktiv (s. »Hyperaktivität«), um sich ständig aus Angst zu vergewissern, dass doch alles in Ordnung ist. – Werden die körpernahen Sinnesinformationen zu schwach empfunden, können Kinder leicht zu übermütig und gefahrvoll handeln.

Die Entwicklung aller Sinne bildet unsere Lebensbasis und funktioniert ausschließlich durch Bewegung. Stillsitzen (vor den Medien) ist Gift und hat zur Folge, dass 60 % der Schulanfänger Haltungsschäden, 40 % ein schwaches Herz-Kreislauf-System und 40 % Defizite der Muskulatur sowie bei der Kondition aufweisen. Eine katastrophale Situation, welche die Krankheitskosten spätestens in zehn Jahren explodieren lassen wird.

Bewegung trainiert außerdem den »Denkmuskel«, das Gehirn. Jean Piaget nannte es die »sensomotorische Intelligenz«, denn kleine Kinder erforschen die Welt nur durch den Körper: Sie erblicken die rote Vase im Regal, schleppen einen Stuhl herbei, legen noch ein Telefonbuch drauf, klettern hoch, angeln die Vase mit einem Kochlöffel, bewältigen den Abstieg usw. Sie haben damit ein komplexes Problem gelöst! Und Senioren, die sich sportlich bewegen, haben ein besseres Gedächtnis und schneiden bei Intelligenzaufgaben besser ab, wohingegen das Stillliegen im Krankenhaus sehr rasch unseren Intelligenzquotienten reduziert!

Hinzu kommt, dass durch Bewegung und Sport das Immunsystem erheblich gestärkt wird (selbst bei Krebserkrankten) sowie Depressionen verhindert oder geheilt werden. Auf alle Fälle ist Bewegung eines der besten Mittel zur Entspannung, zum Stress- und Aggressionsabbau, zum Aufbau von Selbst-Bewusstsein und Selbst-Vertrauen. Kindertherapeuten empfehlen für schwierige, hyperaktive und aggressive

Jungen jeden Tag eine halbe Stunde Ringkampf auf dem Teppich mit dem Vater. Folgendes wird dabei erfahren: Regeln werden gemeinsam aufgestellt und eingehalten, das Ritual bietet Struktur, die eigene Kraft wird erprobt, die »überschüssigen« Kräfte werden fair abgeleitet und die raufende, liebevolle Präsenz des Vaters und sein Vorbild werden hautnah, im engsten Körperkontakt erfahren!

Das Gleiche tun Lehrer, wenn die Spannungen zu hoch sind: Die Kontrahenten dürfen (es wirkt auch »stellvertretend« für die gesamte Klasse!) einen zehnminütigen Ringkampf auf dem Fußboden machen, alle anderen bezeugen dabei die Fairness.

Und in Kindergärten, in denen wöchentlich nur 75 Minuten extra geturnt wurde, reduzierte sich die Unfallhäufigkeit um 50 %. Die Kinder fielen nicht mehr so häufig über die eigenen Füße, waren weniger aggressiv und körperlich unbeholfen.

Zur Bewegung gehört auch der gesamte Bereich der Feinmotorik: mit der Schere schneiden, Nägel einschlagen, Knöpfe annähen, Gläser spülen, Fahrrad reparieren und Flöte spielen. Ebenso wie das Skaten oder Klavierspielen: Früh begonnen, steigern sich die Fähigkeiten rasch und das Ausüben wird zu einer Quelle von Zufriedenheit und Selbstbestätigung, sogar bei profanen Tätigkeiten wie Putzen.

Da Bewegung in der Natur alle Sinne mobilisiert, erfahren wir auch Sinn (s. dort) jenseits von Dröhnungen, schlechter Laune, dem Herumlungern, fataler Langeweile und dem Gefühl von Sinnlosigkeit.

Sport (Tennis, Paddeln, Segeln, Angeln, Radeln, Klettern usw.), der gemeinsam mit den Eltern und ein Leben lang ausgeübt werden kann, hat zudem folgende Vorteile: Die knappe Familienzeit wird nicht durch verschiedene Sportarten noch verkürzt; es entsteht Familiensinn durch gemeinsame Erfahrungen, Nähe und Austausch. Durch das Vorbild ihrer

Eltern lernen Kinder, dass jeder selbst für seine Gesundheit verantwortlich ist. Gerade auch in der Pubertät könnte der Sport zum einzigen verbindenden Thema werden (s. »Ferien«).

Fazit: Bewegung macht intelligent, zuversichtlich, sozialer, angstfreier, disziplinierter und die gesamte Familie fröhlicher! Und muss keineswegs teure Klubmitgliedschaften und das perfekte Outfit zur Voraussetzung haben.

Literatur

Braun, Andrea: *Leicht wie eine Feder. Kreatives Tanzen mit Kindern,* München: Kösel ^{2}2001

Friedl, Johanna: *Pi-Pa-Purzelbaum. Spielerische Bewegungsförderung für Kinder,* München: Kösel ^{2}2002

Vahle, Fredrik: *Hupp Tsching Pau. Das Bewegungsliederbuch,* Weinheim: Beltz 2001

Demokratisierung vs. Infantilisierung

Eine Szene in einem Schuhgeschäft: Ein Zweijähriger sitzt im Buggy und quengelt, die junge Mutter ist genervt. Schließlich schreit sie ihr Kind an: »Wir haben doch einen Vertrag, dass du nicht heulst, solange ich einkaufe. Sonst kriegst du kein Eis!«

Sie empfindet ihre Erziehungsmethode wahrscheinlich als höchst demokratisch und übersieht, dass dieses Kind noch kein Vertragspartner sein kann. Zudem verlangt sie von ihrem Zweijährigen, was sie selbst überhaupt nicht bietet: Respekt für die Möglichkeiten des anderen (ihres Kindes) und Eigenverantwortung für die Situation. Sie steht – selbst wie ein Kind handelnd – völlig neben dem, was real möglich ist.

Die in vielen Familien Kindern gestellte Frage »Wollen wir am Wochenende die Großeltern besuchen?« macht einen besonders wichtigen Aspekt deutlich: Eltern verstecken sich gerne hinter der Entscheidung ihrer Jüngsten, um nicht selbst entscheiden zu müssen, ob sie ihre Eltern sehen wollen oder nicht, und handeln insofern unter dem Deckmäntelchen einer demokratischen Erziehung infantil. Auch ist ein Stück unbewusste Aggression dabei, eine vielleicht die Großeltern traurig machende Entscheidung dem Kind in die »Schuhe zu schieben«.

Oder: Einem Siebenjährigen wurde die Entscheidung überlassen, ob seine Tante mit den beiden gleichaltrigen Vettern drei Wochen später zu Besuch kommen dürfe. Da er just in dieser Sekunde sich nicht vorstellen konnte, sein Zimmer mit den beiden Vettern zu teilen, wurde der Besuch abgesagt. Drei Wochen später hätte es erstens anders aussehen können und zweitens vermag ein Kind sich noch gar nicht vorzustellen, was solch eine Entscheidung alles beinhaltet: dass die beiden erwachsenen Schwestern sich – wegen 500 Kilometer Distanz – also noch seltener sehen, dass es somit seine Vettern gar nicht richtig kennen lernen kann, dass Gastfreundschaft zu den Grundvoraussetzungen einer Gesellschaft gehört (s. »Altruismus«), es also gar nicht in die Lernsituation gestellt wurde, gastfrei zu sein usw.

Existenziell problematisch sind diese Situationen bei Scheidungskindern, wenn Eltern entweder massiv (s. »PAS-Syndrom«) oder subtil beeinflussend ihnen die Entscheidung zuschieben, ob sie den einen Elternteil überhaupt sehen wollen oder nicht.

Mütter agieren oftmals als »Hofdamen«, Väter als »Narren« (Jirina Prekop) und bieten folgendes Vor-Bild: devot, entscheidungsschwach, sie können kindlich-ängstlich nicht zur eigenen Meinung stehen, verhalten sich also infantil. Eltern, die selber keine »selbständigen, entscheidungsfreudigen und verantwortungsbereiten Persönlichkeiten« (Hurrelmann 1991) sind, geben kein konstruktives Vorbild ab und verweisen auf ihre eigene Ich-Schwäche.

Deren Kinder müssen sich angesichts solch dutzendfacher, täglicher, für sie schwieriger Entscheidungen innerlich aufblähen. D.h., ihr »Größenselbst« (aus der Kleinkindphase) wird nicht liebevoll begrenzt, sondern aktiv hochgepuscht und hervorgelockt. Dabei fühlen sie sich kurzfristig geschmeichelt, andererseits überfordert, leer und einsam und, das Schlimmste, sie beginnen ihre ich-schwachen Eltern zu verachten. Kinder wollen und müssen sich anlehnen und wollen emporschauen zu positiven Vorbildern. Machen sich die Eltern klein, indem sie ihren Kindern Entscheidungen zukommen lassen, die ihnen nicht zustehen, schauen die Kinder logischerweise auf die Eltern herab! Womit das Oben und das Unten ihrer Welt vertauscht wird und sie innerlich keinen Halt mehr spüren – abzulesen an missmutigen, coolen und verächtlichen jungen Gesichtern.

Schon die Entscheidung, wann es sinnvoll und gesund ist, ins Bett zu gehen, bzw. was eine gesunde Mahlzeit ausmacht, fällt vielen Erwachsenen schwer, für manche scheint sie schier unmöglich zu sein. Doch deren Kinder sollen dies bereits können!? Welch eklatanter Widerspruch! Und welch enormer Energieaufwand, jeden Abend wieder neu die Spielregeln zu diskutieren (s. »Schlaf«)!

Es ist schwer, in einer Gesellschaft aufzuwachsen, in der die Erwachsenen so anhaltend infantil sind. Man betrachte auch das Fernsehen unter diesem Aspekt: Die meisten Sendungen sind auf dem Niveau von Kindergartenfesten. Und öffentliche Selbstentblößungen, die früher Kindern und Debilen nachgesehen wurden, geistern durch sämtliche Talk-, Rätsel- und Spaßshows. Wobei die Ratio, der Diskurs, die Vernunft immer stärker in den Hintergrund treten, just die Qualitäten, die das Erwachsensein ausmachen. Sowie das Elternsein! Denn Pädagogik hat sehr viel mit Vernunft zu tun!

Das »Verschwinden der Kindheit« (Winn 1984) in die Sex-, Crime- und Pornoirrationalität der Medien sowie im realen Leben in die der Alkohol- und Drogenabhängigkeit ist die eine mächtige Strömung. Die Grenzen zwischen Eltern und Kindern verschwimmen seit 30 Jahren immer mehr: dasselbe TV-Programm, dieselben Anziehsachen, dieselben Freizeitvergnügungen ... Der einzige Unterschied: Erwachsene müssen Geld verdienen! Warum also erwachsen werden, fragen sich die Kids, wir haben und kennen doch schon alles! Die Gegenströmung ist die Verherrlichung der Jugend – bis ins hohe Alter hinein.

Und die Kinder: Sie haben zu früh alt gewordene Gesichter, müssen täglich Entscheidungen für ihre Eltern »erledigen« und schwanken zwischen leerem »Größenwahn« und kindlicher Wut, dass die Erwachsenen ihren eigenen (Erziehungs-)Job nicht bewältigen, sondern ihnen aufbürden und sie damit in die Einsamkeit und Verachtung treiben.

Ein Kind braucht Autonomie in der Geborgenheit. Am allerbesten gelingt dies Eltern, wenn sie ihre emotionalen Bedürfnisse miteinander befriedigen, sich gegenseitig anerkennen und begehren. Dann sind sie nämlich selbst so autonom, dem Kind seine Autonomie in liebevoller Geborgenheit zuzugestehen, ohne an ihm zu klammern und es für die eigenen Bedürfnisse zu missbrauchen.

Literatur

Hurrelmann, Klaus: »Wie krank ist die Jugend?«, in: *Psychologie heute,* H. 7/1991

Winn, Marie: *Kinder ohne Kindheit,* Reinbek: Rowohlt 1984

Wunsch, Albert: *Abschied von der Spaßpädagogik. Für einen Kurswechsel in der Erziehung,* München: Kösel 2003

Diäten

49 % der 9- bis 13-jährigen Mädchen und 36 % der Jungen in Bayern machen sich Sorgen um ihre Figur und 33 % dieser Kinder haben bereits versucht abzunehmen (Gerlinghoff 2001, S. 14)! Besonders gravierend ist die Vorbildfunktion der Mütter bei allen Essgestörten. In den USA gibt es für die heute 30-Jährigen den Begriff der »Diät-Generation«, die mit dem Lolita-Sexsymbol der Barbiepuppen ab den 70er-Jahren aufwuchsen und denen die Diät haltenden Mütter ihr problematisches Essverhalten buchstäblich schon beim Stillen mitgegeben haben. Denn Untersuchungen zeigen, dass Frauen im Diätkarussell anders stillen: unregelmäßig, manchmal zu viel, manchmal zu wenig, emotional erregt. Sie geben die eigenen Ambivalenzen bezogen auf die Nahrung direkt an ihre Kinder weiter (Rodin 1993, S. 22 ff.).

Essen ist nichts ausschließlich Natürliches, es ist abhängig von den Arbeitsbedingungen, den religiösen Sitten, dem Sozialprestige, der Wirtschaft, Politik, Herkunft und Tradition und dem angestrebten Image. Unser allgemeines Essverhalten ist zutiefst gestört und von extremen Paradoxien beeinflusst. Einerseits sterben täglich 40 000 Kinder an Hunger, was bei uns schon kleinsten Kindern durch Fernsehbilder geläufig ist. Andererseits haben wir bei uns Butter- und Fleischberge und Kleinkinder wachsen buchstäblich im Wagen des Supermarkts zwischen Tomaten, Nudeln und Chips sitzend auf und werden dazu erzogen, nonstop zu schlucken: Kindertee gegen das Quengeln, Süßes beim Wehwehchen, einen Apfel zum Einschlafen, Schokolade gegen die Langeweile, Popcorn im Kino und ständiges Essen in der Schule. Beobachtet man Kinder auf der Straße oder im Bus:

Es gibt fast keine, die nicht irgendetwas kauen, denn nahezu jede Tätigkeit wird mit Essen kombiniert. Die strikten drei Mahlzeiten und das Naschverbot dazwischen sind out, obwohl die Fünf-Stunden-absolut-gar-nichts-essen-Regel gesund und schlank hält!

Kinder wachsen im Überfluss von Nahrungs- und Genussmitteln auf und beginnen immer früher den unheilvollen Kreislauf von Diäten und dem Jo-Jo-Effekt: abnehmen, zunehmen, abnehmen ... Das beinhaltet, dass sie sich auf die Ess- und Kalorienfragen reduzieren und einen großen Teil ihrer Energien, ihrer Gedanken, ihrer Zukunftsvisionen an das Essthema verschwenden! »Nicht die Lebensumstände und die Welt sollen sich ändern – der Körper soll es.« (Schwarzer 1985)

Andererseits ist jedes zweite Kind unter-, fehl- und mangelernährt, kommt morgens ohne gesundes Frühstück in die Schule und stopft sich voll mit Weißmehl (Brötchen und Kuchen) und Süßem. Dass viele Kinder unglücklich, quengelig, unkonzentriert und leistungsschwach sind, ist kein Wunder bei diesem dadurch bedingten Auf und Ab des Insulinspiegels. Lehrer müssen deswegen ihren Unterricht in immer kleineren Zeitportionen anbieten, weil die Kids süchtig nach ihrem nächsten »Schuss« Zucker und Weißmehl gieren! Obwohl jeder es eigentlich weiß: Ein sättigendes Schwarzbrot kann uns zu einem anderen Menschen machen: freundlich, entspannt, konzentriert!

Und dann die Revolution durch die Mikrowelle: In zwei Drittel der Familien gibt es keine gemeinsame Mahlzeit mehr unter der Woche, sondern nur selbst zubereitete Pizzas und Fastfood. In England hat ein Drittel der Wohnungen keine Küche mehr! Doch je seltener Kinder eine häusliche Tischgemeinschaft erleben, desto schlechter ist ihre Ernährung sowie ihr Sozialverhalten, denn wo wird in erster Linie erzogen? Bei Tisch, beim Sprechen miteinander! Kulturtechniken wie Tischmanieren, Zuhören, Gesprächeführen, Beherrschung, Pünktlichkeit und Höflichkeit gegenüber anderen werden in diesen täglichen Mikrosituationen somit nicht eingeübt und Kinder lernen weder gesund und sinnvoll zu essen noch zu genießen! – Auch fällt immer häufiger die Gewissheit weg: Eine schön gekochte Mahlzeit ist materialisierte Liebe! Zudem bedeutet eine fröhliche Mahlzeit Geborgenheit, Zuwendung, Erzählendürfen – sie wird von Kindern geliebt und dringend gebraucht! Denn Liebe ohne miteinander gerne verbrachte Zeit ist ein hohles, leeres Wort!

Und dann die Extreme der krankhaften Essstörungen mit Nulldiäten, Abführmitteln, entwässernden Medikamenten, willentlichem Erbrechen und exzessivem Sport, also Magersucht und die Ess-Brech-Sucht (Bulimie). Von beiden sind ca. 6 % der 12- bis 25-jährigen jungen Frauen betroffen, oftmals gekoppelt mit Drogen-, Alkohol- und Medikamentenmissbrauch. Es entstehen häufig irreparable körperliche Störungen (Herzinsuffizienz, Schädigung von inneren Organen sowie der Fortpflanzungsfähigkeit), auch verläuft die Krankheit bei den Betroffenen zu 12 % tödlich und wird bei 40 % zu einem chronischen Zustand bzw. entwickelt sich bei 10 % zu einer Psychose. Wichtig ist die medizinische Abklärung und oftmals die rasche Einweisung in eine Spezialklinik, um der Entwicklung einer chronischen Erkrankung entgegenzuarbeiten.

Die Ursachen sind immer noch nicht völlig geklärt. Heute wird von einem mehrdimensionalen Entstehungskonzept ausgegangen, d.h., man nimmt biologische, familiäre *und* soziokulturelle Faktoren an. Oft sind die Generationsgrenzen in den Familien nicht klar, ist die Ehe der Eltern nur eine Fassade und die Kinder werden als wechselnde Koalitionspartner missbraucht. Die Themen dieser Familien sind häufig Leistung, Pflichterfüllung, Bildung und Wohlverhalten nach außen, ohne tiefe menschliche Bindung und mit einer Störung im Nähe- und Distanzbereich.

Wichtig ist die Aufklärung, dass dies eine der problematischsten psychischen Krankheiten ist, die dringend medizinisch und psychotherapeutisch behandelt werden muss. Auch Lehrer, Sporttrainer, Jugendarbeiter sollten darüber informiert sein, denn Magersüchtige sind unglaublich geschickt darin, ihren Zustand mit Aktivität, Leugnung, Argumenten und Ablenkung zu vertuschen, und Bulimikerinnen können ihren Zustand über Jahre hin verstecken. Zumal Eltern aus Scham ebenfalls lange, häufig zu lange die Augen verschließen und damit zu Co-Abhängigen beim ewigen Essthema werden.

Literatur

Gerlinghoff, Monika u. Backmund, Herbert: *Was sind Ess-Störungen? Ein kleines Handbuch zur Diagnose, Therapie und Vorbeugung,* Weinheim: Beltz ^{2}2001

Rodin, Judith: »Die Körper-Falle«, in: *Psychologie heute*, H. 7/1993

Schwarzer, Alice: »Dünne machen«, in: *Durch dick und dünn,* Köln: Emma-Sonderband 1985

Einsamkeit, Depressionen und Suizidalität

Einsamkeit verweist auf Defizite: Es fehlen Nähe, Wärme und vor allem Verständnis. Nicht jeder, der allein ist, fühlt sich einsam, doch der Einsame kann sich auch unter Menschen, besonders schmerzhaft in der Ehe und Familie, isoliert fühlen. Oft geht Einsamkeit einher mit dem Gefühl, anders oder weniger wert zu sein, sich fremd in der eigenen Haut zu fühlen und passiv auf »Erlösung« zu warten.

Kinder werden in die Symbiose mit ihrer Mutter, die innigste Beziehung, die es zwischen Menschen geben kann, hineingeboren. Also wird niemand einsam geboren, sondern einsam gemacht. Kinder, die nicht täglich ein Willkommen spüren in ihrem So-Sein, die es nicht gelernt haben, mit der Fülle ihrer Gaben auf andere zuzugehen und diese anzusprechen, die schon in der Familie als zu dumm, dick oder komisch abgestempelt wurden, verkriechen sich in sich selbst und verlieren den Mut zum Kontakt.

Einsamkeit hat viel mit Anspruch zu tun: Wie damals zu Babyzeiten, als unsere Mütter alles für uns taten, beharren viele Einsame auf einer kindlichen Wunscherfüllung und beklagen sich innerlich über die Welt, die angeblich so kalt, so abgewandt, so unaufmerksam ist – ohne sich zu fragen, ob sie selbst denn warmherzig, zugewandt und aufmerksam z.B. zu ihren Nachbarn sind. Doch davon hält sie ihr kindlicher Trotz ab: Der Prinz oder die Prinzessin soll kommen und mich erlösen!

Obwohl alle ständig telefonieren, mailen, faxen und sich an das Handy klammern, als sei es der Pfad zur Leben-

digkeit, heißt dies keineswegs, dass Kinder und Jugendliche nicht einsam wären. Der intime Austausch von Herz zu Herz findet in vielen Familien nicht statt (s. »Fernsehen«), und die Pubertät (s. dort) ist generell das Alter, in dem sich Jugendliche unverstanden fühlen, denn sie suchen ihr eigenstes Eigenes.

Es ist wichtig, das Bewusstsein, dass wir letztendlich alle einsam sind, als Lebensvoraussetzung zu akzeptieren. Aktuelle Einsamkeit tritt in jedem Leben auf: bei Tod, Scheidung, nach einem Umzug, bei Krankheit. Wird sie nicht als Chance und als Aufforderung zum Andershandeln begriffen, kann sie sich manifestieren. Dann verliert man das Vertrauen zu sich selbst, verliert sein Lächeln, seine Spontaneität und den Kontakt zu seinem Körper, verschließt sich und kann deswegen immer weniger geben, wodurch man immer unattraktiver als Mitmensch wird. Manchmal bleiben nur Aggressivität, Apathie, das ständige Vergleichen mit anderen und die unheilvolle Opferrolle. Auch neigen Einsame zu Abwertungen: Alle anderen seien nicht gut, intelligent, freundlich genug, wobei sie nicht merken, dass dies oft Äußerungen über sie selbst sind!

Daran wird deutlich, dass Einsamkeit die Folge innerer Einstellungen ist, wenn wir uns einreden, dass wir minderwertig, unfähig, ungeliebt und ungefragt sind, und zu sehr auf die Meinung anderer Menschen schielen sowie Vergleiche anstellen. Deswegen ist es so wichtig, Kinder dazu zu erziehen, dass sie sich ihres eigenen Wertes bewusst sind (s. »Lob«, »Verantwortung«, »Gesundheit«) und voll Selbst-Vertrauen anderen Menschen Freund sein können. Das gelingt nur, wenn sie fähig sind zu kommunizieren, eigene und fremde Gefühle wahrzunehmen (s. »Soziales Lernen«), Neugier auf andere, auf Fremde zu entwickeln – jenseits des Familienegoismus (s. »Familienghetto«), der Selbstablehnung und des Selbstzweifels.

Sind Kinder gruppenfähig, fähig zu innigen Freundschaften sowie bereit, dafür ihren eigenen Anteil einzubringen, werden sie wahrscheinlich keine einsamen Menschen. Der eigene Anteil beträgt in jeder Beziehung 50 %, nicht mehr, aber auch nicht weniger. Doch den muss man ausfüllen, denn die anderen können ja auch nur ihre 50 % einbringen (und fühlen sich dabei wahrscheinlich gleichfalls überfordert und in »Wartehaltung«!).

Einsamkeit und Depressivität sind oft verknüpft. Kinder fühlen sich häufig einsam, unverstanden, ohne Unterstützung in ihrem So-Sein, ohne es in Worte fassen zu können. Auch müssen sie erst allmählich lernen, ihre Individualität, ihr So-Sein zu akzeptieren, was oft ein schmerzhafter Weg ist. Auch führt die Unterdrückung von Gefühlen, die innere Leere (s. »Fernsehen«), zu Isolation und Selbst-Entfremdung. Wenn ein Kind sagt: »Ich fühle mich einsam, wenn ich Wut habe«, heißt es, dieses Gefühl wird von den Erwachsenen nicht begrenzend und liebevoll begleitet, sondern abgelehnt, woraufhin sich das Kind in seiner ganzen Person abgelehnt fühlen muss.

Die große Kindertherapeutin Violet Oaklander berichtet von vielen kleinen Kindern, die ihr gestehen, nicht mehr leben zu wollen: »Wir Erwachsenen erkennen nur selten das Ausmaß und die Tiefe kindlicher Gedanken und Gefühle, weil sie sehr vorsichtig alles zensieren, was sie in unserem Beisein sagen.« (1992, S. 336)

Anhaltende Einsamkeit, Depressionen sowie Suizidandeutungen bei Kindern und Jugendlichen bedürfen rascher therapeutischer Hilfe! In industrialisierten Ländern sterben mehr Jugendliche durch Suizid als durch Verkehrsunfälle! Besonders häufig sind Suizide Folgen von Drogen- und Magersucht sowie sexuellem Missbrauch, wenn der Mensch die Selbst- bzw. Fremdzerstörung nicht mehr ertragen kann und niemand ihm liebevoller Zeuge ist für sein Leid.

Ein Suizid hat immer etwas mit Aggressionen zu tun, die nicht abgeleitet, sondern gegen sich selbst gerichtet werden, weswegen Suizidversuche häufiger von (stillen, depressiven) Mädchen, Suizide jedoch weit häufiger von Jungen begangen werden. Doch können auch Nachahmung (der »Werther-Effekt«), Gruppendruck (Satanismus usw.), bestimmte Musik, unerträgliche Scham (bei etwas erwischt worden zu sein) und das Herabstürzen aus narzisstischen Höhenflügen eine Rolle spielen. Letzteres gilt für die Menschen, deren narzisstische Störung (s. »Schlaraffenlandkinder«) ihr Selbst neurotisch aufgeblasen hat, sodass sie auf normale Kränkungen des Lebens mit extremer Wut und Verlassenheitsangst reagieren. Sie versuchen dann ihren Selbstwert zu retten, indem sie ihren Körper töten!

Der Allgemeinplatz stimmt: Jeder Suizid »kündigt« sich an, denn er enthält immer eine stumme, wütende, verzweifelte Botschaft und Anklage.

Literatur

Käsler-Heide, Helga: *Bitte hört, was ich nicht sage. Signale von suizidgefährdeten Kindern und Jugendlichen verstehen,* München: Kösel 2001

Oaklander, Violet: *Gestalttherapie mit Kindern und Jugendlichen,* Stuttgart: Klett-Cotta 1992

Emotionaler Hunger

Was macht emotional satt? Was hilft bei emotionalem Hunger, um nicht einen der leicht erreichbaren Umwege einschlagen zu müssen: Essen, Süßigkeiten, Telefonieren, Medienberieselung, Alkohol, Zigaretten, Hektik, »Frei«-Zeit-Stress?

Das Gefühl, emotional satt zu sein, lässt sich mit dem Sattheitsgefühl im Magen vergleichen: Man ist zufrieden. Nicht nur mit sich selbst, sondern (erstaunlicherweise) auch mit der ganzen Welt; die schwarze Brille ist zeitweilig abgesetzt, sodass einem auch andere Menschen, die Umstände und die eigenen Möglichkeiten in positivem Licht erstrahlen. Besonders die einfachen Dinge im Leben erscheinen dann überaus erstrebenswert: Wie wunderbar wäre just jetzt ein Spaziergang oder ein Mittagsschlaf, Sexualität oder ein genussvolles Buch? Alles schlichte Seelennahrung, direkte Befriedigung, ohne schädliche und letztendlich frustrierende Umwege!

Wachsen Kinder bis zum Schuleintritt ohne Medienkonsum auf (solche gibt es wirklich!), bleiben ihre Gefühl wach, was ihnen sehr gut tut. Besonders diese Kinder können hingebungsvoll spielen, sich an die Situation verlieren. Der Rest der Welt versinkt, solange sie Augen aus Glanzpapier für ihre Laterne ausschneiden oder einen Eisenbahntunnel aus Sperrholz aussägen. – Warum Medien dies verhindern? Weil sie die Benutzer nicht im Hier und Jetzt lassen, sondern in weite, fremde und ängstigende Welten entführen, doch nur im *Hier* und *Jetzt* können (gute) Gefühle entstehen. Medien zerstören bei Kindern quasi die Gegenwart!

Viele Erwachsene haben es verlernt, im Hier und Jetzt zu leben. Der Physiker Albert Einstein sagte einmal: »Das Leben besteht nur aus drei Sekunden.« Jeder braucht diese drei Sekunden, um sich zu vergewissern, dass er lebt, dass er *hier* ist, atmet und just in dieser Sekunde seinen Körper und sein *Selbst* empfindet, sich also seines Daseins vergegenwärtigt. Denn alles, was vor oder nach diesen drei Sekunden geschieht, ist nicht mehr Gegenwart, sondern Vergangenheit oder Zukunft (von der wir sowieso nicht wissen, ob sie für uns morgen noch existiert!). Gefühle sind nur in der Gegenwart spürbar. Ausschließlich!

Junge Mütter, die beim Stillen entweder den Kopfhörer aufhaben oder fernsehen, verweigern ihrem Kind nicht nur den lebenswichtigen innigen Kontakt, sondern verhindern für sich selbst, im Kontakt zufrieden mit ihrem Kind zu werden. Eltern, die während des Abendessens den Fernseher laufen lassen, sind wie ihre Kinder immer mit einem Ohr in der Nicht-Gegenwart, in der Ferne, verhindern damit bewusst das wirkliche, das tiefere Zuhören, die lebendige Kommunikation. Das heißt auch: Emotionales Geben und Nehmen, wodurch emotionales Sattsein entsteht, nämlich durch die bewusst wahrgenommene Gegenwart des anderen, wird verhindert.

Emotionaler Hunger entsteht meist durch Gefühle von Einsamkeit, dem Mangel an Geborgenheit, dem Gefühl von Beliebigkeit in einem unbegrenzten Raum (s. »Grenzen«, »Religiosität«), durch das Gefühl, sich und seine Belange nicht mitteilen zu können, durch Versagensgefühle. Um die entstehende innere Leere zu stopfen, wird dann zu schnellen Tröstern gegriffen bzw. den Kindern werden schon frühzeitig rasche »Trösterli«, sprich Lollis, Teepullen oder Ähnliches, in den Mund geschoben, die jedoch nur über wenige Minuten hinwegtrösten, aber keineswegs die tieferen negativen Gefühle erreichen. Diese bleiben bestehen. Diese Methode heißt: Mit Zuckerguss begießen, aber nichts verändern!

Emotionales Sattsein entsteht, wenn es zunächst dem Körper gut geht. Kein Fastfood für die Seele, sondern Vollkornessen! Wenn der Körper ausgeruht, ausgeschlafen, fit und gut genährt ist, also keine Mangelzustände aufweist, die nach Auffüllung schreien. Viele Erwachsene essen z.B. zu viel, wenn sie müde sind: Essen statt schlafen (s. »Schlaf«), weil sie das ursprüngliche Gefühl gar nicht mehr orten können. Oder: Essen statt sprechen (aus Einsamkeit), oder: Trinken (s. »Alkohol«) aus Frust, weil sie nicht wissen, wohin mit den Aggressionen, oder: Fernsehen aus sexuellem Notstand ...

Carmen Berry empfiehlt gegen traurige Stimmung: Telefon abstellen (um nicht abgelenkt zu werden von gerade nicht zu gebrauchenden Gefühlen anderer Leute), einen lustigen Videofilm anschauen, um sich durch das Lachen selbst zu befreien, sowie auf dem Sofa zu kuscheln (z.B. mit Partner, Katze, Stofftier) (1999, S. 25). Oder ein Regenspaziergang mit Blumenpflücken am Wegesrand, ein Jogginglauf – oder Sie fragen einfach Ihr Kind, wie man sich am besten selbst trösten kann: Es wird Ihnen bestimmt einen überraschenden Vorschlag machen!

Um emotional satt zu werden, müssten idealerweise auch die wirklichen Gefühle hinter dem oberflächlichen Grummeln, Schlechtgelauntsein oder dem vagen, unspezifischen Frustgefühl befragt werden (s. »Das Innere Kind«). Werden diese Stadien des »Inneren Kindes«, in die der Erwachsene oder das Kind gerade mal herabgerutscht sind, auf Dauer nicht erst genommen, hilft alles nichts, weil das Innere Kind so lange schreit und zerrt, bis man ihm genügend Zeit widmet und ihm passenden Trost zukommen lässt. Denn die Welt ist so konstruiert: Erwachsene sind immer voll verantwortlich für ihr eigenes Wohlbefinden! Keineswegs der Partner, erst recht nicht die eigenen Kinder!

Macht der Partner oder die Partnerin mich glücklich, ist das wie das Sahnehäubchen auf dem eigenen Glück. Mehr nicht, aber auch nicht weniger, und verlangen kann man es sowieso nicht! Da nützt kein Jammern, Zetern und Nörgeln, kein schweigender Rückzug. Jeder muss für das eigene Wohlbefinden, die eigene Gesundheit, das eigene Glück selbst sorgen. Kinder kommen diesbezüglich begabt auf die Welt. Nur leider wird ihnen diese Fähigkeit nicht selten abgewöhnt, sodass sie als Erwachsene sie sich mühsam wieder antrainieren müssen!

Literatur

Berry, Carmen Renee: *Das tut mir gut. 365 Wohlfühltipps für Körper und Seele,* Freiburg: Herder 1999

Schweppe, Ronald P. u. Schwarz, Aljoscha A.: *Urlaub auf der Seeleninsel. 99 Kurztripps nach innen. Ruhe finden – Kraft schöpfen – Das Wesentliche entdecken,* München: Kösel 2003

Erziehungsmethoden I

Das »Positive Parenting Program« oder Triple P, also »positives Elterntraining«, welches aufgrund von ungezählten Forschungsergebnissen in den USA entwickelt wurde, enthält klare Kritik und ebenso klare Verhaltensanleitungen.

Folgende *Erziehungsfehler* kommen am häufigsten vor:

- *Ungewollte Belohnung:*
  Sechsmal im Supermarkt nach dem Eis quengeln, dann hat das Kind Erfolg – kinderleicht! Oder vom Quengeln übers Schreien zum Wutanfall gesteigert (Eskalationsfalle): Eine ebenso leichte Übung schon für Zweijährige. Die Eltern belohnen aktiv (!) das Negativverhalten, wenn sie das Eis kaufen und der Wut nachgeben. Aktiv und mit der Tendenz, das negative Verhalten zu steigern! Auch langes, meist sinnloses Diskutieren bedeutet verstärkende Aufmerksamkeit. Denn Kinder lernen weniger durch Worte als durch Handlungen!
  Besser: Negatives ignorieren, keinerlei Reaktion erfolgen lassen, weder gutmütige Worte noch inkonsequente Taten!
- Das *positive Verhalten* des Kindes ständig *ignorieren:*
  Fast alle Menschen neigen bei sich und anderen dazu, das Positive im Leben links und unerwähnt liegen zu lassen. Also bekommen Kinder sehr viel mehr Aufmerksamkeit durch ihr negatives Verhalten, also verhalten sie sich negativ – simple Lerntheorie!
- *Anweisungen* werden oft falsch gegeben:
  Anweisungen zum falschen Zeitpunkt: Wenn das Kind z.B. einen Film ansieht und wirklich nicht »hinhört«. Oder im »Vorbeigehen« des Erwachsenen, also nicht im

direkten Blickkontakt. Oder Anweisungen, die zu früh kommen, denn ein Dreijähriger kann sein Zimmer noch nicht allein aufräumen!
Überfordernde Anweisungen: Zu viel auf einmal – dann entsteht das Gefühl, nichts recht machen zu können! Ungenaue Anweisungen wie »Benimm dich ordentlich« oder »Zimmer aufräumen« sind lange Zeit zu abstrakt. Kinder können nur Schritt für Schritt und konkret lernen. Und das nur durch Handlungen, weniger durch Einsicht!

- *Wirkungsloser Einsatz von Strafe:*
  Strafe wird angedroht, aber nicht vollzogen: Energieverschwendung, auch machen sich Eltern dadurch lächerlich und unglaubwürdig. »Wenn ... dann«-Sätze nur gebrauchen, wenn man sie auch wirklich vollziehen will!
  Wenn Eltern emotional sehr erregt und zornig sind, sollten sie nicht strafen, weil das Risiko zu groß ist, das Kind zu schädigen. Jegliche körperliche Strafe steht zudem seit 2001 unter Strafe.
  Wenn Eltern nicht übereinstimmen in ihrer Erziehungshaltung, weiß das Kind überhaupt nicht, was erlaubt oder verboten ist. Höchst verwirrend – bis hin zu Verhaltensproblemen.
- *Demütigungen* schaden der (Kinder-)Seele:
  »Du bist dumm/doof/blöd usw.« schwächen das Selbstwertgefühl und führen zu Resignation, Verweigerung oder Wut. Es gilt, das Kind zu respektieren und nur sein Verhalten zu korrigieren!

Aus den Erziehungsfehlern lässt sich natürlich positives Elternverhalten ableiten. Es sind drei Momente, die Erziehungswissenschaftler als essenziell wichtig herausgearbeitet haben:

- *Aufmerksamkeit und »wertvolle Zeit«:*
Liebe lässt sich ganz leicht quantifizieren: Wie viel Zeit möchte ich mit diesem Menschen verbringen? Zeit, um ihn wahrzunehmen, ihm zuzuhören, mich für ihn zu interessieren und ihm körperlich nah zu sein, ihn zu berühren? Liebe ohne Zeit bleibt abstrakt, viele Erwachsene verdursten emotional daran. Kinder ebenso! – Forscher haben herausgefunden, dass es für Kinder enorm wichtig ist, wenn Eltern ihnen »wertvolle Zeit« schenken, also *ungeteilte Aufmerksamkeit*! Solche »Zeitinseln« von einigen Minuten, aber über den ganzen Tag verteilt, machen emotional satter als nur die eine Stunde am Abend. (Befragen Sie mal diesbezüglich Ihre eigenen Gefühle!)
- *Familienregeln und »direktes Ansprechen«:*
Einige wichtige Regeln, die für alle gelten, sollten aufgeschrieben werden: »Wir schlagen ... schreien ... demütigen nicht!« Gibt es einen Regelverstoß, müssen Eltern sofort einschreiten, ihn direkt ansprechen und Konsequenzen folgen lassen (bei Geschwisterstreit: Jeder in sein Zimmer; bei Streit ums Fernsehen: Gerät wird sofort ausgestellt usw.). Vergleichen Sie es mit einem Fußballspiel: Natürlich wird getrickst und gefoult, aber die gelbe und rote Karte müssen folgen! Denn: Ohne Regeln gibt es kein Spiel, sondern nur nerviges, Unlust förderndes Chaos!
- *Klare Anweisungen und »logische Konsequenzen«:*
Oben wurden bereits falsche Anweisungen beschrieben: Zu viele, zu frühe, zu ungenaue, zu abstrakte, zu beiläufige. Also die eigene Aufmerksamkeit auf das Kind richten: Bei kleinen Kindern hinsetzen, direkter Augenkontakt sowie Körperberührung (an den Armen festhalten), seiner eigenen Stimme Nachdrücklichkeit verleihen und sein eigenes Wollen hineinlegen. Überprüfen Sie Ihre eigenen Anweisungen (auf Kassette aufnehmen oder ein-

mal schriftlich formulieren wirkt Wunder!), ob Sie klar, eindeutig bzw. schwammig, nebulös und zu abstrakt sind: Es sollten klare, kurze Sätze sein (s. »Jammern«, »Struktur«).

Konsequenzen folgen lassen: Wenn die Vierjährige die Nudeln nicht isst, muss sie halt einige Stunden hungrig bleiben! Und nicht heimlich naschen lassen, sonst würde ihr Verhalten positiv belohnt werden. Wenn Ihr Achtjähriger den Tisch nicht deckt, bekommt er kein Abendessen! Wenn jemand abends ohne Licht Fahrrad fährt, wird es eine Woche weggeschlossen. (Nach Kucklick 2002, S. 126 ff.)

Literatur

Kucklick, Christoph: »Erziehungsforschung: Die hohe Kunst des Helfens«, in: *Geo*, H. 4/2002, S. 126–154

Zimmer, Katharina: *Widerstandsfähig und selbstbewusst. Kinder stark machen fürs Leben*, München: Kösel 2002

Erziehungsmethoden II

Es gibt weitere »Methoden« in der Erziehung und im Umgang mit Menschen, die gut tun, die helfen, aus verknoteten Situationen herauszukommen, die Perspektiven eröffnen und zu wohltuender, energiesparender (!) Klarheit führen. Eine der wichtigsten ist die Selbst- und Fremdwahrnehmung des »Inneren Kindes« (s. dort). Folgende andere haben sich im Erziehungsalltag ebenfalls bewährt:

1. Aus der Verhaltenstherapie kennen wir das wundersame Instrument der *Protokollführung.* Eine Detektivarbeit gegen die Selbstbeschummelung! Gemeint ist Folgendes: Auf einem möglichst großen Papier wird z.B. ein Wochenplan eingetragen und darauf wird täglich und stündlich (schön farbig) das Verhalten notiert: wann aufgestanden, was gegessen, wann zur Zigarette gegriffen, wann geärgert, wann der Wutanfall, wann wieder genascht usw. Wichtig: Die Gefühle akribisch notieren, die das Tun vorher und nachher begleiteten, um das »Fehlverhalten« aus dem Kontext zu verstehen!

Als Beispiel für Erwachsene: Wann und warum habe ich schlechte Laune und reagiere auf meine Kinder übermäßig gereizt? Sie stellen, nachdem Sie sich Ihre Tagesprotokolle von drei bis sechs Wochen gründlich angesehen haben, vielleicht fest, dass Ihr Verhalten mit der schlechten Laune Ihres Chefs zusammenhängt oder mit bevorstehenden Belastungssituationen oder mit sexueller Frustration usw. – Erst dann sind Sie in der Lage, Ihre Situation objektiver zu betrachten und sich über Konsequenzen Gedanken zu machen.

Doch leider ist mit den schönen Überlegungen noch nichts geändert! Deswegen muss das neu eingeübte Verhalten ebenfalls für mindestens zwei Monate protokolliert wer-

den, um es zu festigen, um zu schauen, warum es Rückschläge gibt, denn die Selbstveränderung ist eine der schwierigsten Lebensaufgaben überhaupt. Wichtig: Beschimpfen Sie sich innerlich nicht selbst, gehen Sie geduldig und liebevoll mit sich um und belohnen Sie sich (d.h. das »innere Kind« in Ihnen) schon für kleinste Zwischenerfolge!

Nicht anders würde es für Kinder ablaufen (s. »Schlaf«, »Hausaufgaben«). Ab acht Jahren können sie die Protokolle selbst führen und übernehmen damit Verantwortung (s. dort) für ihr eigenes Dilemma: für falsches Essen, zu viel Fernsehen, mangelnde Bewegung, Zornesausbrüche, Bauchschmerzen, Lernschwierigkeiten usw. Außerdem werden sie Spaß daran haben, ihren Eltern durch ein Protokoll objektiv nachzuweisen, dass sie sehr wohl ab und an ihr Zimmer aufräumen usw. und täglich 45 Minuten Mathe üben (Küchenwecker stellen!). (Nicht materielle) Belohnungen und Selbstbelohnungen (»Erst nach den Hausaufgaben darf ich meine Freundin anrufen oder ein Kapitel im Lieblingsbuch weiterlesen« usw.) sind ebenfalls wichtig und werden protokolliert!

2. Kinder benötigen dringend – im Chaos der Welt und ihrer Familien – *klare Absprachen* (s. »Grenzen«). Warum nicht in Form von kleinen (immer schriftlich fixierten!) Verträgen? Da darf erst einmal ausgehandelt werden, wie der Deal läuft: Fünfmal pro Woche 30 Minuten Schlagzeugüben (den Küchenwecker stellen!), dafür eine Stunde Fußballspielen mit dem Vater am Wochenende. Ein Vertrag funktioniert am besten, wenn beide Seiten Gleich-Wertiges einbringen, also Übungszeit des Kindes gegen Spielzeit mit den Eltern ... und als »Lohn« nicht nur etwas Materielles, was von den Eltern quasi keine eigene Anstrengung erfordert!

3. Die Institution des *Familienrats* wurde bereits in den 70er-Jahren propagiert und enthält viele allgemein gültige Momente. Dabei geht es in erster Linie ums Sprechen und

ganz besonders ums Zuhören, auch um die Gleichberechtigung aller (was keineswegs heißt, dass Eltern nicht Themen herausnehmen, die nur sie beide entscheiden!).

Wichtig ist ein regelmäßiger Termin mit viel Zeit, der von allen eingehalten wird, auch wenn es nichts »Schlimmes« zu besprechen gibt. Ansonsten bekäme der Familienrat ein zu negatives Image! Über »Gutes« zu reden ist außerdem eine Lebenskunst! – Der »Vorsitzende«, der jeweils wechselt, befragt vorher alle Familienmitglieder zu einer kleinen Tagesordnung, bringt diese ein und leitet die Sitzung. Beschwerden, Wünsche und Veränderungsvorschläge werden vorgetragen. Sehr wichtig ist die Regel, dass es eine »Positivrunde« zum Schluss gibt: Jeder spricht (reihum) einen Dank und ein Kompliment für »verbessertes Verhalten« jedem anderen Teilnehmer gegenüber aus (Verstärkung des positiven Lernens!).

Eingeübt werden soll von allen Folgendes (in einem Paartraining passiert auch nichts anderes!): Beschwerden müssen so vorgetragen werden, dass niemand sich verletzt fühlt und sich gleich verteidigen muss, also keine verallgemeinernden Sätze mit »Immer ... nie ...«! Alte Geschichten hätten damals verhandelt werden sollen, nicht heute! Vorbei ist vorbei! Gut funktioniert dies, wenn man seine Beschwerde in der Ich-Form äußert und in einen Wunsch kleidet: »Ich wünsche mir, dass Ihr nicht mehr so schreit wie gestern ...«! – Jeder hat genügend Zeit, seine Position darzustellen, und die anderen hören mit Geduld liebevoll zu! Bei Lösungsvorschlägen ist jeder der Reihe nach dran, erst danach wird ein Kompromiss gesucht und darüber abgestimmt.

Entschlüsse müssen einstimmig gefasst werden, damit sich jeder daran hält. Dies ist verpflichtend. Notwendig ist, dass z.B. die Verteilung von Aufgaben (s. »Haushaltspflichten«) schriftlich festgehalten wird, weil Große und Kleine zu gerne schummeln! Eine wichtige Einübung in genaue Realitätswahrnehmung, die bei emotionalen Themen auch bei Erwachsenen selten ausreichend vorhanden ist (vgl. Nolting 1994, S. 273).

4. Keine wirkliche Methode, doch ein Wundermittel für ein gutes Ehe- und Familienleben, da jeder bedürftig ist: das *tägliche Bedanken*! Jeder dankt für das schön gekochte Essen, dafür, dass Geld verdient wird, dass der Abwasch erledigt, der Müll rausgetragen wurde usw. Dies bringt Licht in den mühsamen und banalen Alltag und nährt die bedürftigen »inneren Kinder« der Eltern ebenso wie die der Jüngsten!

Literatur

Gordon, Thomas: *Familienkonferenz. Die Lösung von Konflikten zwischen Eltern und Kind,* München: Heyne 1989

Nolting, Hans-Peter: *Lernfall Aggression,* Reinbek: Rowohlt 1994

Essen und Trinken

»Das Kochen war die erste Kunstfertigkeit der Menschheit, nun wird sie als Letztes abgegeben an die Industrie. Kochen war der Beginn des Denkens, Kochen ist angewandte Philosophie. Metapher, Analyse und Synthese sind aus dem Kochen entwickelt und in diesem real. Eine Gesellschaft, die nicht mehr kocht, verliert ihren Verstand.« (Peter Kubelka)

Eine Grundschullehrerin in München, normaler bürgerlicher Einzugsbereich, fuhr mit einer 3. Klasse ins Schullandheim, wo sie feststellte, dass die Hälfte der Kinder nicht richtig mit Gabel, Messer und Löffel essen konnte. Auf ihre entsetzte Frage, wie und was sie denn zu Hause essen, kam die übereinstimmende Antwort: »Och, am Tisch eigentlich nie, wir essen die Pizza vor dem Fernseher ... oder die Chips oder die Pommes.« Doch wo finden Gespräche statt, wo Erziehung, wenn nicht am Esstisch? Zumal gut ein Drittel der Kinder nur noch eine gemeinsame Mahlzeit pro Woche mit der gesamten Familie einnimmt: das Samstag- oder Sonntagfrühstück. Auch essen sich viele Kinder am Freitag in Horten und Kindergärten vorsorglich satt, und am Montag muss ein Drittel mehr gekocht werden, weil sie hungrig aus dem Wochenende kommen ...

Essen ist keine bloße Nahrungsaufnahme, sondern eng verknüpft mit Gefühlen, Geschmack, Tradition und Gewohnheiten, ethnischer Zugehörigkeit und den Vorlieben der Peergroup, mit dem Kalorienzählen oder hochneurotischem Verhalten (s. »Diäten«). Unser Essverhalten wird weitgehend (oftmals leider) zu Hause geprägt: durch das Vorbild der Eltern bei Tisch, beim Einkaufen, beim Genießen.

Die neuesten Horrorzahlen lassen ahnen, dass die Krankenkassen unter der Last ihrer Aufwendungen in wenigen

Jahren zusammenbrechen werden, denn die Folgen von Essstörungen haben oft lebenslange Auswirkungen: 2000 waren 29 % der 10- bis 13-Jährigen übergewichtig bis fettsüchtig aufgrund von Bewegungsmangel (s. »Bewegung«) durch den ständigen Medienkonsum. Selbst bei kurzen Schulwegen werden die Kids von den Eltern gefahren. Auch wissen es alle Erwachsenen, dass wir zu fett, zu süß und zu salzig essen, trotzdem gewöhnen sie ihren Kindern das Gleiche an!

In Amerika wurde Schulkindern in einem großen Versuch vitaminreiches Vollwertfrühstück angeboten. Diejenigen, die regelmäßig dort kostenfrei frühstückten, verbesserten ihre Mathematikleistungen, waren weniger depressiv, ängstlich oder hyperaktiv, sie fehlten seltener in der Schule und wurden pünktlicher (*Süddeutsche Zeitung* vom 13.10.1998).

Einige wichtige Regeln:

- Dauernuckeln oder -naschen zerstört die Gefühle von Hunger und Sättigung, was zum Dicksein führen muss.
- Zwischen den Hauptmahlzeiten mehrere Stunden absolutes Fasten (kein Bonbon, kein Kaugummi, keine Möhrchen), da der Magen sich auf das Verbrennen der angesammelten Kalorien konzentrieren muss.
- Essen ist ein sozialer Akt. Deswegen sind gemeinsame Familienmahlzeiten wichtig: Es wird gewartet, bis alle da sind, und gemeinsam begonnen, um in Ruhe miteinander reden zu können.
- Essen ist ein sinnlicher Akt, da stören Ablenkungen wie Telefon, TV usw. Schmecken, Riechen, Schlucken, Sattheit sollten intensiv gefühlt werden. Besonders auch die Früchte der Jahreszeiten berücksichtigen, damit nicht alles im Brei des Immer-kaufen-Könnens belanglos wird.
- Essen nicht mit Strafe oder Belohnung verknüpfen, weil dies nur einen Gefühlsbrei entstehen lässt, bei dem man

Hunger nicht von Frustration, Langeweile nicht von Appetit unterscheiden kann.

- Respekt vor dem Essen (für die Bauern, für die geschlachteten Tiere) sowie Dankbarkeit machen emotional satt. Kenntnisse, wie das Korn und das Gemüse wachsen, wie Nahrungsmittel verarbeitet werden, sind ebenso wichtig.
- Kinder sollten so früh wie möglich selbstständig einkaufen, kochen, den Tisch decken und schmücken und dies regelmäßig (!) ausüben, also Kulturtechniken erlernen (s. »Haushaltspflichten«)!
- Ökologische Gesichtspunkte (Weintrauben im Winter aus Chile ...), Verpackungsprobleme und gesunde Zubereitung sind wichtige diskussionswürdige Themen!
- Schlechte Ernährung führt zu Aggressionen, wie jeder selbst weiß, der je eine Diät gemacht hat: Man wird reizbar, launisch und fährt schnell aus der Haut. Schlecht ernährte Kinder ebenso. Auch können Schlafprobleme die Folge sein (s. »Schlaf«).
- So genannte Kinder-Nahrungsmittel: Milch-Snacks enthalten nur ein Esslöffelchen Milch, dafür drei Stück Würfelzucker; Kinder-Knusperflocken enthalten pro normaler Portion von 30 Gramm sechs Würfelzucker; Schokolade für Kinder hat ebenfalls nur geringe Milchmengen, aber dafür extrem viel Zucker und Fett; Cola und alle Limonaden sowieso, da kann man den Zucker gleich aus der hohlen Hand schlecken (vgl. Betteray 2000, S. 25). Erlauben Eltern dies, sollten sie weder über Konzentrationsstörungen, süchtiges Naschen, schlechte Zähne noch Fettleibigkeit lamentieren!
- Und dann das Fett: Wer weiß nicht, dass Wurst, Vollmilch, Sahne, Käse, Süßigkeiten, Gebäck, Big Macs, Majonäse und Pommes zu viel davon enthalten? Und fünf (!) Portionen Obst und Gemüse am Tag unser aller Gesundheit retten?

Der hauptsächliche Grund für Fettleibigkeit ist »unkontrolliertes und ungeordnetes Essverhalten bezüglich Nahrungsmenge, Nahrungszusammensetzung, Tischregeln und Essenszeiten«, so die frustrierten Therapeuten in einer Reha-Klinik für jugendliche Fettsüchtige (*Der Spiegel,* H. 51/2000).

»Eine Gesellschaft, die nicht mehr kocht, verliert ihren Verstand.« Oder: Eine Familie bzw. eine Gesellschaft, die ihre Kinder nicht gesund aufzuziehen in der Lage ist, verspielt ihre Zukunft und die ihrer Kinder! Man könnte auch sagen: Eine Form von passiver Aggression, weil dies das Leben massiv erschwert! Noch anders ausgedrückt: Gesundes Essen und Trinken ist materialisierte Liebe – doch auch die ist nicht ohne aktives Tun, Konsequenz und Disziplin aufseiten der Erwachsenen zu realisieren! Auch verweist ständiges Essen auf tiefe anale Wut (s. dort)!

Literatur

Betteray, Christiane von: »Eine Extra-Wurst für Kinder?«, in: *Mobile*, 8. Jg. 2000

Pudel, Volker: *So macht Essen Spaß! Ein Ratgeber für die Ernährungserziehung von Kindern,* Weinheim: Beltz ²2002

Familienghetto

Großfamilien gibt es fast nur noch auf dem Land, im Osten noch eher als im Westen. Mit vielen Vorteilen gerade für Kinder: Sie wachsen in einem Verbund mit Groß- und eventuell Urgroßeltern auf, mit unterschiedlichsten Menschen, mit Klugen und weniger Klugen, mit Strengen, Ungerechten, Komischen, Lächerlichen und Liebevollen. Da können Kinder wählen, wen sie gerade brauchen, können wechseln, sich Vorbilder für unterschiedlichste Lebensbereiche suchen und erfahren, dass auch die Kranken und intellektuell einfacher Gestrickten mitgetragen werden.

Die Reduzierung auf die Rest-Kleinstfamilie plus der Forderung der Wirtschaft nach Mobilität führt zum Verlust von »fußnahen« Verwandten und lässt menschliche Kontakte schrumpfen. Das Kind hat keinen hautnahen, ungezwungenen Kontakt mehr auch mit seltsamen, ein »bisschen blöden« oder extrem netten Verwandten, nicht mit den Dicken, Alten, Glanzlosen und Bewunderten. Dabei lernt es immer weniger, sich auf die »anderen«, die fremd Wirkenden einzustellen und mit ihnen umzugehen. Sodass »das Fremde« ihm immer unheimlicher wird.

»Da jeder sich selbst der Nächste ist, pervertiert die christliche Forderung ›Du sollst deinen Nächsten lieben wie dich selbst‹ zur Eigenliebe. ›Geliebt‹ wird nur noch, wer zu unserem individuellen Glück beitragen kann. In unserem Streben nach Selbstverwirklichung lassen wir ausschließlich jene Menschen an uns heran, die uns in unserem Lebensstil bestätigen. Wir suchen nicht mehr die Solidarität in der Gruppe oder der Gemeinschaft, sondern schließen uns in ›Lebensstil-Enklaven‹ zusammen.« (Nuber 1996)

Die Eigenliebe ist oft ein ausgeprägter Familien-Egoismus: Niemand wird zur Wohnungstür hereingelassen, der nicht ins Ambiente passt. Die Folge: Einsamkeit, auch in der Familie und mit ihr. Eine Untersuchung machte dies deutlich: Im Jahr 1991 gaben 1 % der Ostdeutschen und 2 % der Westdeutschen an, in den vergangen 24 Stunden mit niemandem gesprochen zu haben. Hochgerechnet waren 1,4 Millionen Bundesbürger temporär verstummt. Besonders am Wochenende, wie alle Telefonseelsorgen berichten können, werden auch Familien zu Isolationsfallen.

Ein anderes Beispiel: In Hamburg benutzen ein Gymnasium sowie eine Hauptschule denselben Schulhof. Für den Milchverkauf plus Bistro und Vollwertessen hatten sich 20 Mütter von Gymnasiasten bereitgefunden, in der Hauptschule nur eine einzige, weil die meisten von ihnen berufstätig sein müssen. Beschlossen wurde deshalb, die Hauptschüler von diesen Segnungen auszuschließen. Gerade diejenigen, die Vollwertkost fast existenziell nötig hätten, weil sie oftmals ohne jegliches Frühstück zur Schule gehen und Erpressungen nicht nur wegen Klamotten und Geld stattfinden, sondern auch wegen der Pausenbrote, wurden sozusagen doppelt gestraft! Nach dem Motto: Nur mein eigenes Kind soll es gut haben!

Der »Kapitalismus des Ichs« (Elisabeth Badinter) greift um sich. Er bezieht sich auf die eigene, immer enger gefasste Gruppe der Kleinstfamilien, der Mangel an Solidarität nimmt zu. Doch je unvertrauter die menschliche, bunte Vielfalt den Kindern wird, desto eher wird das Fremde Angst machen!

Eine andere Folge: Viele Kleinfamilien sind derart isoliert, ohne lebendigen Kontakt zu den Nachbarn (»Die passen nicht zu uns!«, »Ich will meine Ruhe!« – oder die kapitalistische Variante: »Das bringt mir nichts!«), dass natürlich auch der Lebenssinn und die Zufriedenheit nur in der Familie gesucht werden. Doch Lebenssinn entsteht selten in privaten Beziehungen, sehr viel stärker in größeren Zusammenhängen, in Menschheitszusammenhängen! Und mit dem Extremanspruch der Sinnstiftung wird garantiert jede Beziehung überfrachtet, sowohl die zu den Partnern als auch die zu den Kindern. Die hohen Scheidungszahlen machen es deutlich.

Familiäre Isolation ist für Kinder sehr schmerzhaft und schädlich. Sie geht einher mit der Verinselung (versüßt und bis zur Sucht verstärkt durch die Medien zu Hause), dem Fehlen der Welterkundung auf gefahrlosen Straßen, Hinterhöfen, in der Natur und Nachbarschaft sowie der »Pädagogisierung« allen Tuns. Viele Kinder befinden sich nonstop unter pädagogischer Aufsicht: in der Schule, beim Sporttraining, Schlagzeugspielen ... das soll mal jemand aushalten!

Die Selbstbezogenheit grenzt nicht selten an Selbstverliebtheit. Doch wenn die »Verliebtheitssymbiose«, das erste Strahlen und Sich-bestätigt-Fühlen (nicht nur in Bezug auf den Liebespartner, sondern auch bei Bekannten usw.) vorbei ist, wird genau dies nicht selten als schwere Kränkung empfunden und mit Rückzug und Kontaktabbruch reagiert. Viele haben als Kinder nicht gelernt, dass Beziehungen auf Geben und Nehmen und nicht nur auf das eigene Erstrahlen abzielen, weil ihre Eltern auch nur mit stromlinienförmigen Verwandten und Bekannten umgegangen sind und die Freunde der Kinder danach ausgesucht haben.

Amerikanische Gesundheitssoziologen haben folgenden Spruch plakatiert: »Friends are a good medicine«. Menschen, die sich und ihre Familie isolieren, vereinsamen rasch und schneiden sich damit von Menschlichkeit ab, vom Fluss der Welt, werden starr, innerlich hohl, fühlen sich fremd und ungeborgen. Manche nennen es Depression, manche Sinnleere. – Genau wissen wir es von geschiedenen, allein lebenden Männern: Sie sterben einige Jahre früher als ihre Geschlechtsgenossen!

Und diese Isolation beginnt, wie so vieles, in der Kindheit, wenn Familien keine offenen Türen haben für die Nachbarn, die Schulfreunde, die kleinen Ausländer, denen es bei uns oftmals so schlecht geht und die dringend ein Stückchen Zuwendung bräuchten! Denn: Das einzige Gut im Leben, das sich vermehrt, wenn man es wegschenkt, ist Liebe! Und Liebe ist immer verknüpft mit Offenheit und Tätigsein!

Literatur

Nuber, Ursula: *Die Egoismus-Falle. Warum Selbstverwirklichung oft so einsam macht*, Zürich: Kreuz 1996

Ferien

Kinder brauchen weniger Erholung, sie brauchen vielmehr erholte Eltern! Dieser Slogan ist die moderne Variation und Ergänzung zu den drei großen pädagogischen Zs von Pestalozzi: Kinder bräuchten Zeit, Zärtlichkeit und Zuwendung. Und das auch und besonders im Urlaub, um aufzutanken für den Rest des Jahres mit gestressten Eltern!

Die Deutschen buchen jährlich 50 Millionen Auslandsreisen und haben im Durchschnitt 41 Feier- und Urlaubstage. Doch jeder Vierte fühlt sich schlecht im Urlaub und nur rund 50 % der Urlauber sind am Ende insgesamt zufrieden und ausgeruht (Stark u. Sandmeyer 2000, S. 15). Wie es den Kindern im Urlaub ergeht, fragt niemand. Doch schaut man ihre frustrierten Gesichter beim Sightseeing in heißen Städten an, hört ihr Gequengel nach Eis in den Einkaufszentren der Urlaubsorte, sieht ihre leeren Blicke bei langen Autofahrten und im Stau, dann scheint das alles keine rechte Freude zu machen – und ist auch meist zu aufwendig, zu lang, zu heiß, zu kinderfeindlich, sprich: zu ungesund!

Für Erwachsene gilt, dass Urlaub im Reizklima der frischen, windigen See oder in den Bergen gesünder als der Aufenthalt in praller Sonne ist, das Immunsystem hier sehr viel mehr gestärkt und mehr Entspannung geschaffen wird, jenseits von Jetlag, fremder Kost, Klimaschocks und hohem Erwartungsdruck (weil die weite Flugreise doch so teuer war!). Und für Kinder gilt das noch viel mehr! Auch stellt sich fühl- und speicherbare Erholung erst ab dem zwölften Urlaubstag ein. Alle kürzeren Urlaubstrips lassen sich eventuell als Augenreiz oder Tapetenwechsel verbuchen, doch sind sie keineswegs für die Aufladung der verbrauchten Energien ausreichend.

Was Kinder wirklich brauchen, lässt sich in manchen Biografien nachlesen. Da wird von Kinderparadiesferien geschwärmt, und die waren so gekennzeichnet: Meistens war es immer derselbe Ort (bei den Großeltern oder in einem Ferienhaus) und immer gehörte Natur dazu, sodass die Kinder alleine herumstreunen konnten: im Wald, auf den Wiesen, mit Tieren. Häufig werden auch die Wonnen des Strandlebens beschrieben. Auch heute kann man Kindern am Strand tagelang zuschauen und staunt, dass selbst »coole« zwölfjährige Jungs noch voller Hingabe, Muße und Begeisterung stundenlang Burgen, Dämme und Umfriedungen bauen, versunken in ihr Tun. Sie lassen sich dabei sogar herab, kleinere Kinder mit einzubeziehen, sie organisieren Ballspiele und gehen zwischendurch immer wieder ins Wasser. Das macht sie glücklich, auch stimmen die Nähe und die Distanz zu den Eltern: Sie spielen allein, in der Gewissheit, dass die Eltern nicht von ihrer Sonnenliege weichen, aber auch nicht blöd stören! – Und dann die gemeinsamen Aktivitäten (besonders mit den so intensiv gebrauchten Vätern): die schlichte Seelen- und Körpernahrung!

Viele Eltern würden sich manchen Pubertätskummer (s. »Pubertät«) ersparen, wenn sie sich rechtzeitig für Sportarten ihrer Sprösslinge entschieden, die erstens ein Leben lang betrieben werden können und zweitens gemeinsam mit den Eltern, sodass die schwierigen Pubertätsjahre wenigstens mit diesem gemeinsamen Tun überbrückt werden können.

Pubertierende haben oft keine Lust mehr zu gemeinsamen Familienreisen. Doch immer weitere Ziele und teurere Touren können nicht alle Eltern finanzieren oder sie finden sie pädagogisch problematisch. Also wäre auch für die Ferien der gemeinsame Sport (s. »Bewegung«) höchst sinnvoll. Hinzu kommt: Auch Eltern sollten Sport betreiben, aber wenn sogar dabei jedes Familienmitglied in eine andere Richtung marschiert, ist noch weniger Zeit für die Gesamtfamilie vorhanden. Attraktiv für alle wären: Tennis, Fahrradreisen, Bergsteigen, Paddeln, Reiten usw. Frühzeitig gemeinsam mit den Kindern diese Sportarten erlernt, können auch Eltern noch einige Jahre mithalten. Davon abgesehen geht es in erster Linie um den gemeinsamen Spaß.

Alte, vermögende Familien machen es immer noch ganz bewusst: immer an den gleichen Ort zu fahren, weil Kinder die Kontinuität lieben. Wie Helene W. aus Hamburg: »Wir fuhren, bevor die Kinder alleine nach England oder Frankreich loszogen, zehn Jahre immer an die Ostsee in das gleiche Haus. Ich war sechs Wochen dort, mein Mann machte zwei Wochen Urlaub mit uns und kam sonst am Wochenende zu uns heraus. Nach unserer Ankunft dauerte es keine halbe Stunde, und die Kinder des Dorfes waren da, um unsere zum Spielen abzuholen. Ich sah sie anschließend quasi nur noch zum Frühstück und Abendessen. Sie waren selig. Und wir erholten uns prachtvoll.«

Die Devise »Möglichst weit weg« ist für den Urlaub mit Kindern unter zwölf Jahren oftmals völlig falsch. Und mit nörgelnden Kindern durch italienische Städte zu laufen macht keinen Sinn, kostet zu viele Elternnerven, zu viel Geld und lässt viele Kinder als Gegenreaktion alle Kulturgüter hassen. Besser wäre: drei Wochen schlichter Strand- oder sonstiger Natururlaub für die ganze Familie. Praktisch auch mit befreundeten Familien und deren Kindern (s. »Freunde«), sodass man die Kinder abwechselnd bekochen sowie tagsüber und abends beaufsichtigen kann, damit immer ein Elternpaar frei hat!

Und dann ein bis zwei Wochen Genuss- oder Sightseeingurlaub für die Eltern allein. Denn für jede funktionierende Partnerschaft ist es extrem wichtig, mindestens eine Woche kinderlose Zeit miteinander im Jahr zu verbringen, um Nähe, Sexualität und Intimität wieder neu zu erfahren! Sie gehen sonst verloren im Alltag!

Siehe oben: Kinder brauchen keine Erholung, sie brauchen erholte Eltern, um glücklich zu sein, und sie brauchen Zeit, Zärtlichkeit und Zuwendung, besonders in stressfreien, unbelasteten und gesunden Familienferien!

Literatur

Ferien mit Kindern. Der Reiseratgeber für Familienurlaub, St. Augustin: Asgard [2]1999

Stark, Michael u. Sandmeyer, Peter: *Wenn die Seele neue Kraft braucht. Wie aus Urlaub und Freizeit Erholung wird*, Reinbek: Rowohlt 2000

Fernsehen und Computer

Wenn Mütter schon zur Nachmittags-Talkshow die Glotze anstellen, wenn Väter sofort nach der Arbeit vor den Fernseher sinken oder (süchtig) chatten, brauchen wir nicht über Medienerziehung zu sprechen. Dann ist Fernsehen eine Lebenshaltung und keine Frage der Erziehung!

Unstrittig ist, was während des Medienkonsums *nicht* passiert: Die Kinder sprechen nicht, bewegen sich nicht, spielen weder kreativ noch an der frischen Luft, lesen nicht (41 % der Jugendlichen lesen zu Hause nie, wie die PISA-Studie 2001 herausfand). Anders gefragt: Macht Sie und Ihr Kind das Fernsehen emotional satt, sprich: glücklich und zufrieden? Noch provozierender: Möchten Sie, dass Ihr Kind dumm wird? Dann lassen Sie es mehr als zwei Stunden pro Tag die Medien benutzen und zu wenig Schlaf abbekommen, denn das minimiert die Genuss-, Lern- und Lebensfähigkeit zusätzlich!

Weil die Augen sich nicht jede Zehntelsekunde auf eine andere Entfernung einstellen können, sondern starr starren, entstehen beim Starren auf den Bildschirm nur geringe Aktivitäten im Gehirn: Alpha-Wellen, die zum Schlaf und zur Entspannung führen. Beim Lesen z.B. werden Beta-Wellen produziert, d.h., das Gehirn arbeitet hier aktiver und konzentrierter. So erklärt sich der tranceartige Zustand von Menschen vor den Medien. Aber auch der anhaltend leere Blick, den viel fernsehende Kinder ständig haben: ein Blick, der nur schwer sein Gegenüber fixieren kann. Der Fernsinn wird gepuscht, der Nähesinn zerstört: Nichts interessiert wirklich! Dies ist meist mit einer Haltung von völligem Desinteresse am anderen verknüpft. Weil die Kinder mit tausenden von Figuren überflutet werden, stört der reale, nahe Mitmensch!

Amerikanische Forscher haben an Studenten festgestellt, dass diejenigen, die Artikel der *Times* online lasen, viel größere Verständnisschwierigkeiten hatten und weit weniger Interesse empfanden als diejenigen, die dieselben Zeitungsartikel auf Papier lasen. – Nicht nur wegen dieser Untersuchung warnen immer mehr Forscher davor, dass die Schulen »ans Netz« gehen (und das »normale« Lesen vernachlässigen), denn die verstärkte Betonung der linken Gehirnhälfte wird »Gehirnzombies« ohne Bodenhaftung kreieren.

In England wurde festgestellt, dass Kinder, die ihre Ferien vor dem Bildschirm und Computer verbringen, zu Übergewicht und Einsamkeit neigen sowie grundlegende soziale Fähigkeiten verlernen (!), was zu unsozialem und störendem Verhalten in den ersten Schulwochen führt (oder zum berühmten »Montagssyndrom«: der nicht zu bändigenden Unruhe in der Schule nach einem Wochenende mit Zappeln, Zappen, Starren). Auch liegen, weil zu Hause zu wenig geredet wird, bei mittlerweile 18 bis 34 % aller deutschen Kinder Sprachentwicklungsstörungen vor. Werden diese bei den Zwei- bis Dreijährigen nicht behandelt, kann es zu gravierenden Verhaltens- und Redeflussstörungen sowie Lese-Rechtschreib-Schwächen kommen, so Manfred Heinemann von der Universität Mainz (1996). Wer nicht redet, wird dumm! Und die Deutschnoten sind bei Vielsehern wesentlich schlechter als bei anderen!

Jeder Impuls von außen animiert unseren Körper zu einer Reaktion. Sehen wir jemanden stolpern, machen wir instinktiv eine Hilfsbewegung zu ihm hin, hören wir jemanden stottern, ergänzen wir sein gesuchtes Wort usw. Auf dem Bildschirm sehen Kinder süße Tiere, doch ihr Impuls zu streicheln bleibt im Körper stecken. Sie sehen eine sonnenbeschienene Skiabfahrt, doch sie müssen ihren Bewegungsdrang zügeln. Sie sehen den Schmerz eines Menschen, können aber nicht trösten ... Bewegung (s. dort) ist Leben, doch diese Kinder müssen ihre Lebendigkeit ständig im Keim ersticken und werden wegen diesem Dauerfrust hippelig und zappelig (s. »Hyperaktivität«).

Fazit: Emotional satten Kindern schadet gemäßigter Medienkonsum nicht. Doch in Krisen (Scheidung, Schulstress usw.) sowie bei psychischer Labilität flüchten Kinder und Jugendliche (besonders männliche Jugendliche sind gefährdet) vermehrt in die Medien, was ihre Situation meist verschlechtert, weil sie keine positiven, konfliktlösenden Situationen im realen Leben erfahren und es verlernen, sich selbst Entspannung (s. »Schlaf«, »Bewegung«) zu verschaffen – was wiederum ihre Notsituation verschärft! Sie verharren im Konflikt! – Auch sind Vielseher abgestumpfter in ihrer Emotionalität (dutzende Fernseh-Morde am Tag, das will verkraftet sein!) und empfinden ihren Alltag als anstrengender, komplizierter und bedrohlicher als andere Kinder. Kein Wunder, denn sie erarbeiten sich immer weniger »Handwerkszeug« zur Lebensbewältigung. Diese Schwierigkeiten im Leben und in der Schule können vermehrt zu Aggressivität führen (s. Vorwort, »Pornographie«).

Einige Anmerkungen zur gemäßigten Mediennutzung:

- Eltern und besonders Väter sind Vorbilder. Hängen sie ständig vor dem Bildschirm, werden es ihre Kinder auch tun! Beim Essen (s. dort), beim Reden, bei Besuch gilt: konsequent die Glotze aus!
- Fernseher und Co. sollten nicht wie Altäre zur Anbetung im Wohnzimmer stehen, sondern möglichst in einem unwirtlichen Nebenzimmer, niemals im Kinderzimmer (wie bei 30 % der Kinder der Fall)!
- Kinder sollten weder vor dem Kindergarten noch vor der Schule fernsehen oder chatten, auch nicht vor dem Schla-

fengehen (s. »Schlaf«), und viel Zeit zum Drüber-Sprechen haben, um das Gesehene zu verarbeiten. Die Sendungen sollten gemeinsam ausgesucht werden. Wichtig: Schluss ist Schluss!

- Kinder zwischen vier und sieben Jahren sollten nicht mehr als 30 Minuten am Tag vorm Bildschirm sitzen, und wenn: immer gemeinsam mit den Eltern; bis elf Jahre ca. 60 und ab zwölf Jahren nicht mehr als 90 Minuten! Und all dies erst nach den Schularbeiten und dem Klavierüben!
- Steht das Gespräch in der Familie nicht im Mittelpunkt, verlieren Eltern ihre Autorität. Auch sollte die Familie selbst ihre Zeit strukturieren (s. »Struktur«), sich nicht zum Knecht der Serien machen.
- Vor dem Bildschirm regredieren auch die Erwachsenen (s. »Demokratisierung«), d.h., sie geben ihre Vernunft an die Spaßmacher ab und werden wie Kinder. Das ist o.k., aber bitte nicht als täglicher Dauerzustand! Wichtig: nichts von den Kindern verlangen, was man selbst nicht kann!

Literatur

Bachmair, Ben: *Abenteuer Fernsehen. Ein Begleitbuch für Eltern*, München: dtv 2001

Heinemann, Manfred: »Zuviel Fernsehen macht Kinder ›sprachlos‹«, in: *Psychologie heute*, H. 2/1996

Feste, Feiern, Kindergeburtstage

Familienfeste sollten zu den gepflegten und bewusst zelebrierten Ritualen (s. dort) in den Familien gehören. Mittlerweile sind wir alle »rituelle Bettler ... ausgehungert nach symbolischer Verbindlichkeit und Dramaturgie des Lebens« (Stender 1994), weswegen wir die uralten Zeremonien königlicher Hochzeiten wie süchtig goutieren. Aber meist genießen wir nur die Rituale von anderen bzw. delegieren diese Bedürfnisse ans Fernsehgeschehen, lassen uns sogar eher vom Beginn der Tagesschau bestimmen als von selbst gewählten Ritualen.

Feste sind gemeinschaftliche, rituelle Handlungen, Höhepunkte über den Niederungen der Alltäglichkeit und der (medialen) Banalität. Je festlicher der Anlass, desto ausgefeilter die Rituale der Vorbereitungen, der Kleiderordnung, des Benehmens, desto köstlicher das Essen und fantasievoller die Dekoration. Soll ein Fest gelingen, müssen jedoch nicht nur die Formen sowie die Atmosphäre stimmen, sondern die Gäste müssen auch bereit sein, sich einzulassen. Stehen sie nur am Rand und finden alles »ätzend«, wie Jugendliche, die abendlich fünf Partys absolvieren, bleiben die Formen, aber auch die Beteiligten leer und innerlich hohl.

Schon kleine Kinder lieben Rituale. Sie brauchen sie dringend, um im Chaos der Welt Fixpunkte der Beständigkeit und Wiederholung zu erleben. Auch lieben sie schöne Kleider, Kerzenlicht, alle Vorbereitungsaufregungen und die Festlichkeit. Wichtig auch, dass sie lernen, sich differenziert zu verhalten: In einer Kirche ist man still, wenn Erwachsene reden, redet man nicht ständig dazwischen, beim Essen wird gemeinsam angefangen und erst nach Erlaubnis aufgestanden und man ehrt die Schenkenden, indem man ihr Geschenk in Ruhe und Andacht öffnet und sich bedankt. Das hat alles nichts mit Dressur zu tun, sondern mit adäquatem Verhalten, mit der Wahrnehmung von Differenzen und den Bedürfnissen der anderen (schon manches Jawort ist im Getobe der anwesenden Kinder nicht mehr hörbar gewesen!).

Familienfeste vermitteln den Kindern auch die wichtige Botschaft: Alle sind willkommen, selbst die »bucklige Verwandtschaft«. Das stärkt das Urvertrauen und mindert die Angst, selbst »herausfallen« zu können.

Kindergeburtstage arten oftmals in »Showlaufen« der Eltern aus, es geht um Tauschhandel und Sozialprestige: jedes Jahr schöner, teurer, exotischer. Da werden Achtjährige zum Segelfliegen eingeladen. Aber anschließend fragen sie: »Und wann feiern wir endlich Geburtstag?«

Auch wird hier ein pädagogischer Trend überdeutlich: Vieles wird zu früh angeboten. Fünfjährige müssen noch keineswegs ins Theater, Zehnjährige haben auch später noch Zeit, sich die Oper zu erobern. Und Gewinne bei jedem noch so kleinen Spiel verderben einfach die Freude (s. »Geschenke«), machen die Freude regelrecht kaputt.

Für Vorschulkinder sind diese Partys oft nur Stress. Was gut daran abzulesen ist, wie Kindergeburtstage enden: mit Geschrei. Auch Erwachsene würden Partys wohl bald sein lassen, die in Kummer und Tränen enden. Doch bei Kindergeburtstagen wird dies als normal angesehen. Eine Mutter hat Konsequenzen gezogen: »Ich versuche meine Kinder immer eine halbe Stunde früher herauszunehmen, bevor die Toberei in Gezänk und Geheule umkippt. Damit sie das Fest in schöner Erinnerung behalten!«

Kinder bis zum Schuleintritt »brauchen« noch keine Partys, sondern lieben das Besondere ihres Ehrentages mit der Familie: Blumen und Kerzen um den Teller, ein Geburtstagslied zum Aufwachen, das Lieblingsessen und dann eine Radtour, ein genüsslicher Zoobesuch. Für sie speziell, kein Kaffeeklatsch für die Erwachsenen! Alles mit Extrazeit und -zuwendung. Sie wollen sich geehrt und gefeiert fühlen durch Liebe und geschenkte Zeit, jenseits von Hektik und dem großen Showlaufen.

Eine altmodische (?) Regel ab dem Schuleintritt hat sich als sinnvoll erwiesen: nur so viele Gäste einladen, wie das Kind alt wird. Das ist eine Zahl, die von Groß und Klein verkraftet wird. Vorher wird gemeinsam vorbereitet: Das Kind malt die Einladungen, backt zusammen mit der Mutter den Kuchen und dekoriert die Wohnung. »Ich finde es ätzend, dass so viele Männer nicht in der Lage sind, Gastlichkeit und Gemütlichkeit selbst zu arrangieren. Das will ich meinem Sohn beibringen!« Jüngere Kinder lieben das klassische Repertoire: Sackhüpfen, Topfschlagen, Versteck- oder Theaterspielen mit den Erwachsenen. Sie brauchen Zeit und Zuwendung, keine fremden Animateure, schon gar nicht am Geburtstag!

»Das allerschönste Fest für meine drei Kinder war ein Geburtstag, an dem der dortige Vater mit allen Fußball spielte. Stundenlang. Es war der Hit der Saison für die Jungs wie für die Mädchen! Besonders für die vaterhungrigen Kinder war es das Tollste!«, so eine Mutter (s. »Väter«).

Auch geht es darum, Schritt für Schritt zu lernen, ein guter Gastgeber zu sein. Dazu gehört, seinen Gästen Aufmerksamkeit zu schenken, zu schauen, ob es ihnen gut geht. Das können schon kleine Kinder, die oft – wenn man sie dazu anhält (s. »Altruismus«) – sehr fürsorglich sind. Ebenso wichtig ist es zu lernen, ein guter Gast zu sein: sich auf die fremde Situation einstellen (s. »Soziales Lernen«), nicht sofort vergleichen und motzen, neugierig bleiben, seine eigene Verantwortung für das Gelingen des Festes wahrnehmen.

Am besten sind Feste mit emotional satt machenden Aktivitäten, besonders mit den Vätern: Drachenbauen, Lagerfeuer, Radeln oder Zelten. Oder zu Hause: Alle bringen je eine exotische Frucht mit und machen einen Obstsalat, backen und kochen zusammen etwas Tolles; Zirkus oder Theater wird gespielt; wenn der Geburtstag kurz vor Weihnachten ist, basteln alle zusammen Geschenke für die eigene Familie usw. All dies beinhaltet, was alle Kinder am nötigsten brauchen: Zeit und liebevolle Zuwendung jenseits von Konsum und vorgefertigten Instant-Feiern.

Literatur

König, Hermine: *Das große Jahresbuch für Kinder. Feste feiern und Bräuche neu entdecken,* München: Kösel 2001

Kunze, Petra u. Salamander, Catharina: *Die schönsten Rituale für Kinder. Vertrautes schenkt Geborgenheit und Halt,* München: Gräfe und Unzer [3]2002

Stender, Katrin: »Die Renaissance der Rituale«, in: *Psychologie heute*, H. 1/1994

Fremdenangst und Fremdenhass

Bei heutigen Gewalttätern, so Peter Schneider (1993), erschreckt uns eines besonders: Sie werden immer jünger und sind meist alkoholisiert. Er fährt fort: »Wer nach den Ursachen der um sich greifenden Gewalt sucht, setzt voraus, daß es Ursachen gebe. Ich schlage vor, die Feststellung umzukehren: Welche zivilisatorischen Kontrollmechanismen und Tabuvorschriften haben versagt, daß das vorhandene rohe Gewaltpotential plötzlich um sich greifen kann? (Es ist eine) Tatsache, daß Menschen ein zu allem fähiges Aggressionspotential mitbringen, das nur durch eine eher unwahrscheinliche und äußerst fragile Leistung, die gemeinhin Kultur und Zivilisation genannt wird, in Schranken gehalten wird.«

Viele Fachleute stimmen darin überein, dass die Basis für Gewalt, Hass und Fremdenhass eine narzisstische, chronische Wut ist, die sich aufgrund eisiger Kälte in den Familien und in unserer Gesellschaft ausbreitet.

Narzissmus (d.h. die Beziehung zu sich selbst bzw. als neurotische Steigerung: Selbstliebe) reguliert das Selbstwertgefühl und umfasst Bedürfnisse, Befriedigungen und Affekte. Das Kind muss entwicklungsbedingt mehrere Aufgaben erfüllen: Erstens muss es einen Kontakt zu sich selbst herstellen, zweitens zu seiner Umgebung und drittens nicht nur vertikal zwischen dem »guten Ich« und den »bösen anderen« unterscheiden, sondern allmählich zu einer horizontalen Aufteilung kommen und die ängstigende Ambivalenz aushalten, dass das Ich auch Ärger, Wut und Hass verspürt. Das ist ein wichtiges Moment für das Erlangen von Autonomie, weil gerade die negativen Gefühle (Trotzphase!) ein

Gespür für die Eigenständigkeit vermitteln. (Manche Erwachsene manövrieren sich eher selbst durch Alkoholismus, Depressionen oder Krankheiten ins Aus, ehe sie sich gestatten, Wut zu fühlen!) Die Heftigkeit dieser Gefühle können kleine und große Kinder nur positiv bewältigen, wenn sie die tiefe Urgewissheit haben, dass die Eltern sie kontinuierlich und trotz dieser »bösen« Gefühle lieben. Misslingt diese Entwicklungsstufe, sind die Folgen höchst problematisch. Der Psychoanalytiker Thomas Auchter konstatiert: »Mangelhaftes Urvertrauen begründet akute Fremdenangst.« (1990)

Die nächste Stufe der kindlichen Entwicklung liegt in der »analen« Phase (s. »Wut«), wenn es um Macht und Ohnmacht, Außen- und Selbstkontrolle, Unterwerfung und Autonomie geht. Dabei sind Stimmungsumschwünge, Unzufriedenheit, Zorn und Unersättlichkeit charakteristische Merkmale, die ebenso typisch für Erwachsene sind, die diese Phase nicht wirklich bewältigt haben bzw. die bei Stress immer wieder in diese Phase zurückfallen (s. »Das ›innere Kind‹«).

In der Pubertät (s. dort) muss noch einmal – als nächste Aufgabe – eine narzisstische Instabilität ausgehalten werden. Wenn der eigene Körper einem fremd und plump vorkommt, wenn sich die Beziehungen zur Familie lockern und neue Ideen, Menschen und Lebensziele gesucht werden, hilft oftmals besonders die Peergroup zur Stabilisierung. Es ist von großer Bedeutung, in welches Umfeld die Jugendlichen geraten, weil den Gleichaltrigen eine bestimmende Rolle zukommt! Zu dieser Zeit entsteht nicht selten »adoleszenter Fremdenhass« (Auchter), eine spezifische Form der Abgrenzung, des Rückfalls in frühkindliche Größenfantasien (»Wir [Deutschen] sind toll, ihr anderen seid verachtenswert ...«) als Begleitmusik zur Verschmelzungssehnsucht mit der eigenen, idealisierten Gruppe.

Anders als der temporäre Fremdenhass in der Pubertät verweist der pathologische auf eine tief greifende narzisstische Störung. Der Narziss lebt in einer Welt der Ich-Bezogenheit und Selbstidealisierung bis hin zu Allmachtsfantasien, gekoppelt mit einer extremen Entwertung der anderen. Diese rigide Welteinteilung lässt sich nur aufrechterhalten durch Schwarz-Weiß-Malerei, denn Differenzierungen (auch ich habe »böse« Anteile, die anderen ebenso viele »gute«) würden verunsichern. – Die Angst vor dem Fremden ist also eine Angst vor den fremden Anteilen im eigenen Inneren. Oder: Der Narziss »wartet« mit geballter Faust geradezu auf eine (vermeintliche) Kränkung, um sein brüchiges und gefährdetes Ich zu verteidigen.

Hinzu kommt der (unbewusste) Hass auf die eigenen Eltern, wenn das Kind in emotionaler Kälte aufgezogen wurde. Doch dieses Gefühlstabu ist zu groß, sodass dieser Hass ebenfalls nach außen auf andere übertragen werden muss.

Kinder und Jugendliche brauchen in diesen verschiedenen Phasen der Entwicklung den beständigen, warmen, greif- und spürbaren (Körper-)Kontakt in der Familie, sie brauchen Zeit, Zärtlichkeit und Zuwendung jenseits von Konsum und Hektik (s. »Sinn«, »Zärtlichkeit«, »Musik«). Denn »die Gewalt der Zukunft ist eine, die aus der Kälte kommt. Sie speist sich aus der narzißtischen Wut von Menschen, deren Selbstgefühl aus Mangel an Zuwendung und emotionaler Ernährung sich nicht erwärmt hat ... Die Kinder stürzen direkt aus dem Mutterleib in den Spätkapitalismus, ohne daß der Airbag der Familie diesen Aufprall nennenswert abfedert. Sie betreten die Schule mit einer primären Fernsehsozialisation und mit einer archaischen Wut im Bauch.« (Eisenberg u. Gronemeyer 1993)

Wenn Eltern selbst unter dieser narzisstischen, meist mit viel Eitelkeiten, Klimbim, Hektik, Fit und Fun kaschierten Wunde der Selbstentfremdung und inneren Leere leiden oder sogar ihr eigenes Kind (miss-)brauchen, um diese Leere zu füllen, wäre eine Therapie dringend notwendig, um sich »nachzunähren«, um sich selbst seelische Ressourcen zu erarbeiten. Denn was an seelischer Stabilität nicht vorhanden ist, kann nicht weitergegeben werden! Oder, wie der berühmte Kinderarzt Theodor Hellbrügge sagte: »Wo die Gefühle veröden, wächst die Gewalt.«

Literatur

Auchter, Thomas: »Das fremde eigene Böse. Zur Psychologie von Fremdenangst und Fremdenhaß«, in: *Universitas*, H. 12/1990

Eisenberg, Götz u. Gronemeyer, Reimer: *Jugend und Gewalt,* Reinbek: Rowohlt 1993

Schneider, Peter: *Erziehung nach Mölln,* Kursbuch 113: Deutsche Jugend 1993

Freunde

Die Sehnsucht nach Brüder- und Schwesterlichkeit, Mitmenschlichkeit, nach Korrespondenz, nach Erkanntwerden ist eine unserer tiefsten. Auch die von Kindern! Ihr Kontakt zur gleichen »Spezies«, zu Tieren und Gleichaltrigen ist dabei etwas völlig anderes als zu Erwachsenen.

Glücklich sind Kinder mit Geschwistern (s. dort). Den ersten Kontakt zu anderen haben viele in Kleinkinder- oder Krabbelgruppen. Doch die sind weniger für Kinder gedacht, da sie noch nicht in der Lage sind, kontinuierlich miteinander zu spielen, denn für Eltern: zum Kennenlernen, um soziale Netze zu knüpfen, um sich auszutauschen. Wichtig besonders für junge Mütter (s. dort). – Erst die zwei- bis dreistündigen Spielgruppen ab drei Jahren sind wichtig, um soziale Erfahrungen zu machen, um durch gezielte pädagogische Angebote Sprache und Motorik zu stimulieren, Regeln und Normen zu lernen, Selbstständigkeit und Ablösung von den Eltern einzuüben und einfach um das hingebungsvolle Spiel (s. dort) mit anderen zu genießen.

Einzeln und frei, d.h. alleine zu spielen ist die eine Lebenskunst. Die andere ist, Freunde zu gewinnen. Kinder, die nicht frühzeitig lernen, selbst guter Freund zu sein und Kontakte zu knüpfen, die durch die Medien verführt werden, abstumpfen und alleine bleiben, werden oft zu einsamen Menschen (s. »Einsamkeit«). Nicht selten verknüpft mit dem peinigenden Gefühl, anders, nicht richtig zu sein, doch dies nicht mitteilen zu können. – Viele Kinder unternehmen enorme Anstrengungen, um sich der Gruppe anzupassen, und werden darin ganz rigide. Ein Zeichen für mangelndes Selbstbewusstsein, was nur durch viel Lob und Anerkennung aufgefüllt werden kann. Wichtig auch, immer wieder in Gesprächen herauszuarbeiten, dass, und vor allem, wie einzigartig jeder Mensch ist, mit Fehlern und vielen wunderbaren Vorzügen!

So früh wie möglich muss das Kant'sche Grundprinzip menschlichen Miteinanders betont werden: »Was du nicht willst, was man dir antut, tu keinem anderen an!« Denn jeder möchte der Erste oder Anführer sein, das größte Stück Pizza haben und natürlich gewinnen. Aber all dies ist immer nur einem Einzigen möglich! Es gilt Rücksichtnahme und Frustrationstoleranz zu lernen. Täglich! Und sich einzufühlen in die anderen, denn die fühlen sich meist genauso wie man selbst ... Noch ein Aspekt: Jeder ist in fast jeder Situation zu 50 % für diese verantwortlich. Nicht mehr und nicht weniger!

Ein Slogan der amerikanischen Gesundheitspolitik heißt: »Friends are a good medicine.« Eine statistisch immer wieder bewiesene Tatsache: Guter, inniger menschlicher Kontakt macht nicht nur glücklich, sondern auch gesund (s. »Einsamkeit«, »Familienghetto«, »Gesundheit«)! Weswegen es bei der Entwicklung von einem Kind darum geht: Kann es sich mit der Fülle seiner Gaben, seines So-Seins, seiner Einzigartigkeit anderen zeigen und anderen ein guter Freund sein? Oder: Was hindert ihn daran?

Damit Kinder sich in ihrer Umgebung verwurzeln, sind Nachbarschaftskontakte unbedingt wichtig! Dieses unkomplizierte Kommen und Gehen, Schnell-mal-Fragen »Kommst du raus zum Spielen?«. Ist dies nicht gegeben, müssen Eltern ein Netz von Kontakten aufbauen, notfalls mit dem Auto. Energiesparend wäre es, wenn die Kinder dann nicht nur für einige Stunden, sondern auch über Nacht blieben – für Einzelkinder besonders nötig! Für die Eltern eine wunderbare Methode, um »umschichtig« (das funktioniert nur durch Geben und Nehmen!) mal einen ganzen Abend freizuhaben (s. »Mütter«, »Ferien«) oder jeden Donnerstagmittag nicht kochen zu müssen!

Kinder möchten stolz auf ihre Eltern sein, unabhängig von der Größe der Wohnung. Diese sollten nicht zu anbiederisch den anderen Kindern gegenüber auftreten, nicht zu meckerig und kontrollierend, aber trotzdem begrenzend präsent sein. Warmherzig und gastfrei, ein »offenes Haus« und ein offenes Herz zu haben wäre ein Ideal! – Auch behält man besser den Überblick, wenn sich die eigenen Kinder mit ihren Freunden zu Hause treffen statt anderswo. Wenn es ständig anders ist, sollten Sie sich selbstkritisch und/oder Ihr Kind fragen, was dort so viel schöner ist und zu Hause nicht gefällt.

Eltern von Einzelkindern tun sich selbst den größten Gefallen, wenn sie nicht nur bei Ausflügen, sondern sogar im Urlaub eine/n passende/n Freund/in ihrer Kinder mitnehmen: Dann sind diese beiden derart beschäftigt, dass die Erwachsenen mehr »Luft« haben und nicht 24 Stunden den Animateur für ihr Kind abgeben müssen. Denn es ist eine unnatürliche Situation, wenn z.B. ein Elternteil und ein Kind zwei Wochen in einem Hotel »zusammengesperrt« sind. Außerdem kommt keiner von beiden wirklich auf seine spezifische Erholung.

Für vorpubertäre und pubertäre Jugendliche (s. »Pubertät«) wird die Gruppe (s. »Rituale«) zum Lebensinhalt, die Elternmacht tritt zurück. Da es die wichtigste Aufgabe der Eltern in diesen Jahren ist, im Gespräch zu bleiben – immer wieder, nach jedem Krach neu! –, ist eine fragende Haltung bezogen auf die Freunde wichtig: »Was magst du an ihm/ihr? Was verbindet euch?« Kontrollieren Sie sich selbst, wie rasch auch Ihnen eine ungerechtfertigte Wertung, ein Vorurteil (grüne Haare, schlechte Noten) durch den Kopf oder sogar über die Lippen geht! Und um gute Menschenkenntnis Ihrem Kind einzutrichtern, ist es jetzt meist zu spät – und es stößt auf Abwehr! Diese Intuition bildet sich früher: durch ungezählte Gespräche über Menschen, durch Einfühlung in sie und ihre Reaktionsweisen. Nicht durch die Medien und nicht durch (Ab-)Wertungen!

Und natürlich sind Eltern auch hierbei Vorbilder: Sind Sie in der Lage, ein »guter Freund« zu sein, sind Sie fürsorglich, duldsam, verständnisvoll mit anderen, außer den Familienangehörigen (s. »Familienghetto«)? Oder suchen Sie Ihre Freunde nur nach ihrem Prestige und ihrem Geldbeutel aus und befinden Sie sich immer in der unproduktiven Warte- und Opferrolle, nach dem Motto »Warum rufen denn die anderen nicht an?«.

Literatur

Göttinger, Petra: *friends 4 you. Alles über Freundschaft,* München: Kösel 2000

Wagner, Jürgen: *Kinderfreundschaften. Wie sie entstehen – was sie bedeuten,* Berlin: Springer 1994

Wißkirchen, Hubert: *Die heimlichen Erzieher. Von der Macht der Gleichaltrigen und dem überschätzten Einfluss der Eltern,* München: Kösel 2002

Geld

Erwachsene definieren sich über das Haben: Das neue Auto (alle zwei Jahre), die feinen Stöckelschuhe, obwohl der ganze Schuhschrank voll ist, der Stapel neuer CDs, der bald darauf irgendwo herumliegt, auch muss das Interieur sich reichlich häufig den jeweils reicheren und attraktiveren Freunden anpassen: Alles wie geleckt, (aggressiv) hochgestylt, auf neureich getrimmt.

Warum sollten da Kinder zurückstecken? Sie erleben schon als Zweijährige, dass das Geld aus dem Automaten rieselt und das Restaurantessen mit einer bunten Karte beglichen werden kann. Was Heizung, Strom und Wasser kosten, werden sie nie erfahren, ebenso wenig, wie das Geld der Familie eigentlich erarbeitet wird.

Bereits 1996 verfügten in Deutschland die 6- bis 17-Jährigen über 17,4 Milliarden Mark (Kaufkraft!), d.h., im Jahr hatte jedes Kid 1 810 Mark zur Verfügung: als Taschengeld (obwohl da manche Eltern noch pädagogische Vernunft walten lassen), als Geschenk oder Bestechung (von liebeshungrigen, besonders geschiedenen Eltern oder Großeltern). Außerdem beeinflussten sie die Ausgabe von 34,5 Milliarden Mark, weil ihnen die Entscheidung für den neuen Computer, das neue Auto oder die Ferienreise (»Aber natürlich fahren wir nur dorthin, wo du möchtest!«) zugewiesen wurde (s. »Demokratisierung«).

Die Kehrseite: Tausende von Jugendliche haben bereits Schulden (wegen ihrer Handys, Markenklamotten, Benzinkosten, Fitnessklubs usw.), bevor sie mündig sind, wie die Verbraucherzentralen immer häufiger warnen. Auch werden die Schuldner immer jünger, wenn z.B. die Eltern die Handykosten von 400 Euro, die während einer einwöchigen (!)

Klassenreise nach Paris anfielen, nicht übernehmen ... Und auch die finanzielle Abhängigkeit wegen der immer längeren Ausbildungen bleibt immer länger erhalten: Die jungen Leute sind einerseits schon längst erwachsen, andererseits in einer abhängigen Position, und diese Gefühlsmelange macht es den Eltern sowie den Kindern schwer bis unmöglich, ihre Beziehungen klar zu definieren. Doch ist das »Hotel Mama« mit Einliegerwohnung, Kreditkarten- und Automitbenutzung oft so verlockend, dass der Nachwuchs gar nicht weg und wirklich erwachsen werden will – und das geht eindeutig nur über den Weg der Eigenverantwortung in Sachen Geld und Beruf! Nur wer eigenes Geld verdient, ist innerlich und äußerlich autonom. – Warum aber eine Veränderung ins Mühsame (Beruf) anstreben, man hat doch quasi schon alles!?

Die Werbung für Kinder, ein Milliardengeschäft, und die Banken mit ihren günstigen Jugendkrediten tun das Ihre dazu, um den Konsum anzuheizen und hoch problematische Situationen zu provozieren, jenseits von Lebenssinn und Zukunftsperspektiven. Eine 17-Jährige: »Wenn ihr mir schon nicht sagen könnt, wo's langgeht im Leben, wären 1 000 Mark Dauercash im Monat wenigstens angebracht.« (Horx 1987, S. 84)

Zum Thema Taschengeld müssen die Eltern erst einmal klären, was dies ist (am besten die Großeltern in die Diskussion mit einbeziehen, damit sie nicht heimlich quer schießen!): ein unverdientes Geschenk, ein Recht oder eine Erfolgsprämie, die mit einer Leistung gekoppelt wird? Oder ist es ein Symbol für die eigene Schwäche, sich nicht abgrenzen zu können, keine klaren Regeln einzuhalten, zu wenig Zeit zu haben, oder sogar für den unbewusst erlebten Mangel an eigener sozialer Autorität? Wird Geld als Beschwichtigung oder als Buhlen um die Gunst der Kinder eingesetzt oder wollen Sie zu einer Anspruchshaltung wie bei »Arbeitnehmern und Wohlfahrtsempfängern« (Klaus Hurrelmann) erziehen?

Der Umgang mit Geld läuft keineswegs so rational ab, wie wir uns das vorstellen. Es bestimmt unsere Wohnlage oder unsere Armut, ist verknüpft mit Sexualität, mit Familien-, Nachbar- und binationalen Fehden, ist ein Ersatz für mangelnde Naturalien, Liebe, Aufmerksamkeit, es bewirkt Macht, Einfluss, Wohlbefinden und Gesundheit. Unser (neurotisches?) Verhältnis zum Geld beginnt in den Kindertagen und ist immer mit Legenden, Mythen und Ambivalenzen verknüpft. – Erst wenn sich Eltern mit diesen Themen auseinander gesetzt haben, können sie ihren Kindern ein möglichst sachliches Verhältnis zum Geld vermitteln. Und besonders zu den Grenzen von Konsum und Geld, da Kinder, wie ihre Eltern, nur zu gerne glauben, dass Geld ihnen hilft, anerkannt und geliebt zu werden. Ein Trugschluss, denn diese oberflächliche Zuwendung ist so hohl wie die Gefühle, die sie vermittelt.

Bei übermäßigen Geldforderungen stellt sich deswegen erst einmal folgende Frage: Was spiegeln die Kinder vom elterlichen Verhalten? Auch darf es Unterschiede geben: Selbst wenn die Mutter sich ständig Klamotten kauft, ist es eine völlig andere, nämlich pädagogische Frage, ob sie ihren Kindern diese Art von leichtem bis schwerem Kaufrausch oder sogar eine Kaufsucht (s. »Sucht«) weitergeben will oder sogar muss.

Eine weitere notwendige Diskussion: Was dürfen die Kinder mit dem Taschengeld machen? Da helfen nur klare (vertragliche, schriftliche) Absprachen: z.B. Zigaretten und Alkohol nein, alles andere ja. Besonders wichtig bei Jugendlichen, die eventuell ein eigenes Budget für all ihre Ausgaben bekommen (s. »Jammern«). Um den Umgang mit Geld zu lernen, ist es in erster Linie wichtig, Konsequenzen zu erfahren: Wenn das Geld in der Mitte der Woche oder des Monats ausgegeben ist, muss dieser ärgerliche Umstand eben ertragen werden, um beim nächsten Mal besser haushalten zu lernen. Wenn Eltern oder Großeltern dann »aushelfen«, wird dieser Lernschritt aktiv verhindert und das Kind aktiv zum Quengeln, Nörgeln und Schuldenmachen aufgefordert.

Kinder spüren sehr genau den Unterschied zwischen dem Erforderlichen und dem Luxus, können sehr exakt benennen, welche Kleidungsstücke oder Spielzeuge eigentlich überflüssig sind, auch wie ungeschickt sie sich verhalten, wenn sie alles Geld für Unnötiges ausgeben. Kleine, altmodische Ausgabenhefte helfen ihnen, sich einen Überblick zu verschaffen, ein Verhältnis zu den Kosten zu bekommen und vorausschauend zu planen (z.B. Sparkonto).

Literatur

Horx, Matthias: *Die wilden Achtziger. Eine Zeitgeist-Reise durch die Bundesrepublik,* München: Hanser 1987

Unverzagt, Gerlinde u. Hurrelmann, Klaus: *Konsum-Kinder. Was fehlt, wenn es an gar nichts fehlt,* Freiburg: Herder [2]2002

Zöllner, Ulrike: *Die armen Kinder der Reichen. Was macht der Wohlstand aus unseren Kindern?* Zürich: Kreuz 1997

Geschenke und Konsum

Kennen Sie ein pädagogisch überzeugendes Argument für das Geschenk des 36. Stofftieres, der 18. Barbiepuppe, des 13. T-Shirts oder eines teuren, dafür stupid ferngesteuerten Fahrzeugs? Nein? Ich auch nicht. Wahrscheinlich niemand! Die Argumente lauten immer nur: »Ja, aber ... irgendwas muss man doch schenken ... das habe ich eben nur gerade aus der Stadt mitgebracht ... das waren die Großeltern ... usw.«, und haben mit Pädagogik rein gar nichts zu tun. Sinnvoll ist keines dieser Argumente. Sie zeugen eher von Gedankenlosigkeit und Nichtverantwortung.

Kinder sind konservativ in ihren Bedürfnissen nach Zeit, Zärtlichkeit und innerer Zuwendung. Auch verändern sich Menschen erstaunlich langsam. Wir haben z.B. alle nur eine begrenzte Freudefähigkeit. Gibt es täglich Eis zum Schlecken, verringert sich eindeutig die Freude. Gewöhnung minimiert die Gefühlsintensität. Oder jubeln Sie täglich beim Anblick von 20 000 Waren in einem normalen Supermarkt? Ostdeutsche taten das nach der Wende in erstaunlich kurzer Zeit gleichfalls nicht mehr.

Ein verzweifelter Vater: »Was soll ich tun? In unserem Kinderzimmer hängen 13 Adventskalender!« Erstens kann man ihn nur animieren, im nächsten Jahr seinen Pflichten (!) als erwachsener, vernunftbegabter, erziehender und nicht sich passiv ergebender Vater nachzukommen. Und zweitens wird deutlich, dass sich die Vorfreude auf Weihnachten keineswegs durch täglich 13 zu öffnende Türchen um das 13fache steigert (artet ja morgens richtig in Arbeit aus!), sondern sich verringern wird. Denn es wird banal, schal, Gewöhnung tritt ein und macht die Freude regelrecht kaputt!

Oder zu früh geschenkte Dinge: Da bekam ein Dreijähriger einen kompletten Indianeranzug. Er wusste noch gar nicht, was Indianer sind. Auch hatte er noch keine Wünsche, Sehnsüchte darauf verwandt, geschweige denn Kreativität, um sich selbst ein Kostüm zu basteln.

Wünsche zu haben und sie nicht gleich erfüllt zu bekommen ist wichtig, um Fantasien zu beflügeln und Kreativität zu provozieren, sich selbst zu helfen und um die Frustration auszuhalten, dass Weihnachten leider erst am 24. Dezember und nicht schon heute ist! Das wiederum steigert die Freudefähigkeit! Sehnsucht ist wichtig, um Ziele anzupeilen, um Alternativen zu suchen, was Selbst-Bewusstsein verschafft. Das Gegenteil ist dröge, unbewegliche, plumpe Sattheit, die nur schlechte Laune, Nörgeligkeit, Maßlosigkeit hervorruft sowie mangelndes Selbstbewusstsein, da dieses nur durch aktives Tun und keineswegs durch das Beschenktwerden entsteht! Und dann der berühmte Kreislauf: Wegen Nörgeligkeit wird konsumiert, was Unwohlsein immer rascher nach sich zieht und erneut gestillt werden will – Suchtverhalten! – Kein erfolgreicher Manager, keine Wissenschaftlerin, kein Künstler kommt ohne Sehnsucht und Kreativität aus, die sie vorantreiben!

Niemand sollte sich dem Glauben hingeben, dass Kinder den Zusammenhang zwischen mangelnder Liebe, fehlender Zeit und den ständig rieselnden Geschenken nicht glasklar durchschauen. Viele haben Angst, sich bald nicht mehr freuen zu können. Ein indirekter Hilferuf an die Eltern und Großeltern, sich mit ihren materiellen Höchstleistungen zu mäßigen. Denn Freude, diese zutiefst humane Fähigkeit, zu begrenzen, und sei es als Resultat des Gutmeinens, der Verwöhnung, der Unüberlegtheit oder des gedankenlosen Überflusses, erscheint mir grausam. Der Verlust der Fähigkeit sich zu freuen schädigt außerdem für das ganze spätere Leben und verringert die Lebensqualität enorm!

Hinzu kommen Neid und Konkurrenz – bei den Erwachsenen. Denn heutzutage vermehren sich die Kinder ja nur noch mäßig, die Eltern und Großeltern aber rapide. Lassen sich die Eltern und nur ein Großelternpaar scheiden und verheiraten sie sich neu, kommen – schwuppdiwupp – auf ein Kind nicht selten zehn liebeshungrige, bis aufs Messer konkurrierende Eltern und Großeltern sowie diverse »singelige« Tanten und Onkel, die auch »eben mal nur ein bisschen verwöhnen wollen ...« Der reinste Macht-, Neid- und Konkurrenzkampf unter dem Weihnachtsbaum und während des Jahres. Da gehört schon viel Charakterstärke aufseiten des Kindes dazu, um dem standzuhalten und unbeirrt zu erforschen, was wirklich wichtig im Leben ist!

Verwöhne ich Kinder, verwöhne ich mich in erster Linie selbst! Hat ein Kind Bedürfnisse nach Zuwendung und Zeit, macht es vielen Erwachsenen weniger Stress, ihnen eine Teepulle in den Mund zu stecken, Kopfhörer auf die Ohren zu setzen, den Bildschirm vor den Augen anzuknipsen, ein schnelles Geschenk zu kaufen und sie damit ruhig zu stellen. Ruhig heißt: keine Ansprüche, abgewürgte Gefühle, keine Lernkonsequenzen (Wie verschaffe ich mir selbst Entspannung, Wohlsein, Trost ohne Ersatzmedien oder -handlungen?), kein Dialog, keine Nähe und Zugewandtheit. Kein Wunder, dass viele Kinder darauf mit Hyperaktivität (s. dort) reagieren. Denn Zappen, Zappeln und der rasche Griff zum banalen, leeren, langweiligen Konsum machen keineswegs emotional satt (s. »Emotionaler Hunger«), sondern stopfen die innere Leere nur für immer kürzere Zeit.

Das allergrößte Geschenk, was wir unseren Kindern machen können und was sie sich, allen Umfragen zufolge, wünschen, ist Zeit, Zeit, Zeit! Unser kostbarstes und knappstes Gut, in der Tat! Aber für sie lebens-not-wendig!

Literatur

Braun, Andrea: *Weniger ist oft mehr. Wie wir mit kindlichem Konsum umgehen und Suchtgefahren vorbeugen können,* München: Kösel ^{4}2001

Friesen, Astrid von: *Geld spielt keine Rolle. Erziehung im Konsumrausch,* Reinbek: Rowohlt 1991

Wunsch, Albert: *Die Verwöhnungsfalle. Für eine Erziehung zu mehr Eigenverantwortlichkeit*, München: Kösel ^{6}2002

Geschwister

Der Psychoanalytiker Horst Petri geht, im Gegensatz zu vielen anderen, davon aus, dass zwischen Geschwistern die Liebe das Primäre ist, nicht der Neid und der Hass. Ein Kind freut sich zunächst auf das neue Baby; ist es da, kann sich das Ältere mit dem Säugling identifizieren, denn das »Baby ist wilde Natur« (2002), und diese innige Naturverbundenheit, wie bei Tieren und Pflanzen, ist ihm noch nahe und vertraut, obwohl es selbst bereits ein wenig »zivilisierter« geworden ist.

Der ideale Abstand ist nach vorherrschender Meinung drei Jahre, weil das ältere Kind sich in dieser Phase sowieso von der Mutter löst und sich nicht verstoßen fühlen muss, denn es ist ja schon »groß«! Die Beziehung in der frühen Kindheit ist besonders intensiv, sowohl zeitlich als auch von Witz, Lebendigkeit, Körpernähe und wachsendem Verantwortungsgefühl geprägt. Viele ältere Geschwister übernehmen eine »Dolmetscherrolle«, vermitteln und erklären, was die Jüngeren benötigen. Doch beide brauchen und spiegeln sich in ihrer Einmaligkeit, entwickeln eine eigene, geheime Realität, bilden ein Bollwerk gegen die Eltern und fühlen sich stark: »Gemeinsam konnte uns in der Welt nichts passieren!« In Rollenspielen (Vater-Mutter-Kind-, Doktorspiele) erkunden sie Möglichkeiten, bei Angst-Lust-Aktionen (Gespenster, Schlangen, Spinnen) erweitern sie ihre Stressreaktionen, abends im Bett teilen sie ihre Sorgen, Ängste und die Wut, albern herum und wissen immer genau, was der andere fühlt und meint. Gegenüber Dritten treten sie zunehmend füreinander ein.

Viele Geschwisterbeziehungen sind von Dankbarkeit geprägt, gemeinsam das Schöne erlebt und die »Schlachten« gegen die Eltern bestanden zu haben. Dies gehört zu den »tief verinnerlichten und elementaren Prinzipien jeder sozialen Gemeinschaft ... Dankbarkeit ist ein unentbehrliches Ferment jeder produktiven sozialen Bindung und ein konstituierendes Element der Liebe ... Die Unfähigkeit, Dankbarkeit zu erleben, beruht im wesentlichen auf einer Fortdauer destruktiver Gefühle und stellt sich damit sozialer Integration entgegen.« (Petri 2002, S. 52 f.) Liebevolle Geschwister, die natürlich auch streiten, helfen sich, machen sich kleine Geschenke, sind stolz aufeinander, können sich in ihren Geheimnissen völlig auf den anderen verlassen und vermissen ihn spürbar in seiner Abwesenheit.

Deswegen bedeuten Schläge oder Missbrauch, die die Geschwister erleiden, vielen Menschen ein Leben lang nicht zu besänftigende Schmerzen. Es ist für sie schlimmer, dies erleben zu müssen, als hätte sie ihr Vater oder ihre Mutter selbst geschlagen, selbst missbraucht!

In der Pubertät prägt sich diese Wechselseitigkeit aus, dieses Geben und Nehmen. Hautnah wird außerdem erlebt, wie aus dem Frosch mit Pickeln und Muffigkeit sich ein Prinz oder eine Prinzessin entwickelt und die beginnende Sexualität auszuleben beginnt.

Neid und Hass können bei Geschwistern entstehen, wenn das erste Kind übermäßig bemuttert wird und dies auf der Selbstunsicherheit (dem schlechten Gewissen) der Mutter beruht und sie es »fallen lässt«, wenn das nächste Baby kommt, um sich nun mit diesem narzisstisch »aufzufüllen«. Wenn dies just in die mit sehr ambivalenten Gefühlen gekoppelte Ablösungsphase fällt, wird es schwierig für das Älteste! Besonders wenn es keinen präsenten Vater gibt, der spätestens jetzt eine immens wichtige Rolle für das ältere Kind spielt: durch seine Zugewandtheit, seine Rückenstärkung, seine Hilfe bei der Ablösung von der Mutter, die stark mit dem neuen Baby beschäftigt ist.

Es kommt auch häufiger vor, dass das erste Kind nicht

gewollt war, seinetwegen geheiratet oder ein Studium aufgegeben werden musste, die zu jungen Eltern überfordert waren, keine Zeit hatten oder es das »falsche« Geschlecht hatte, sodass das zweite Kind viel eher das »richtige« ist, was natürlich Hass erzeugen kann. Zumal wenn die Mutter wegen ihres schlechten Gewissens dem ersten Kind gegenüber nun am zweiten »alles wieder gutmachen will«.

Aber auch für die nachgeborenen Kinder kann ihr Start in die Welt traumatisch sein: wenn die Eltern zu erschöpft sind (vom Familienleben oder Hausbauen), wenn sie gestorbenen Geschwistern »nachfolgen« oder eine Ehe retten sollen ...

Naturgemäß lockern sich die Geschwisterbeziehungen in den Jahren nach der Pubertät, um sich jedoch entweder durch die eigenen Kinder oder das Alter und den Tod der Eltern und die sich im Alter vertiefende Dankbarkeit wieder anzunähern. In vielen Familien beginnen sie ab dem vierten oder fünften Lebensjahrzehnt – jenseits von allen Vergleichen, Verknotungen, allem Neid – oft wieder gemeinsame Reisen zu unternehmen, meist ohne jeglichen Anhang, um die ursprüngliche, einmalige Kindernähe und Exklusivität neu zu beleben.

Lehnen Geschwister sich gegenseitig ab oder vermeiden sie den Kontakt, stecken häufig tiefe, unaufgearbeitete Neid- und Wutgefühle dahinter. Doch noch tiefer, völlig unbewusst, ist meist die Sehnsucht nach dieser – eigentlich – sichersten und längsten Beziehung in unserem Leben.

Literatur

Baum, Heike: *Mama, der ärgert mich immer! Über Streit und Eifersucht unter Geschwistern*, München: Kösel 2003

Mähler, Bettina: *Geschwister. Krach und Harmonie im Kinderzimmer*, Reinbek: Rowohlt 1992

Petri, Horst: *Geschwister – Liebe und Rivalität. Die längste Beziehung unseres Lebens*, Stuttgart: Kreuz ^{2}2002

Gesundheit

»Warum bin ich eigentlich gesund?« Diese Frage stellt sich fast niemand, weil Gesundheit gewissermaßen unsichtbar ist. Sie ist ein nicht messbarer, schwer zu definierender, völlig subjektiver, quasi lautloser Zustand, denn erst das Wehwehchen macht Lärm.

Von Aaron Antonovsky gibt es das Kohärenzmodell. Er beschreibt Kohärenz als das Gefühl, »innerlich zusammengehalten zu werden, nicht zu zerbrechen und auch in äußeren Anbindungen Unterstützung und Halt zu finden«. (Schiffer 2001, S. 29) Um dieses Gefühl in der Kindheit zu entwickeln, sodass es auch in Krisen und in Krankheitszeiten zur Gesundung abgerufen werden kann, sind folgende drei Momente wichtig:

- Die Welt muss uns verständlich und erklärbar sein.
- Der Mensch muss Zugang zu inneren und äußeren Ressourcen oder Kraftquellen entwickelt haben, damit ihm seine Lebensaufgaben handhabbar erscheinen.
- Das Leben sollte als sinnhaft erfahren werden.

Sind diese drei Aspekte als Kohärenzgefühl ausgebildet, können wir bedrohlichen Situationen, Stress und Schicksalsschlägen positiv begegnen, nehmen wir sie als Herausforderung und zerbrechen nicht daran.

Kinder erobern sich ein Kohärenzgefühl (fast ausschließlich) durch das Spiel: »Spielend, barfuß mit Bollerwagen« (Schiffer, S. 49) werden diese Sinnes- und Gefühlserlebnisse zu affektuös-sensorischen Erfahrungen und bilden innere Bilder und Fantasien auf unserer Leinwand im Kopf. Und diese Spiel- und Fantasiefähigkeit, die immer gekoppelt ist an eigene körperliche Sinneserfahrungen, ermöglicht den lernenden Umgang mit kleinen, oft selbst inszenierten Stresssituationen (z.B. Springen vom Baum), lässt das Gehirn wachsen und verhindert Starrsinn (»Ich will aber …«). Das Kind erfährt sich selbst als im eigenen Leib zu Hause seiend, es muss seinen Leib nicht von seinem Selbst abspalten und – um diese negative Spannung auszuhalten – ihn traktieren, piercen, mit Drogen betäuben oder mit Diäten quälen.

Es ist das selbstvergessene Spielen (s. »Spiel«), dieses Flowgefühl (s. »Langeweile«), wenn man Zeit und Ort vergisst, die pure Freude am eigenen Tun (Sandburgen bauen, Segelflugzeug basteln, Fotos entwickeln, puzzeln), was emotional satt macht. Im Gegensatz dazu steht das Konkurrenzspiel, bei dem es um Siege und Niederlagen geht. Das Fairplay, das Spiel mit der Freundesgruppe, die Auseinandersetzungen, die Raufereien bieten ebenfalls Halt, Bindung und Zugehörigkeitsgefühle und bilden die Grundlage für Dialoge. Denn erst im Dialog wird der »Mensch am Du zum Ich«. (Martin Buber) Jede Stunde vor den einseitigen Monologen der Medien verhindert dies eindeutig!

So wie das Kohärenzgefühl bildet sich auch die Identität ausschließlich im Dialog und in der körperlichen Erfahrung von Welt, d.h. in Spiel und Kontakt aus, sodass die kleine, selbst erfahrene (nicht nur beobachtete), sich immer bunter erweiternde Welt der Kinder ihnen verstehbar, handhabbar und sinnhaft erscheint und sich nicht zerfleddert in Ex-und-hopp-Beziehungen, in der virtuellen Medienflut, in Bindungslosigkeit und Sinnverlust (s. »Werte«).

An einer alltäglichen Situation sei dieses gesundheitsfördernde Verhalten geschildert: an den abendlichen Zubettgeh-Ritualen. Das Kind kuschelt sich ein und verschafft sich damit selbst (!) eine geborgene, beschützende Situation. Die Eltern lesen vor, das Kind im Arm haltend. Es entstehen Nähe, Zärtlichkeit, Wärme. Der gehörte Text bildet einen gemeinsamen Fantasieraum und bietet die spielerische, vorweggenommene, in Gedanken durchprobierte Bewältigung der Welt. Gleichzeitig entsteht Sinnhaftigkeit, d.h., die Welt und das Tosen der Menschen werden erklärt, gedeutet, immer mehr verstanden. Zunächst durch den Kinderbuch- oder Märchentext, aber auch durch die sich anschließenden Gespräche mit den Eltern, durch ihre Welterklärungen. Das führt zu (erweiterter) Einfühlung in andere, dem »Fremden« kann sich gedanklich angenähert werden, »Fremdes« wird in dieser geschützten Situation emotional ermöglicht (s. »Fremdenangst«). Andere Perspektiven werden denkbar, andere Lebensmöglichkeiten gedanklich durchprobiert. Dadurch fügen sich Inneres und Äußeres zusammen, (körperliche) Entspannung und wachsendes (Selbst-)Bewusstsein entstehen, jenseits von Siegermentalität, Leistungsdruck und Einsamkeit (s. dort). Auch erfährt das Kind die eigene positive (lebensnotwendige) Fähigkeit, dass es sich selbst Entspannung und Schlaf (s. dort) verschaffen kann.

Durch diese täglichen, sinnlichen, sinnstiftenden Erfahrungen bilden sich ein innerer, abrufbarer Schatz sowie Stärke und kreative Möglichkeiten der Lebensbewältigung, die gesund halten und gesund machen. Das Gegenteil ist das dumpfe, fantasieabtötende, bewegungsverhindernde, völlig unsinnliche und Lebenssinn vertreibende, das Gehirn lahm legende Stieren auf den Bildschirm!

Ein weiteres wichtiges Moment ist die Selbstverantwortung. Allein die jährlich 40 Millionen Euro teuren Folgen von falscher Ernährung (s. »Essen«, »Diäten«) beruhen auf mangelhafter Selbstverantwortung – von Erwachsenen, die es ihrerseits als Kinder nicht gelernt haben, liebevoll, d.h. gesund, mit sich selbst umzugehen. Denn sich überwiegend von Pizzas zu ernähren bedeutet einen harschen, rüden, letztendlich zerstörerischen Umgang mit dem eigenen Körper. Dies ruiniert alle körpereigenen Signale, was Hunger, Sattheit und Gesundheit anbelangt (s. »Sucht«, »Alkohol«): Selbstmord mit der Gabel! Und die schlichte Aufforderung »Brauchst du wirklich diese Limo? Was sagen dein Körper und dein Bauch dazu?« ermöglicht es schon kleinen Kindern, in sich hineinzuhören und unterscheiden zu lernen, ob sie gerade den Frust herunterspülen wollen oder dem Körper wirklich etwas Gutes, ein Lebens-Mittel, zuführen wollen.

Literatur

Ernst, Heiko: »Gesund ist, was Spaß macht«, in: *Psychologie heute,* H. 1/1990

Schiffer, Eckhard: *Wie Gesundheit entsteht. Salutogenese: Schatzsuche statt Fehlerfahndung,* Weinheim: Beltz [2]2001

Grenzen

Einer der bekanntesten Pädagogen, T. Berry Brazelton, hat sieben Grundbedürfnisse formuliert, auf deren Erfüllung jedes Kind ein Recht hat. Dazu gehört auch das Grundrecht auf Grenzen und Struktur (2002).

Kinder ohne Grenzen werden zu kleinen »Tyrannen«, die ihre Eltern versklaven und sich selbst im Weg stehen: herrisch, auffallend missmutig, ohne kindlichen Charme, einsam, weil ohne Erwachsene, zu denen sie aufschauen und an die sie sich anlehnen könnten, traurig hinter einer aggressiven, hektischen Maske von Coolness und Rüpelhaftigkeit, nicht selten auch gewalttätig gegen andere und ihre Eltern.

Jirina Prekop betont folgende, häufig anzutreffende Merkmale solcher »Tyrannen«: Jungen seien fünfmal so häufig herrschsüchtig wie Mädchen; sie müssten die Erwartungen an Selbstbehauptung der (oftmals selbst schwachen) Väter und die (erotischen) Verwöhnungen ihrer Mütter (er)tragen; es seien oftmals Einzelkinder, Erstgeborene oder Jüngste, (farbige) Adoptiv- oder durch Krankheit bzw. Behinderungen gehandikapte Kinder; ihre Fremdel- und Trotzphasen seien ausgeblieben, sie seien extrem ich-bezogen, hätten Allmachtsansprüche, sodass Gesellschaftsspiele, in denen sie nicht gewinnen, zu Dramen werden: Sie können weder warten noch sich an Situationen anpassen, sind äußerst kränkbar sowie distanzlos zu Menschen und fremden Gegenständen (z.B. bedienen sie sich bei anderen Leuten einfach im Kühlschrank). Andererseits können sie extrem fixiert sein: auf bestimmte Nahrung (Babykost, nur spezielle Nudeln) bzw. sie verweigern Essen oder tun nichts ohne ständiges Belohntwerden (s. »Hausaufgaben«, »Lob«) (Prekop 1997, S. 38 ff.).

Es gibt multikausale Erklärungen: hirnorganische oder hirnchemische Fehlentwicklungen; Medienüberflutung und ständig wechselnde, gestörte Familienverhältnisse; mangelhafte Möglichkeiten zum Spielen bzw. Aggressionen im Spiel abzuleiten; Verwöhnungen bis hin zur Lebensvermeidung. Die psychologische Erklärung von Prekop ist folgende:

In früheren Generationen mussten sich die Säuglinge und Kleinkinder den Eltern und deren Rhythmus weitgehend anpassen, z.B. konnte in einer Zweizimmerwohnung für sechs Personen mit Ofenheizung ein Kind nachts nicht herumgetragen werden! Es war zu eng und zu kalt! Heute passen sich die Eltern extrem den Kindern an, was zu einer tiefen Prägung in Gehirn und Verhalten führt. Das Kind lernt nicht, sich an seiner Umwelt zu orientieren und Lebenstüchtigkeit zu erwerben, sondern es bleibt in der Kleinkindphase stecken, als es sich (naturgemäß) allmächtig und die Eltern als beherrschbar empfand. »Wird ihm diese Erfahrung zu seiner zuverlässigsten, bleibt ihm nichts anderes übrig, als das Beherrschen der Umwelt zur Ersatzbefriedigung seiner Grundbedürfnisse nach Geborgenheit zu machen. Es wird von der Erfahrung seines Herrschens suchtartig abhängig.« (S. 55)

So verhalten sich besonders Eltern, die perfekt sein wollen und bei jedem Piep zu ihrem Kind hinstürzen (s. »Schlaf«), sich selbst unwürdig. Sie werden abhängig von den Wünschen ihrer Jüngsten und ziehen sich damit – zu ihrer eigenen extremen Frustration und Verzweiflung – »kleine Tyrannen« heran. Denn Perfektion ist eine dem Leben widersprechende Haltung! Prekop nennt diese Mütter »Hofdamen« und die Väter »Narren«. Ist es so weit gekommen, hilft nur ein konsequentes Elterntraining mit professioneller Unterstützung, damit nicht die gesamte Familie daran zerbricht (s. »Schlaraffenlandkinder«).

Grenzen zu setzen hat nichts mit dem Brechen eines Kindes zu tun, nicht mit Zurichtung oder autoritärem Dominanzverhalten. Grenzen unterstützen und schützen, bewahren und weisen die Richtung. Als Beispiel: Kein Elternteil würde einem kleinen Kind erlauben, über eine vierspurige Straße zu gehen. Also: Man würde es fest an die Hand nehmen, sprich: begrenzen. Man würde diesen spürbaren, konsequenten, körperlichen und erzieherischen Druck auch nicht lockern, wenn das Kind zu protestieren anfinge. Denn das könnte lebensgefährlich werden.

Durch Grenzen werden Erfahrungsräume (z.B. Hüpfen auf dem Sofa nein, im Kinderzimmer ja) eröffnet und beschränkt, in denen sich das Kind auskennt, in denen es sich bis an die Grenzen herantastet und erfährt, was es noch lernen möchte. Dadurch wird auch das Gefühl bestärkt, einzigartig zu sein, werden die eigenen Fähigkeiten voll ausgelotet. Es lernt sich von anderen zu unterscheiden (der Zehnjährige darf eine halbe Stunde später ins Bett als die achtjährige Schwester) und damit sich und die anderen zu achten. Ohne Grenzen, also im Vakuum der Alles-ist-irgendwie-erlaubt-oder-egal-Haltung, entstehen keine Individualität, keine Kooperationsfähigkeit, keine engen Eltern-Kind-Beziehungen und keine Selbstverantwortung (s. »Verantwortung«). Für das Kind: wie verzweiflungsvolles Wandern im dichten Nebel – ohne Ziel, in tiefer Verwirrung, auch ohne spürbaren menschlichen Kontakt, einsam.

Grenzsetzung funktioniert bei Kindern unter drei Jahren weniger mit Worten als über die Körpersprache. Lange Vorträge sind falsch, körperliche Berührungen (natürlich keine Schläge!) erforderlich – gerade im Konflikt. Die Hand auf der Schulter, die Kinderhände festgehalten und der intensive Augenkontakt unterstützen die Botschaft: »Nach-Druck hat nichts mit Unterdrückung zu tun ... (er) bedeutet vielmehr freundschaftliche Festigkeit. Denn die Festigkeit, mit der das Kind berührt wird, läßt das Kind die Ernsthaftigkeit der Eltern spüren.« (Rogge 1995, S. 98) Außerdem schützt dies Eltern davor, nach einem dutzendfachen »Lass das ...« in ihre eigene anale Wutphase (s. »Wut«) zu fallen und dem Kind körperliche oder psychische Gewalt anzutun.

Ein eindeutiges Nein ist, da es keine Handlungsalternativen aufzeigt, nur in besonderen Situationen angebracht: bei Gefahr, bei sprachlichen Entgleisungen, bei körperlichen Attacken, bei Grenzüberschreitungen des Kindes trotz vorheriger Absprache oder bei starker Erregung, um sich Gehör zu verschaffen (Rogge, S. 99). Die Erklärung dafür muss später erfolgen, ist aber das Gegenteil von langem Lamentieren, Nörgeln und Jammern (s. dort). Es geht um Nachdrücklichkeit.

Literatur

Brazelton, Berry T. u. Greenspan, Stanley I.: *Die sieben Grundbedürfnisse von Kindern. Was jedes Kind braucht, um gesund aufzuwachsen, gut zu lernen und glücklich zu sein*, Weinheim: Beltz 2002

Prekop, Jirina: *Der kleine Tyrann. Welchen Halt brauchen Kinder? Erweiterte Neuauflage*, München: Kösel ^{18}1997

Rogge, Jan-Uwe: *Eltern setzen Grenzen*, Reinbek: Rowohlt 1995

Großeltern

Gibt es Erwachsene, die nicht gerne Großeltern würden? Wenn sie, aller Pflichten enthoben, nur noch die Kür der Erziehung fahren dürfen, und die heißt (leider zu oft): verwöhnen, verwöhnen, verwöhnen.

Andere verwöhnen bedeutet: in erster Linie sich selbst verwöhnen! Das kann vollkommen in Ordnung sein, aber auch puren Egoismus ausdrücken: nicht nachdenken, deshalb Cola statt Kindertee; keine Klarheit bezogen auf Ge- und Verbote; keine Konsequenzen: Das Fernsehverbot wird nicht durchgesetzt, wenn am Tag zuvor eine Absprache missachtet wurde; »rasch eben eine Kleinigkeit mitbringen« anstelle eines zweistündigen Gesellschaftsspiels; kein Mitgefühl den eigenen Kindern gegenüber, die das Fehlverhalten bei ihren Kindern mühsam im Alltag wieder ausbügeln müssen ...Verwöhnen heißt, es sich leicht machen, oftmals zu leicht.

Hinter dem Verwöhnen können aber noch andere Motive stecken:

- Rivalität mit den eigenen Kindern: Wer ist die bessere Mutter/der bessere Vater? Oder mit den anderen Großeltern, besonders den »geschiedenen« und sozial (un)attraktiveren.
- Indirekte Rache an den eigenen Kindern: »Ich fühlte mich nicht richtig von dir geliebt, aber meine Enkel lieben mich über alles!«
- Unbewusstes Wiedergutmachen: Was man den eigenen Kindern an Zeit, Geduld und Geld nicht geben wollte, müssen jetzt die Enkel buchstäblich »aushalten«.
- Machtkämpfe zwischen den Generationen, wenn die Jüngeren sich von ihren Eltern innerlich noch nicht be-

freit haben und die Großeltern ihrerseits bevormunden, kritisieren und kontrollieren. Da hilft nur: Gespräche und innere Distanz, ohne dass die Enkel leiden müssen!

Großeltern sind extrem wichtig. Sie stellen die Verbindung zu den Wurzeln der Familie her, sind oftmals gelassener als die jungen Eltern, bieten (besonders nach Scheidungen und in Patchworkfamilien) Kontinuität und Sicherheit, stehen für Tradition und Geschichte. Sie helfen die Idealisierung und Abhängigkeit zu den Eltern aufzuheben und deren allein selig machende Ansprüche oder Anforderungen zu relativieren. Großeltern »gehören« den Kindern, was bedeutet, dass diese ein Recht auf den Kontakt haben, auch wenn die Eltern geschieden sind und aggressiv die Familienbande zerstören (s. »Scheidung«). Nach dem Grundsatz des Familientherapeuten Bert Hellinger, der die »Ordnungen der Liebe« beschreibt, verstößt es gegen die Menschenrechte, keinen Kontakt zu den Großeltern zu pflegen, sie nicht zu respektieren und nicht zu würdigen (mit all ihren menschlichen Schwächen natürlich!).

Großeltern möglichst in der Nähe zu haben erleichtert es den Enkeln, zwischen zwei Polen zu pendeln. Für die mittlere Generation ist eine ausgewogene Nähe und Distanz wichtig, denn Großeltern sind hilfreich besonders in Notfällen und zum Babysitten. Für die Großeltern selbst bringt die »Kombination aus Freiheit und Freiwilligkeit jene Gelassenheit hervor, die Enkelkinder so schätzen und die Eltern, die im Alltagsstreß verwoben sind, so neidisch und wütend macht«. (Rogge 1995, S. 108) Auch darüber muss immer wieder offen gesprochen werden, sonst werden diese Themen indirekt in das Geschenkpapier der immer schöner, größer, teurer ausartenden Geschenke (s. »Geschenke«) für die Enkel mit eingewickelt. Die merken dies garantiert und spielen alle Beteiligten gegeneinander aus. Keine erstrebenswerten Charakterzüge, die sich da bilden!

Viele Großeltern sind erstaunlich selbstherrlich und hören partout nicht auf die inständigen Bitten ihrer Töchter und Schwiegertöchter (!), was die Geschenke anbelangt, oder sie stopfen die Enkel (unbewusst aggressiv!) mit Süßem voll, oftmals heimlich, womit sie ihre Enkel zur Unaufrichtigkeit erziehen! Oder sie erlauben »alles«, weil auch Großeltern (wie Eltern) heutzutage größte Ängste haben, die Liebe ihrer Enkel zu verlieren. So wollen sie sich positiv bei ihnen »einkaufen« und »einschmeicheln«. – Doch die Erziehungsgrundregeln der jüngeren Generation sollten unbedingt respektiert werden. Verwöhnung sollte nur in diesen (engen) Grenzen stattfinden. Und: Die eigenen Kinder sollten die Hauptpersonen bleiben, sonst entstehen zu viele Kränkungen.

Das Allerwichtigste, was Großeltern schenken können, ist nicht die 18. Barbiepuppe oder das 23. Gameboyspiel. Es ist Zeit! Zeit ist unser kostbarstes Gut und davon haben junge Eltern viel zu wenig übrig: wegen der Arbeit, ihrer Karrieren, des Hausbaus usw. Zeit haben eher Großeltern zu verschenken. Das bedeutet Konzentration auf das Tun: langsam und genussvoll »spazieren stehen«, mit innerer Präsenz auf dem Spielplatz dabei sein (ohne sich dominieren zu lassen!), ausgiebig Spiele spielen oder basteln, Handwerkliches beibringen, gemeinsam Beeren pflücken und Marmelade einkochen, Tiere beobachten, Geschenke fabrizieren, vorlesen, d.h. gerade nicht den Verführungen von Fit, Fun und Vergnügungsparks erliegen. Kein Medienkonsum, weil das sowieso das Immergleiche ist! Das respektieren und achten Kinder und sie betonen in vielen Umfragen immer wieder, dass sie sich das am meisten wünschen: Zeit, unstrukturierte Zeit, nicht gleich hektisch zum nächsten Ausflug aufbrechen, sondern Gemeinsames und Rituale (s. dort) sich entwickeln lassen. Viele Kinder sind ja bereits verplant und gestresst. Sie genießen es, diese bewusst geschenkte Zeit, die gemeinsamen Aktivitäten, die Seele baumeln lassen. Gerade auch bei unruhigen (Medien-)Kindern sollten die Großeltern ein Kontrastprogramm etablieren, voller Ruhe, Zärtlichkeit und emotionaler Präsenz, ohne sich herumkommandieren zu lassen (denn dabei verlieren sie die Achtung der Enkel hundertprozentig!).

Bei manchen Großeltern gibt es besondere Spielsachen (die alte Puppenstube, die Eisenbahn des Großvaters), die nur dort benutzt werden dürfen – toll! Und später vielleicht kleine Reisen, ganz exklusiv, denn gerade Kinder mit mehreren Geschwistern brauchen ab und zu das Alleinsein mit geliebten Erwachsenen, um nicht immer teilen zu müssen. Oder Einzelkinder: Bei den Großeltern lernen sie mit ihren Cousins und Cousinen zu teilen, meist nur dort werden diese wichtigen Verwandtschaftsbande geknüpft und gefestigt.

Literatur

Gürtler, Helga: *Kinder lieben Großeltern. Ein Ratgeber für das Leben mit Enkeln,* München: Kösel ^{2}2002

Rogge, Jan-Uwe: *Eltern setzen Grenzen,* Reinbek: Rowohlt 1995

Westheimer, Ruth: *Ein Glück, dass es Großeltern gibt,* Berlin: Ullstein 2000

Hausaufgaben

Eine brisante Situation: Befragt man Studenten, die wegen Lern- und Arbeitsstörungen Hilfe suchen, wird in 90 % der Fälle eines sichtbar: eine ungute und ängstigende Hausaufgabensituation während der Schulzeit.

Die Familientherapie hat es uns gelehrt: Nicht bearbeitete Probleme wiederholen sich in den Familien in jeder Generation aufs Neue. Da die Schulen bis in die 60er-Jahre in Westdeutschland und die 90er-Jahre in Ostdeutschland autoritär geprägt waren, hat in der Folge ein Großteil aller Menschen enorme Ängste, viele Demütigungen und ungezählte Stresssituationen erfahren. Und die überfluten die meisten Eltern in Sekundenschnelle erneut, wenn sie sich mit ihren Kindern hinsetzen, um Hausaufgaben zu machen. Da läuft unbewusst ihr eigener »alter Film« ab: mit Lehrern, die schimpften und schlugen, mit Eltern, die über die Schulter guckten und schimpften, mit all den quälenden Situationen, etwas nicht zu kapieren, und der Unfähigkeit der Erwachsenen, etwas (in Ruhe) zu erklären.

Ist man in diese alte Gefühlsqual wieder gerutscht, und das passiert bereits, wenn das Kind das Schulheft aufschlägt oder man den Geruch in Schulfluren wahrnimmt, ist kein sinnvolles Arbeiten mit dem eigenen Kind mehr möglich. Die innere Gelassenheit, Geduld und liebevolle Zuwendung können nicht aufgebracht werden, weil man mehr gegen die eigenen Gefühle kämpft, als pädagogisch sinnvoll mit seinem Kind umzugehen.

Ist dem so, sollte man deutliche Selbstkritik üben und es (erst einmal) aufgeben! Unbedingt! Denn sonst wird der eigene Frust dem Kind »weitergegeben«, was Lernblockaden, eventuell lebenslang, provozieren kann. Weiterhin sollte man das Schwergewicht darauf legen, sein Kind zur Selbstständigkeit zu erziehen, was sowieso das größte Geschenk ist, was Eltern ihren Kindern mitgeben können.

Ein Beispiel: Der neunjährige Jan besucht wegen einer leichten Hirnstörung eine Lernbehindertenschule. Folgende Situation passiert jeden Nachmittag: Obwohl das Kind erst gegen 17 Uhr mit einem Taxi von der weit entfernten Schule heimgebracht wird, beginnt es gleich mit seinen Hausaufgaben, völlig erschöpft und müde. Seine Mutter, eine Lehrerin, beginnt zu »helfen«, erst geduldig (10 Minuten), dann gereizt (20 Minuten) und schließlich nur noch schreiend und abwertend: »Du Idiot, du Versager ...« (10 Minuten). Jan weint, der Rest seiner so mühsam aufgebauten Konzentration bricht zusammen, extremer Widerwille wird zum Widerstand. Viele Kinder müssen so etwas aushalten: fünfmal in der Woche diese 30-Minuten-Qual, d.h. rund 100 volle Stunden pro Jahr!

Was wäre sinnvoll? Erstens: Das Ehepaar überlegt ganz ruhig, wer die bessere Hausaufgabenhilfe bietet. Ist dies geklärt, akzeptiert der eine Partner ohne Kommentar (!) die Herangehensweise des anderen! Zweitens: Die Mutter bearbeitet therapeutisch ihr eigenes gravierendes Problem: warum sie derart schreien, entwerten und wahrscheinlich als Pädagogin sich beweisen muss, jenseits der Realität, und warum sie selbst von negativen Gefühlen überflutet wird. Drittens: Um die Situation erst einmal zu entspannen, wird mit den Lehrern verabredet, dass die Mutter im nächsten Halbjahr keinerlei Hausaufgabenkontrolle macht. Wenn der Vater nachmittags nicht präsent sein kann, wird eine liebevolle (!) Hausaufgabenhilfe engagiert: für vergleichsweise wenig Geld, aber zur Rettung des gesamten Familienlebens!

Allgemein gibt es einige bewährte Tipps:

- Die Eltern überprüfen ehrlich ihre eigenen früheren Gefühle: in der Schule, mit den Lehrern, in den einzelnen Fächern und mit den eigenen Eltern beim Hausaufgabenmachen. Und fragen sich, von welchen Gefühlen sie immer wieder neu überflutet werden und was sie bei ihrem Kind wiederholen müssen.
- Lehren unter Stress ist völlig sinnlos, lernen unter emotionalem Stress ist unmöglich! Dann lieber aufhören!
- Eine gemütliche Situation schaffen: eventuell gemeinsam am Esstisch, mit einem Tee, ohne Hintergrundgeräusche, ohne Hektik und Telefongeklingel. Der Erwachsene liest dabei oder arbeitet ebenfalls: Damit wird dem Kind das Gefühl von Gemeinsamkeit und Intimität vermittelt. – Ideal: das Ganze zu einem entspannten, konzentrierten Ritual – für alle – werden zu lassen!
- Geht es nur um Kontrolle der selbstständig gemachten Aufgaben, sind Lob und Ermunterung wichtiger als Tadel. Jeder Mensch lernt am besten durch Lob, eindeutig! Kritik hat nur Sinn, wenn Alternativen aufgezeigt werden.
- Verträge und die Eieruhr bewirken Wunder! Muss ein Kind z.B. regelmäßig Diktate (Vokabeln, Lesen usw.) üben, vereinbart man schriftlich (Appell an die Vernunft, die Eigenverantwortung), wie oft und wie lange geübt wird und welche kleine, nicht materielle Belohnung am Ende der Woche herausspringt. Dann stellt man die Eieruhr z.B. auf die verabredeten 20 Minuten, dreht sie um und alle sind bass erstaunt, wie rasch es klingelt. Dann darf aufgehört werden nach dem Eintrag ins Protokollheft (s. »Erziehungsmethoden II«). Beides sind Belohnungen an sich!
- Extrem wichtig ist, die Lernsituation mit einem guten Gefühl zu beenden, weil es sonst zu schwierig wird, sich am nächsten Tag wieder an den Schreibtisch zu setzen. Das

erreicht man, indem man die Kinder anleitet, die letzten zehn Minuten etwas zu wiederholen, was sie schon gut können. Damit verschaffen sie sich selbst (!) aktiv ein positives Gefühl.

- Mütter tun sich oft schwerer als Väter! Es zeugt von Souveränität, die eigenen Grenzen anzuerkennen und die Aufgabe dem anderen Partner zu überlassen. Ohne Kontrolle, bitte schön, denn sonst ist frau auch dem Partner gegenüber in der nörgelnden Mutterrolle – und die macht schlechte Laune und hässliche Falten!

Literatur

Kohler, Britta: *Hausaufgaben. Helfen – aber wie?* Weinheim: Beltz 2002

Markova, Dawna u. Powell, Anne R.: *Hausaufgaben ohne Stress,* Berlin: Urania 2000

Träbert, Detlef: *Starke Eltern – erfolgreiche Schüler. Reizthema Hausaufgaben. Effektiv helfen. Was tun bei null Bock?* Reinbek: Rowohlt 2003

Haushaltspflichten

Schon sehr kleine Kinder schaffen es ohne Mühe, den Eltern das Gefühl zu vermitteln, dass Mithilfe im Haushalt eine Qual, Überforderung und Sklavenarbeit ist. Und diejenigen Eltern, deren Hobby die Pflege ihres schlechten Gewissens ist, belassen es dann bei lahmen, nörgelnden Misstönen – ohne nachfolgende Handlungen. Und verderben damit allen die gute Laune. Mir ist jedoch kein überzeugendes pädagogisches Argument bekannt, welches für das Nichtstun spräche. Nur zehn, die für Mithilfe plädieren:

1. Haushaltspflichten gehören zum Leben – auch zum Leben von Kindern!

2. Ein soziales System, wie es die Familie ist, kann nur funktionieren, wenn Rechte und Pflichten, Geben und Nehmen möglichst ausgewogen verteilt sind, und sei es auf symbolischer Ebene. Pflichten zu erledigen lernen wir weder durch Theorie noch durch Moralpredigten, auch nicht durchs bloße Zuschauen (sonst wären alle Männer fit im Haushalt!), sondern ausschließlich durchs Tun, durch Wiederholungen und Regelmäßigkeit. Es ist wie bei allen Tätigkeiten: Je früher gelernt, desto besser, sogar lustvoller wird jede Kunst beherrscht, auch die des Staubsaugens und Fensterputzens.

3. Das Bedürfnis, helfen zu wollen, ist angeboren. Schon Zweijährige helfen gerne, sie sind altruistisch! Und Fünfjährige putzen mit Hingabe die Kacheln im Badezimmer oder schälen Kartoffeln – wenn die Eltern es zulassen, fordern und fördern, positiv bestärken sowie stillschweigend (!) die Pfützen wegwischen.

4. Kinder möchten einen Beitrag zum Familienleben beisteuern. Schonen Eltern ihre Kinder, schonen sie sich in erster Linie selbst: bis zur Lebens-Behinderung! Natürlich sind sechs Teller rascher selbst abgewaschen, der Tisch für drei rascher selbst gedeckt. Doch dann wird dem Kind sinngebendes Tun verwehrt, es entwickelt kein Dazugehörigkeitsgefühl und die Gelegenheit, die Feinmotorik zu trainieren, wird verpasst.

5. Haus- und jede Handarbeit geben dem Leben Sinn. Lieber sinnvoll gemeinsam kochen als zwischen Spiel und (Haus-)Arbeit der Mutter künstlich trennen. Da selbst nicht außerhäuslich berufstätige Mütter nur 30 Minütchen am Tag mit ihren Kindern wirklich kommunizieren, wäre das gemeinsame Arbeiten ein großer Zeit-, Kontakt- und Nähegewinn für die Kinder.

6. Hausarbeit ist sinnlich! Beim Fernsehen und Computern sind nur unsere Augen angesprochen, bei den häuslichen Handarbeiten aber bestenfalls alle Sinne: Einen Kuchenteig zu kneten ist lustvoll. Einen Kinderkochkurs im Fernsehen anzusehen hat dagegen rein gar nichts mit Lust und originalen Sinneserfahrungen zu tun. Auch entsteht durchs Zusehen weder Stolz noch Selbstbewusstsein noch ein Geschenk für die Großmutter, also kein sozialer Kontakt!

7. Hand-Arbeit macht die Hände geschickt und den Kopf intelligent. In allen Kindergärten wird deswegen ständig gebastelt, da die Beweglichkeit der Hände und des gesamten Körpers die des Geistes fördert. Das »Verdummen durch Konsumieren« (Wolfgang Schmidbauer) ist bereits eingetreten, wenn Zwölfjährige weder ihr Bett machen noch das Bad regelmäßig putzen, ihre Lieblingspizza nicht selbst herstellen und die Hosen nicht bügeln können, sondern nur zappen, zappeln und computern.

8. Übung macht den Meister, macht lebenstüchtig! 18-Jährige haben meist einen Schwimm-, Tanz-, Führerschein- und manchmal einen Segelkurs absolviert, können sich jedoch nicht selbst gesund ernähren. Und sind damit auf Fastfood, Mensen, Restaurants angewiesen. Doch wer erst als Student sich mit Spaghettisoße probiert, dafür eine halbe Stunde braucht und die Küche total verdreckt, lässt es sofort wieder bleiben. Wie immer im Leben will alles geübt sein: Löcher in die Wand zu bohren, sein Fahrrad zu flicken, in zwei Minuten einen Knopf anzunähen oder seine Studentenbude zu streichen. – Dass Hausarbeit immer Spaß macht, behauptet niemand. Aber die Mühsal zu reduzieren, weil man die Fertigkeit beherrscht, wäre sinnvoll. Eltern, die dies ihren Kindern nicht rechtzeitig beibringen, verhalten sich kurzsichtig und unverantwortlich und machen ihre Kinder weder lebens- noch beziehungstüchtig.

9. Helfen ist gut, Selbstverantwortung ist besser. Eltern neigen oft dazu, Hilfe von ihren Kindern zu fordern (»Hol mal eben rasch ...«), wenn sie selbst schlecht gelaunt sind. Dann wird Helfen zur Strafaktion – klassisches negatives Lernen! (Und Männer und Jugendliche werden zu dummen Handlangern der omnipotenten Mütter degradiert!) Sinnvoller wären feste Regeln am wöchentlich geänderten Ämterplan in der Küche: Müll raustragen, Geschirrspüler ein- und ausräumen, Bad putzen, staubsaugen, Blumen gießen, für Getränke bei Tisch sorgen, Flaschen zum Glascontainer bringen usw. Ältere haben noch Extraaufgaben: Waschmaschine bedienen, den Tisch decken usw. Unabdingbar sind feste Regeln, feste Zeiten und konsequente Kontrolle. 20 bis 30 Minuten pro Tag etwas für die Gemeinschaft zu tun ist nicht zu viel verlangt. Lassen Sie die Kinder ihre Zeiten selbst stoppen, sie sind kürzer als befürchtet!

Jedes Mal, wenn Sie selbst die Arbeit eines Kindes übernehmen, geben Sie dem Kind die nonverbale Botschaft: Deine Arbeit ist unwichtig, auf Konsequenz lege ich keinen Wert, du machst es nicht gut genug! Eine fatale negative Verstärkung, die nur Lustlosigkeit und Trotz provoziert.

10. Pflichten geben Halt! Sie verkörpern das Realitätsprinzip und fördern soziales Verhalten und das Gemeinschaftsgefühl. Alle für einen, einer für alle! – Wir alle hassten zu Kinderzeiten das verwöhnte Muttersöhnchen und die Heulsuse, die nur quengelten und mit acht Jahren im Landschulheim noch nicht mal ihr Brötchen selbst aufschneiden oder den Tisch für alle decken konnten. Wir verachteten sie und wussten insgeheim, dass deren Eltern schuld waren, die wir ebenfalls mit kindlicher Klarsicht verachteten. Und heute wissen wir, dass diese unselbstständigen Kinder von einst sich von einer zernörgelten Partnerschaft zur nächsten quengeln.

Literatur

McCullough, Bonnie u. Monson, Susan: *Es geht auch ohne Zoff! So hilft auch Ihr Kind gern im Haushalt,* Moers: Brendow & Sohn 1998

Walter, Gisela: *Lirum Larum Löffelspiel. Lustige Spiele beim Kochen, Putzen und Einkaufen,* München: Kösel 2003

Höflichkeit

»Kindern, denen nichts zugemutet wurde und nichts zugemutet werden kann, sind eine Zumutung für Rechte wie Linke, Autoritäre wie Antiautoritäre.« (Dieckmann 1994)

Viele Kinder erleben sich selbst als Zumutung, fühlen sich nicht willkommen in dieser Welt. Sogar in vielen bürgerlichen Familien wird nur noch einmal wöchentlich miteinander gegessen. Viele Zehnjährige können nicht mehr mit Messer und Gabel hantieren, da sie es gewohnt sind, beim Fernsehen die Pizza oder die Chips mit Fingern in den Mund zu schieben. Stumm, isoliert, einsam und gebannt in diesen Scheinwelten, verödet nicht nur der Kontakt, sondern werden Kulturtechniken gar nicht mehr erworben.

Wie sollen sie sich nicht als Zumutung empfinden, wenn berufstätige Mütter werktags nur elf und am Wochenende 30 Minuten, nicht berufstätige Mütter 30 Minütchen unter der Woche und 36 Minuten am Wochenende mit ihren Kindern in Beziehung treten? Die Väter kommen auf acht bzw. 14 Minuten. Und das in einer Zeit, in der bei uns so wenig wie niemals zuvor gearbeitet werden muss!

Wir alle leben in existenzieller Abhängigkeit voneinander: vom Bäcker und der Näherin in Taiwan, vom Friseur und Lehrer, vom Kfz-Mechaniker und den Juristen. Das Prinzip der Wechselseitigkeit ist ein universelles. Wir geben und wir nehmen. Höflichkeit ist eine Grundform sozialer Beziehungen und regelt das Wie. Sie gibt den Ton an, die Lebensmelodie für alle.

Höflichkeit als kleine, alltägliche, banale und doch lebenswichtige Form von Kontakt, auch von Grenzziehung. Stellen wir die Frage einmal so: Was erfahren Kinder nicht, wenn ihnen selbst keine Höflichkeit entgegengebracht wird?

Wenn sie keine höflichen Vorbilder haben? Wenn ihnen keine Höflichkeit abverlangt wird? Kein Guten-Tag-Sagen, keine Tischmanieren, keine Hilfestellungen anderen gegenüber?

Sie erfahren z.B. kein Willkommen. Jugendliche, die bei einer Unterhaltung nicht den Kopfhörer ablegen, empfinden wir als unhöflich. Mütter, die beim Stillen oder Füttern ihrer Babys einen Kopfhörer aufsetzen oder den Fernseher vor ihren Augen haben – wie empfinden wir sie? Kinder suchen Blickkontakt, sie gedeihen nur im spiegelnden Blick ihrer liebevollen Eltern. Sie verdorren bei Kontaktlosigkeit. Wahrgenommen zu werden ist überlebenswichtig für uns alle, bildet den ersten Kontakt zur Welt. In den Augen des Gegenübers lernt das Kind die Welt zu verstehen: was Traurigkeit heißt, was Fröhlichkeit, was Zorn oder – natürlich auch – innere Leere. Oder es sieht den Widerschein von dröhnenden Fernsehbildern im Gesicht der emotional abwesenden und leeren Mutter.

Der Ritter klappte das Visier herauf, entblößte seine rechte Hand, zeigte damit sein Gesicht, seine Identität, seine Friedfertigkeit. Der Gruß eröffnet Kontakt, zeigt Interesse und Zugewandtheit, selbst das »Guten Morgen« beim Bäcker!

Kinder brauchen, um zu gedeihen, das offene Gesicht. Höflichkeit meint ja in erster Linie: Wie können wir den Verkehr von vertrauten, von fremden und halb fremden Menschen miteinander regeln? Wie begegnen wir uns ohne allzu viel Anstrengung unter größtmöglicher Berücksichtigung der Freiheit und Individualität aller Beteiligten? Immer mit der Chance, dem anderen ein Willkommen zu ermöglichen. Und da ich oft selbst der andere bin, also auch ein Willkommen für mich zu erfahren.

Ohne Höflichkeit erfahren Kinder keine Korrespondenz. Warum Tischmanieren, Zuhören lernen? Es bietet die Chance, aufrecht in sitzender Haltung beim sinnlichen und bewussten Genuss des Essens (s. dort) mit anderen in Korrespondenz zu treten. Denn die findet nicht auf dem Fußboden vor dem Fernseher oder am Schreibtisch vor dem Computer statt. Auch wird sie weder durch Telefonanrufe arbeitender Eltern noch durch Kurzmitteilungen an der Küchenpinnwand ersetzt. Korrespondenz ist die Grundlage unseres Lebens. Wir verdursten innerlich ohne den Dialog mit dem lebendigen anderen.

Höflichkeit ermöglicht das Erfahren von Lebenssinn. Höflichkeit in Form von Hilfestellungen ist die minimalste Form von Altruismus (s. dort). Ohne das rücksichtsvolle Denken an andere erfahren wir nur unser Ego, und das langweilt. Zum Altruismus gehören das Mitdenken, Mitfühlen, das Sorgen und Versorgen. Ich brauche es ja gleichfalls, dass der andere mit mir mitdenkt, mitfühlt, sich um mich sorgt, mich zeitweilig versorgt.

Einem alten Mann über die Straße zu helfen vermittelt das Gefühl: Mein Tun hat einen Sinn. Anderen zu helfen erzeugt zudem intensive Gefühle beim Planen, Organisieren, beim Handeln durch die Einfühlung, die Vertiefung und den Stolz danach. Es erzeugt auch wachsendes Vertrauen, dass der Handelnde selbst in hilfebedürftiger Situation nicht allein gelassen wird.

Höflichkeit meint also: Du bist willkommen und hast ebensolche Rechte wie ich, wir gestalten gemeinsam unser existenziell notwendiges Miteinander in größtmöglichem Respekt und in der Vergewisserung des eigenen Lebenssinns, des helfenden und Hilfe empfangenden Gebens und Nehmens.

Eltern haben ebenso wie Kinder ein Recht auf physische und psychische Unversehrheit und sind Vorbilder. Also sollten sie sich keineswegs selbst zu Einübungsobjekten für Unhöflichkeit degradieren. Denn ihre Kinder brauchen Respektspersonen und verachten Erwachsene ohne Meinungen, ohne Konturen, ohne Anforderungen, die verwöhnen, verhätscheln, keine Grenzen (s. dort) ziehen und sich infantil gebärden, indem sie sich weigern, Normen zu setzen, Regeln aufzustellen und den höflichen, liebevollen und innigen Kontakt vorzuleben und einzufordern.

Literatur

Cramm, Dagmar von: *Kinder-Knigge. Höflichkeit, Rücksichtnahme, Tischmanieren. So lernen Kinder gute Umgangsformen,* München: Econ Ullstein List 2001

Dieckmann, Dorothea: *Kinder greifen zur Gewalt,* Hamburg: Rotbuch 1994

Humor

Kinder kommen humorvoll und mit einem ausgeprägten Sinn für das Komische, für das Absurde (z.B. in Form von Wortspielen), für das Überraschende und Unverhoffte auf die Welt. Kleinste Kinder provozieren selbstständig das ewige Erkennen-Versteckspiel mit ihren Eltern und damit Lebensfreude und Lachen auf beiden Seiten. Wenn »den Säuglingen und Kleinkindern der Schalk verboten wäre, würden kleine Roboter und Gehorsamssoldaten aus ihnen, ohne Innenleben und die wichtigsten Zonen des inneren Triumphs über die Saurier« – über ihre Eltern. (Moser 1993, S. 93)

Der Neuropsychoanalytiker Josef Rattner formuliert es sehr scharf: »Humorlose Eltern können keine guten Erzieher sein. Denn das Fehlen von Humor läßt schließen auf Mangel an Selbsterkenntnis, Heiterkeit der Seele, mutiger Lebens- und Weltanschauung und Solidarität mit den Mitmenschen ... ein freudiges Lebensgefühl (ist) für die Entwicklung von Moral und Ethos unentbehrlich. Freudlosigkeit ist ein anderes Wort für ›Verschlossenheit‹. Verschlossene Menschen nützen nur einen Bruchteil ihrer Intelligenz aus. Freude ist auch ein Motiv für Kraftbestätigung. Freudlose Menschen neigen zum Phlegma.« (Rattner 1991, S. 26)

Schon Sigmund Freud nannte den Humor die »höchste psychische Leistung«! Folgende zehn Momente des Humors lassen sich wie ein Katalog von wunderbaren Erziehungszielen lesen:

1. Komik, Witz und Humor befreien. Lachen ist gesund, wobei sich der ganze Körper entspannt.

2. Im Humor liegen Selbst- und Weltüberwindung und er tritt an die Stelle des schädlichen, unproduktiven Selbstmitleids.

3. Der humorvolle Mensch hat Leid, Kummer und Verzweiflung selbst erfahren. Er kennt die Realität genau und überwindet sie, indem er sie von außen beleuchtet.

4. Der humorvolle Mensch starrt nicht die fehlerhaften und schmerzenden Details des Lebens an, sondern betrachtet die Welt und sich selbst als mehr oder weniger gelungenes Gesamtkunstwerk und belächelt sich und die anderen liebevoll.

5. Humor ist das »umgekehrt Erhabene« (Jean Paul), also die Akzeptanz des Unvollkommenen, der Mut zu Fehlern, die liebevolle Betrachtung von (menschlichen und kindlichen) Schwächen. Er tritt als Understatement auf und ist damit das Gegenteil des alltäglichen Größenwahns, der narzisstischen Selbstbespieglung und des (Familien-)Egoismus (s. »Familienghetto«). Humorvolle Eltern haben nicht den Anspruch, dass ihre Kinder »vollkommen« sind. Sie lieben sie trotz Macken und Fehlern, auch »zernörgeln« sie weder das Familien- noch das Eheleben!

6. Im Witz lachen wir über andere. Er ist oftmals aggressiv, sexuell gefärbt, verletzend und sarkastisch. Beim Humor wird die Solidarität mit allen anderen, mit dem Komischen, den strapaziösen menschlichen Bemühungen, mit unserem seltsamen Herumgewusel auf dieser Erde in der so unfassbar kurzen Zeitspanne zwischen unserer Geburt und unserem Tod betrachtet. Er enthält etwas zutiefst Lebensbejahendes und hat damit eine »demokratische Tendenz« (Sigmund Freud).

7. Wer selbstbewusst und kontaktfreudig, offen und menschenliebend ist, wer also Heiterkeit ausstrahlt, wird die Gabe des Humors besitzen. Er wird hilfsbereit sein, wird auch den Humor zu Hilfe nehmen, um Kummer zu lindern und niemanden im schwarzen Loch stecken zu lassen.

»Oberflächliche Menschen bringen es höchstens zur Lustigkeit.« (Rattner 1991, S. 26) So wie Spaßshows nur Gags, Witze und Geplänkel, aber niemals Humor vermitteln können!

8. Humor ist eine Leistung der intuitiven Intelligenz sowie der intensiven Neugier auf das menschliche Treiben, Gelingen und Misslingen. Dazu gehört, sich in den anderen hineinzuversetzen, ihm real zuzuhören und in ihn hineinzuhorchen. Er ist eine geistige Fähigkeit. Geistlose, beschränkte und enge Menschen sind dazu nicht fähig. Und »Geist ist das, was alle Menschen dieser Erde potentiell verbindet«. (Rattner 1991, S. 30)

9. Humor ist Spiel und Lust, ist eine originelle, eine kunstvolle Leistung sowohl des Bewusstseins als auch des Unbewussten. Mit Worten, Ideen, Gedanken, mit der Vernunft und der Unvernunft, mit Ideologien und überraschenden Sinnverknüpfungen, mit neuen Sichtweisen auf das Alltägliche wird jongliert. Dies ist ein positiver, kindlicher Anteil im Erwachsenen, der sich über einen Versprecher kaputtlachen kann. Ist man nicht fähig zu diesem hoch kunstvollen Spiel, entsteht die Frage: Was hat das Leben dann eigentlich für einen Sinn?

10. Humor kann man einerseits nicht lernen, aber Eltern können sich an den Humor ihrer Säuglinge und Kinder anschließen, versuchen mitzuschwingen und sich – geführt von ihren Jüngsten – zu öffnen, um alte, verschüttete Seiten ihrer inneren Kinderseele hervorzulocken. Um sich und ihren Kindern eine Weltsicht zu ermöglichen, die das Leben erst lebenswert macht! Jenseits von Enge, Verschlossenheit, Selbstbezogenheit, Selbstmitleid und Trübsal.

Eltern lernen lebensbejahenden Humor von ihren Kindern!

Literatur

Gruntz-Stoll, Johannes: *Ernsthaft humorvoll. Lachen(d) Lernen in Erziehung und Unterricht, Beratung und Therapie,* Bad Heilbrunn: Klinkhardt 2001

Moser, Tilmann: »Der listenreiche Säugling«, in: Deutsches Jugendinstitut (Hrsg.): *Was für Kinder. Aufwachsen in Deutschland. Ein Handbuch,* München: Kösel 1993

Rattner, Josef: »Humor«, in: *Miteinander leben lernen,* H. 2/1991

Hyperaktivität

Hyperkinetisches Syndrom, Aufmerksamkeitsdefizitsyndrom, Minimale Cerebrale Dysfunktion, MCD, HKS, POS, ADH, ADHS, ADD ... so verwirrt wie die Fachleute zu sein scheinen, so verwirrend erscheint den betroffenen Kindern die ganze Welt. – Wenn wir davon ausgehen, dass jedes Symptom (wie jede Grippe, Kopfschmerzen oder ein Unfall) einen Zustand ausdrückt, den der Mensch nicht mit Worten zu fassen vermag, erkennen wir, dass hyperaktive Kinder unsere Welt spiegeln: Sie zappeln, sind unruhig, unkonzentriert, springen von einem zum anderen, können ihre (überschießenden) Gefühle schlecht steuern usw., was oftmals zu sekundären Problemen führt: Schwierigkeiten in der Schule und in Gemeinschaften sowie soziale Probleme, wodurch sie vereinsamen, sozial immer unsicherer werden und deswegen wiederum zu viel alleine vor den Medien sitzen. Ein Teufelskreis!

»Jüngere Erkenntnisse der Entwicklungspsychopathologie belegen einen empirisch signifikanten Zusammenhang zwischen familiären Variablen und expansivem bzw. aggressivem kindlichem Verhalten«, so der Spezialist und Pädagoge Dieter Mattner (2001, S. 24). Kinder spiegeln durch ihre Symptome seiner Meinung nach das wider, was sie am eigenen Leib tagtäglich erfahren: zunehmende Individualisierung und Institutionalisierung, der Alltag wird immer stärker – fern der Kernfamilie – pädagogisiert; es ist ein Fernseh- und Medienalltag in »synthetischer Realität« mit einer Einwegkommunikation, was es ihnen schwer macht zu sprechen, zuzuhören, und was Unruhe und Nervosität provozieren muss. Viele leiden unter zu hoch gesteckten Bildungsanforderungen ihrer Eltern (Wunschkindsyndrom) in immer reduzierteren Kleinstfamilien (s. »Familienghetto«). Hinzu kommen Umweltbelastungen (Gifte, Lärm, Nahrungszusätze), mangelnde Bewegung (s. dort) und katastrophale Herz- und Kreislaufschwächen, Haltungsschäden, Ernährungsstörungen, psychische Überlastungen, Medikamentenmissbrauch usw. schon in jungen Jahren.

Wie sollen es Kinder eigentlich schaffen, bei diesem Lebensstil nicht unruhig, unkonzentriert, lust- und energielos, ohne Hoffnung und Zukunftsvisionen zu sein? Diese »Störungen« verweisen im Grunde genommen auf das, was Eltern, die Schule und die Gesellschaft ihnen bieten. Anders gefragt: Woran mangelt es ihnen? Sie haben eindeutig zu wenig Ruhe, keine Verlässlichkeiten im Umgang, keine Rituale (s. dort), keinen Sinn (s. dort), zu wenig Bewegung und kindgerechte Spielmöglichkeiten (s. »Spiel«).

Die körperlichen Prädispositionen für Hyperaktivität sind noch unbekannt. Auch weiß man nicht, ob Hyperaktivität auf Dopaminmangel oder -überschuss basiert, sodass medikamentöse Behandlung hoch problematisch sein kann. Ritalin wird zwar als Wunderdroge gegen Hyperaktivität gepriesen, doch weisen Ärzte mittlerweile darauf hin, dass es schwerwiegende Spätschäden bis hin zu Schüttellähmungen und Parkinson-Krankheit nach sich ziehen kann. In Schweden ist Ritalin seit 1968 verboten, in England wird es kaum verschrieben, doch in Deutschland betrug die Steigerung der Verschreibung von 1993 bis 2000 das 14fache. Auch hat eine Langzeitstudie über 26 Jahre in Kalifornien ergeben, dass diese Medikamente das Gehirn für die suchtmachende Wirkung von Kokain empfänglicher machen und damit die Missbrauchsgefahr steigt. Außerdem wird ein Drittel der Rezepte nicht von Kinderärzten, sondern von Haus-, Zahn- oder Frauenärzten verschrieben!

Fast alle Fachleute sind der Meinung, dass nur pädagogische und psychotherapeutische Interventionen bei Kindern und Eltern (!) sowie eine positive Veränderung der Lebensumwelt zu längerfristigen Veränderungen führen können. Um die »Fünf Säulen der Identität« (Petzold 1994, S. 340) zu stabilisieren, welche unser »Lebenshaus« tragen, müssen die Bereiche Leiblichkeit (1), soziales Netzwerk (2), Arbeit, Leistung, Freizeit (3), materielle Sicherheit (4) und Werte (5) auf ihren Sinn, ihre Ausgewogenheit und die besonderen Bedürfnisse und Erfordernisse für diese Kinder überprüft und verändert werden.

Zu (1): Dazu gehört der Ausbau von Sinnes- und Bewegungserfahrungen, um das (körperliche und damit einhergehende seelische) Gleichgewicht zu stärken sowie Taktilität und Tiefeninformation, soziale Regeln und Kommunikation durch das Spiel (s. dort) zu fördern, Entspannungsmöglichkeiten zu erlernen, um sich auch spielerisch (aggressiv) abzureagieren usw.

Zu (2): Das soziale Netz muss ausgebaut werden, d.h., eine lebendige Nachbarschaft, Freunde, kirchliche Institutionen, Vereine usw. sind einzubeziehen, um die Eltern zu entlasten. Unbedingt Kontakt zu geschiedenen Eltern und deren Familien pflegen! In der Schule könnte ein verändertes, aufgeklärtes Verhalten der Lehrer hilfreich sein (Körperkontakt, gezielte Bewegung in den Pausen usw.).

Zu (3): feste Regeln, Gewohnheiten und Rituale in den Familien; Entkrampfung des Alltags, gemeinsames Sporttreiben (s. »Ferien«, »Bewegung«), mehr Zeit geben und sich Zeit nehmen, mehr Lob als Tadel (Elterntraining wichtig!), keine Reize durch Medienkonsum und Geräuschkulissen! Klare Regeln, Struktur, Ruhe und Gelassenheit vorleben und vermitteln. Und immer wieder: Zeit, Zeit, Zeit!

Zu (4): Paarprobleme regeln und lösen; Diskussionen über Konsum und Werbung; Wohnungsgestaltung überdenken; kindlichen Lebens- und Spielraum schaffen oder erobern.

Zu (5): Werte der Familie bewusst leben: Liebe zeigt sich z.B. nur durch Zugewandtheit und Zeithaben! Sprechen, zuhören, austauschen, Rücksichtnahme, Höflichkeit vorleben, lernen und praktizieren. Positive Autorität der Eltern, d.h. Anlehnung und Geborgenheit, vermitteln, Vorbild sein, Richtlinien vorgeben. Zugang zu den Wurzeln (s. »Großeltern«), zur eigenen Religion und Volkszugehörigkeit pflegen; Zukunftsvisionen und Hoffnungen vermitteln. Gemeinsam aktiv für andere etwas tun (s. »Altruismus«), um sich und den Kindern (Lebens-)Sinn (s. »Sinn«) zu schaffen (Passolt 2001, S. 28 ff.).

Literatur

Mattner, Dieter: »Hyperaktivität aus der Sicht der heilpädagogischen Anthropologie«, in: Passolt, Michael (Hrsg.): s.u.

Passolt, Michael (Hrsg.): *Hyperaktivität zwischen Psychoanalyse, Neurobiologie und Systemtheorie,* München: Ernst Reinhardt 2001

Petzold, Hilarion u. Orth, Inge: »Kreative Persönlichkeitsdiagnostik«, in: *Integrative Therapie,* Bd. 4, S. 340–391, Paderborn: Junfermann 1994

Das »innere Kind«

Wir sind alle Gefühlshopper, springen munter und unbewusst von einem Ich-Zustand zum anderen, und zwar in Minutenschnelle, täglich dutzende Male wechselnd.

Die vierjährige Marie hat einen Wutanfall, wirft sich auf den Teppich, schreit minutenlang, weil sie den Anorak nicht anziehen möchte. Judith, die Mutter, reagiert gelassen und vernünftig, redet gut zu und wartet geduldig ab, bis das Gewitter vorüber ist. Ihre innere Haltung: Ich bin o.k., dies hat nichts mit mir zu tun, es entspricht Maries Trotzphase, ich bleibe mit ihr im Kontakt, aber mache mir keine Schuldgefühle, ich muss meine Tochter weder entwerten noch strafen. Diese innere Haltung entspricht der eines Erwachsenen: Vernunft und Einsicht siegen!

Doch am nächsten Tag ist Judith gestresst und sie reagiert auf ihre Tochter völlig anders: Sie schreit ihre Tochter unbeherrscht an, rüttelt und schüttelt sie und verlässt türenschlagend mit dem wütenden Satz »Du kannst sehen, wie du zurechtkommst« das Kinderzimmer. – Offensichtlich ist sie auf die gleiche Stufe wie ihre Tochter »abgerutscht«, sie verhält sich genauso wie ihr Trotzkind: brüllt, wird handgreiflich, schlägt Türen und rauscht beleidigt davon.

Die Transaktionsanalyse hat folgendes, sehr brauchbares Modell unseres Seelenlebens entwickelt: In jedem Menschen steckt ein *Eltern-Ich*, welches für die Ge- und Verbote ein Leben lang zuständig bleibt. Dieser innere Teil »redet« meist mit negativer, ein schlechtes Gewissen verursachender Stimme: »Du musst ... nie darf ich ... immer muss ich ... was sagen die Nachbarn? ...«

Dann gibt es das »innere Kind«, welches in fröhlichen, ausgelassenen Situationen auftaucht (der Mann liegt Eisenbahn spielend mit dem kleinen Sohn auf dem Bauch, die Mutter kichert mit ihren Freundinnen wie eine 13-Jährige usw.), das herumalbert und ungetrübten Spaß am Leben hat. Doch taucht es auch in Stresssituationen auf, und zwar gerne in Gestalt frühkindlicher oder pubertärer Trotz- und Wutanfälle (s. »Wut«). Man fühlt sich just wie damals als Kind: ohnmächtig oder handlungsunfähig, wütend auf die ganze Welt, reagiert türenschlagend und aufstampfend bis hin zur Gewaltanwendung, übernimmt keine Verantwortung für das eigene Tun, ist sozusagen »außer sich« geraten. – Wenn dieses »Regredieren«, d.h. Herabrutschen auf eine frühere Entwicklungsphase, just mit der Wut des Kindes zusammentrifft, kann die Situation gefährlich eskalieren!

Die dritte Instanz ist das *Erwachsenen-Ich*: Dieses ist fähig, vor dem Handeln nachzudenken, ist kontrolliert, kann Stresssituationen aushalten und muss nicht wie ein Kind im Sandkasten »mit Schlamm um sich werfen«, sei es verbal oder real!

Für jeden Menschen ist es wichtig zu spüren, auf welcher Ebene er sich gerade befindet. Denn nur dann kann man sich selbst helfen.

Erzählt Judith abends ihrem Mann von ihrem Ohnmachtsgefühl Marie gegenüber, fühlt sie sich vielleicht selbst wie ein sechsjähriges Kind und möchte nur Trost und eine Umarmung. Doch ihr Mann will auf der Erwachsenenebene dieses Problem diskutieren. Die Folge: Beide Partner bewegen sich auf unterschiedlichen Bedürfnisebenen und frustrieren sich gegenseitig. Die Alternative: erst mal sich selbst klar machen, was man emotional braucht: Brauche ich eine Streicheleinheit und Trost oder eine vernünftige Diskussion? Zunächst muss ich bei *mir* spüren und kann danach (!) erst dem Partner klare Signale geben, wie er mir beistehen könnte. Es ist nicht der Job des Partners, dies herauszufinden, wenn ich selbst es noch nicht mal weiß!

Auch Kinder wechseln ständig, manchmal minütlich von einem Zustand zum nächsten: Der Zehnjährige baut hingebungsvoll mit der kleinen Schwester Staudämme; dieser »Babykram« ist für ihn zeitweilig sehr erholsam. Doch kommen 13-jährige Jungen vorbei, muss er sich gleich ein wenig »aufplustern«, um mit ihnen mithalten zu können, was toll, aber auch anstrengend ist.

Kommt ein Erwachsener am Abend nach Hause und schimpft wütend und genervt über seine Kollegen, ohne etwas ändern zu wollen, wird er auf der Stufe von Pubertierenden sein, denn auch die müssen nach der Schule erst einmal ihren Frust »wegnörgeln«. In beiden Fällen wäre es sinnvoll, sich zu fragen, ob derjenige Hilfe, Ratschläge und Beistand überhaupt annehmen kann, andernfalls wäre es effektiver, die eigenen Energien für später zu sparen.

Die eigenen Gefühle zu registrieren ist für viele Menschen schwierig, weil sie als Kinder ihre Gefühle nicht spüren, sich »narkotisieren« mussten. Doch zu lernen, den eigenen momentanen Gefühlszustand zu akzeptieren, würde bedeuten, sich nicht selbst mit dem Eltern-Ich zu beschimpfen (»Reiß dich zusammen, sei nicht zimperlich«), sondern eine direkte Befriedigung zu suchen: ohne die vielen Umwege über den Alkohol, die Schokolade, das süchtige Telefonieren oder Chatten. »Menschliche Reife (bedeutet) ... so zu sein wie Kinder – ehrlich, frei, aufgeschlossen, gefühlvoll, spontan und unzweideutig ... Menschen, die sich nur erwachsen verhalten, hatten nicht Zeit genug heranzureifen. Sie werden rigide, unflexibel und unglücklich.« (Janov 1983) Und Menschen, die sich in Stresssituationen meist wie Zwölf- oder Vierjährige verhalten, sind nicht erwachsen geworden und geben damit ihren eigenen Kindern ein unglückseliges Beispiel.

Indem wir lernen, die tiefen Kinderbedürfnisse unseres »inneren Kindes« ohne Suchtstoffe und in voller Selbstverantwortung zu befriedigen, öffnen wir uns den »gleichen« Bedürfnissen der eigenen Kinder. Das Ziel wäre, alle Anteile unserer Person und der unserer Kinder zu fühlen (nicht unbedingt auszutoben!): die Wut wie die Angst, die Scham und – für viele besonders schwierig – die Lebensfreude, die Liebe, Zärtlichkeit, Albernheit und Sexualität. Das hat nicht zur Folge, dass wir uns permanent infantil verhalten, sondern das ist – im Gegenteil! – eine Methode, uns zu verlebendigen und aus dem (Familien-)Egoismus auszubrechen. Denn egoistisch ist man, wenn man sich unreflektiert ständig wie ein bedürftiges Kind verhält: fordernd, quengelnd, eitel, schnell beleidigt und nur um sich selbst kreisend. Und das sind viele Erwachsene!

Literatur

Chopich, Erika J. u. Paul, Margaret: *Aussöhnung mit dem inneren Kind,* Freiburg: Bauer ^{26}2001

Janov, Arthur: *Das befreite Kind. Grundsätze einer primärtherapeutischen Erziehung,* Frankfurt/M.: S. Fischer 1983

Jammern, Nörgeln, Lamentieren

Nur Frauen haben es schwer. Mütter besonders. So die allgemeine, speziell weibliche Lesart.

Andererseits haben sich Frauen noch nie in der Menschheitsgeschichte aufgrund der Gleichberechtigung und der Pille so frei für ein Kind, für Ganztags- oder Halbtagsarbeit oder auch gegen Kinder entscheiden können. Ein Privileg, von den älteren Schwestern feministisch schwer erkämpft! Und die meisten bekommen dann – geplant – ein Kind zur »Selbstverwirklichung«.

Doch kaum ist es da, scheint die Sache mit der Selbstverwirklichung sich seltsamerweise ins Nichts aufzulösen und eine neue Phase beginnt: das Jammern, Nörgeln, Klagen.

Erstens lieben es Frauen, sich als Opfer zu fühlen, und sie tun erstaunliche Dinge, um in dieser Position zu verharren: Sie organisieren sich keine Nachbarin, mit der die Kinder regelmäßig getauscht werden können, erbitten von Single-Freundinnen trotzig keine Dienste (»Die müssten doch von alleine wissen, was ich brauche!«) und strafen sich selbst, wenn sie tagsüber die doofe Hausarbeit für drei Personen nicht schaffen und sich selbst (!) und allen anderen damit den Feierabend vermiesen. (Vermeintliche) Opfer jammern. Sie ändern nichts, sondern lamentieren! Sie übernehmen nicht die Verantwortung (s. dort) für das eigene Leben, sondern klagen an ... und schaden in erster Linie sich selbst!

Das andere Jammern und Nörgeln ist, zweitens, oft auf die Kinder gerichtet. Natürlich muss x-mal ermahnt werden, bei Tisch gerade zu sitzen oder die Dusche aufzuwischen, wenn eine Überschwemmung entstanden ist. Doch gerade Frauen neigen dazu, mit nörgelnder Stimme, ohne Kraft und Autorität ihre Sätze ein Dutzend Mal energie- und ergebnislos zu wiederholen. (Würden Sie das als Vorgesetzte tun, kämen sie nicht über die Probezeit hinaus!) Sie sprechen mit einer Stimme, die geradezu auffordert, auf Durchzug zu stellen. Denn Frauen vermitteln folgende indirekte Botschaft: »Ich glaube selbst nicht an das, was ich da sage! Lieber jammere ich ständig!«

Sehr heilsam ist, jemanden zu bitten, einmal heimlich die eigene Stimme auf Kassette aufzunehmen. Meist ein großer Schock, denn in dem Nörgeln hört frau dann plötzlich die unterdrückten und versteckten Aggressionen, die indirekt nur nervend rüberkommen. So indirekt, dass das Gegenüber es natürlich vorzieht, sie auszublenden.

Das Gegenteil vom Jammern und Nörgeln sind Klarheit und Konsequenz. Dem Kind muss eindeutig und kurz erklärt werden, was man möchte. Langes Palaver verwässert das Anliegen. »Eine stimmige und kohärente Botschaft ist eine klare Botschaft. Klar nicht nur in Bezug auf die Sprache, sondern auch auf die Meta-Sprache (die nicht-sprachliche Botschaft): die Wortwahl, den Klang der Stimme, Blicke und Gestik. Alles zusammen muss für das Kind eine Bedeutung haben ... (Es müssen) auch beide Elternteile das Gleiche sagen, und zwar zur gleichen Zeit. Ein Kind darf keine Unstimmigkeiten zwischen den Eltern spüren ...Was sie von ihrem Kind erwarten, muss Verlässlichkeit haben, das heißt, ihre Aussage darf sich nicht wie ein Fähnchen im Wind drehen. Dadurch verlöre ihr Kind buchstäblich die Orientierung.« (Kahn 2001, S. 210 ff.)

Als Beispiel: Wenn Sie wollen, dass Ihr Kind sein Zimmer aufräumt, aber selbst mit einem Auge in den Fernseher schielen, also weder dem Kind in die Augen schauen noch mit ihm ins Kinderzimmer gehen und klar machen, was ansteht, sondern nur mit halber Aufmerksamkeit den Körper zum Bildschirm hin- und vom Kind weggedreht unüberzeugend ihre Sätze monoton vor sich »hinblubbern«, hat dies nur die Folge, dass *nichts* passiert. Warum sollte ihr Kind etwas tun, da Sie weder im wirklichen Kontakt mit den eigenen Wünschen (!) noch mit ihrem Kind sind, keine wirkliche Kommunikation aufbauen, weder durch Augen- oder Stimmkontakt noch durch Gesten Eindeutigkeit herstellen, also keine Orientierung geben.

Oder: Händewaschen vor den Essen. Wenn Sie es fordern, aber Ihr Kind nicht x-mal wieder vom Tisch ins Bad schicken, wird Ihr Kind vielleicht gut in Wahrscheinlichkeitsberechnungen (»Merkt sie es heute oder nicht?«), aber nicht im Befolgen Ihrer Wünsche und im konsequenten Handeln. Logischerweise dürfen Sie dann Ihrem Kind keine Vorhaltungen mehr machen, wenn Sie selbst diese Konsequenz nicht aufbringen! »Dummerweise« lernen Kinder jedoch nur Konsequenz durch die strikte, ständige, klare, ein-deutige, unmissverständliche und liebevolle Konsequenz der Eltern, und das auch nur mühsam! Und: Jede Inkonsequenz bei diesem täglichen Üben macht die Konsequenz von fünf gut durchgehaltenen Tagen zunichte! Es ist wie beim Eislaufen: üben, üben, üben! Doch wenn man sich bzw. seinem Kind bereits etwas Falsches antrainiert hat, ist das Umlernen besonders schweißtreibend. Dann heißt es nämlich, von vorne anfangen!

Eine Mutter mit vier Söhnen hatte nie Probleme, dass die Kinder im Supermarkt nach Süßem quengelten. Aus dem einfachen Grund: Sie kaufte aufgrund des Quengelns nie etwas! Doch ging der Vater mit ihnen samstags zum Einkaufen, quengelten sie und bekamen immer etwas. Eine leichte Übung schon für Dreijährige!

Und Drohungen (»Wenn du nicht ..., dann ...«), die ins Leere laufen, sind schädlich: Eltern machen sich damit lächerlich, verderben sich selbst die Laune ob der eigenen Laschheit und bieten ein negatives Vorbild, ziehen Verachtung nach sich und verweigern dem Kind Geborgenheit. Eine Wischiwaschi-Haltung bietet keinerlei Geborgenheit! Leere Drohungen sollte man sich auf alle Fälle sparen, zumal sie auch die Neigung haben, zum Nörgeln und Jammern zu tendieren: schlichte Energieverschwendung! Doch Energie brauchen Eltern, um sich erstens Klarheit über ihr eigenes Wollen, ihre eigenen Maßstäbe und Erziehungsrichtlinien zu verschaffen, zweitens um sich täglich dieselben zu vergegenwärtigen, da Erziehung täglich stattfindet, dies drittens bei ihrem Kind durchzusetzen und viertens die Konsequenzen gegen jedes Maulen und Jammern des Kindes ebenfalls durchzudrücken (es ist das gute Recht des Kindes, dies auszuprobieren, es sollte aber keine Wirkung zeitigen, sonst belohnen Sie es für sein Jammern).

Literatur

Kahn, André: *Die Schlafschule. Mein Kind lernt schlafen,* München: dtv 2001

Rogge, Jan-Uwe: *Eltern setzen Grenzen,* Reinbek: Rowohlt 1995

Rogge, Jan-Uwe: *Kinder brauchen Grenzen,* Reinbek: Rowohlt [22]2002

Krieg

Maikäfer flieg,/Dein Vater ist im Krieg,/Deine Mutter ist in Pommerland,/Pommerland ist abgebrannt,/ Maikäfer flieg!

Ein Kinderlied, welches vom Fliehen, vom Krieg, vom Brandschatzen spricht und in der wiederholten Aufforderung endet, lieber wegzugehen, die Heimat zu verlassen: Damals war es Pommern, heute sind es 50 Millionen Menschen, die sich weltweit auf der Flucht befinden oder unter Kriegsfolgen leiden.

In unserer Zeit der globalen Vernetzung erfahren auch Kinder bei uns viel über dieses weltweite Unglück, stellen Fragen, entwickeln Ängste oder schauen doch lieber weg. Genauso wie die Erwachsenen.

Wie sollen Eltern mit diesem Thema Krieg, Vertreibung, Flucht, Vergewaltigung in Bezug auf ihre kleinen Kinder umgehen? Gibt es dabei gute, nein, wahrscheinlich nur bessere als schlechte Möglichkeiten?

Zentral ist hier die Bedeutung des Fernsehens (s. dort). Bei Kindern unter zehn Jahren sollte es eine Selbstverständlichkeit sein, dass sie pro Tag nicht länger als 30 bis 40 Minuten einer ausgewählten Sendung sehen! Doch was tun, wenn der Fernseher – als Altar und Mittelpunkt innerhalb der Familie an der prominentesten Stelle im Wohnzimmer – sowieso immer läuft? Ein ganz einfacher Rat, wenn Ihnen die Seelen Ihrer Kinder wichtig sind: ausschalten! Den Stecker raus, besser noch den ganzen Apparat (und ihn eventuell im Elternschlafzimmer in einem verschließbaren Schrank oder im ungeheizten Hobbykeller anschließen). Sie werden selbst merken, wie viel Zeit und Ruhe, innere und äußere, gewonnen wird, Zeit zum Reden, Vorlesen, Spazierengehen!

Bilder, die einmal gesehen werden, verschließen wir im Gedächtnis und sie sacken ins Unbewusste, manchmal verarbeiten wir sie durch Träume, Kinder auch im Spiel. Das ist gut so! Fernseh-Kriegsbilder für kleine Kinder sind fatal! Und übrigens: Die qualitätvolleren Informationen bekommen Erwachsene sowieso über das Radio (bitte aber auch hier auf die seriösen Sender achten!) und die tägliche Zeitung. Beides ist zudem nicht so brutal, geht nicht so unter die Haut. Und dieses Fünkchen an Mitgefühl, welches wir sekundenschnell während der TV-Kriegsberichterstattung produzieren, auf das kann die Welt auch verzichten ... da erwächst meist wenig Positives – oder?!

Wie sollten kindliche Seelen sich dagegen wehren? Sehen sie diese Bilder doch, hilft nur Reden über das Grauen, über die Frage: Wie würde es mir ergehen, wenn ich aus meiner Wohnung wegmüsste, wenn Vater abgeführt würde, wenn ich mit der Mutter, Großmutter und dem kleinen Bruder tagelang nichts zu essen bekäme, wenn Bomben auf unser Haus fielen? Was würde ich fühlen? Was würden die Erwachsenen fühlen, die hätten doch auch Angst, oder? Und wie war es damals im Zweiten Weltkrieg, an den sich die Großeltern noch erinnern können? Und wie mag es der Mitschülerin aus dem Kosovo oder aus Serbien gehen, die sich ängstigt um Verwandte, wie dem jungen Iraker aus der Parallelklasse, dessen Vater aus Angst vor Folter geflohen ist?

Wichtig ist das *Tun*. Wir werden ja überflutet mit Schrecklichem. Abwehr und Verdrängung sind der Schutz, den wir unbewusst aufbauen. Bewusst hilft Aktivwerden. Gerade auch Kindern. In den USA gibt es eine bekannte Untersuchung zur Umweltangst von Kindern, die auch dort extrem hoch ist. Dabei stellte sich heraus, dass diejenigen Kinder sehr viel weniger Angst hatten, deren Eltern aktiv im

Umweltschutz tätig waren, die also aus der Ohnmacht zum Handeln gekommen waren und deren Kinder ebenfalls »etwas taten«.

Wie könnte das bei uns aussehen? Spenden sammeln, Kleider und Spielsachen. Aber das hilft der eigenen Seele noch nicht genug, weil die meisten Kinder so viele Klamotten haben, dass es sowieso nicht wehtut, etwas wegzugeben. Wie wäre es, Kinder aus Jugoslawien zum Essen einzuladen, zum Spielen? Oder in der Klasse zum Erzählen aufzufordern? Entweder die Klassenkameraden oder Kinder aus Asylantenheimen oder Auffanglagern. Es können auch Kinder aus Eritrea sein, aus Äthiopien, aus Ruanda, aus Kurdistan! Überall dort herrscht Krieg, und die Menschen sind hierher zu uns geflohen und fühlen sich unendlich einsam in unserer Gesellschaft.

Das wäre aktives Tun, völkerverständigend, vorbildlich für die Kinder und für die eigene Seele ein Labsal. Denn jedes menschliche Handeln strahlt zurück! Gerade Kinder unter zehn Jahren sind, wie die Altruismusforschung feststellte, besonders hilfsbereit, einfühlsam und empfinden Schmerzen der anderen stark mit. Aber Altruismus (s. dort) entwickelt sich nicht durch Moralpredigten und blutige Bilder auf dem Fernsehschirm, dadurch stumpfen wir alle nur ab. Hilfsbereitschaft entsteht durch die Frage und das Nachspüren: Wie würde es mir in der gleichen Situation ergehen? Was bräuchte ich, wenn ich so einsam in einem fremden Land wäre? Und: Was kann ich hier und heute tun, um das Leid zu mindern? Nicht erst, wenn ich erwachsen bin?

Das würde zudem das Selbstbewusstsein stärken, auch das Urvertrauen, nicht selbst fallen gelassen zu werden in bedrohlichen Situationen. Denn bin ich heute für jemanden hilfreich, gehe ich unbewusst davon aus, dass auch mir notfalls einmal geholfen wird!

Statt Fernsehen mit diesen bedrohlichen Bildern ist es besser, Bücher zu lesen. Es gibt fabelhafte Kinder- und Jugendbücher zu allen Kriegsthemen. Preisgekrönt wurde *Rosa Weiß* von Roberto Innocenti, der – in Anlehnung an die Widerstandsgruppe »Weiße Rose« – die Geschichte eines kleinen Mädchens in Bildern erzählt, welches jeden Tag sein Butterbrot mit den Kindern in einem Gefangenenlager teilt.

Über die Identifikation mit dem Einzelschicksal kann Trauer entstehen und Trauer ist etwas Positiveres als Ohnmacht, als Wegsehen, als Verdrängung. Traurigsein ist meist ein wach machendes Gefühl, welches zu Tätigkeiten führt.

Literatur

Heinl, Peter: *»Maikäfer, flieg, dein Vater ist im Krieg ...«. Seelische Wunden aus der Kriegskindheit,* München: Kösel ^{2}2001

Innocenti, Roberto: *Rosa Weiß,* Frankfurt/M.: Alibaba 1986

Langeweile

Der Müßiggang galt bei den alten Griechen als höchste Lebenskunst. Den Luxus, nicht arbeiten zu müssen, kann sich jedoch nur eine kleine Minderheit leisten. Die Qual, nicht arbeiten zu dürfen, betrifft hingegen Millionen Menschen. Kompensiert wird dies durch rund 130 Milliarden Euro, die bei uns jährlich in die Freizeitindustrie gesteckt werden, wobei die freie Zeit oft zur Hektik gerät. Von der Waschmaschine über das Internet bis zum ICE: Wir sparen ständig Zeit, doch was damit tun? Langeweile ist ein gefürchteter Zustand. Deswegen nehmen sich die meisten keine Zeit, zu nichts.

Erich Fromm meint, wir würden überflutet durch »einfache Reize« der Medien, die aber nur passive Reaktionen hervorrufen, weswegen sie – ein Suchtmerkmal! – ständig erneuert werden müssen. Zudem fördern sie Bilder von aufregenderen Lebensentwürfen, weshalb unser eigenes Leben uns immer uninteressanter erscheinen muss. Das Allerwichtigste: Diese Informationen werden nur gesehen, nicht gefühlt: Sie lassen uns innerlich unberührt, entleeren sogar. Abzulesen an der schlechten Laune von Kindern und Erwachsenen nach langem Fernsehkonsum (s. »Fernsehen«).

Im Psychiatrielehrbuch finden wir die »Histrionische Persönlichkeit«, den Prototypen des Langeweileflüchtlings: ein Mensch, der zu Dramatisierungen neigt, zu oberflächlichen Gefühlen, zu lockeren (sexuellen) Beziehungen und dem andauernden Verlangen nach Anerkennung und Bewunderung bei gleichzeitiger großer Kränkbarkeit. Das Bedürfnis nach kitzelnden Aktivitäten ist enorm groß. Sein Lebensthema ist die Flucht vor der inneren Leere. – Kinder kommen nicht mit dieser Ich-Schwäche zur Welt. Innere Leere wird erzeugt, wenn die Bindung unzureichend ist, wenn kein Lebenssinn vermittelt, wenn die Leere mit leerem Konsum und Abhängigkeiten (von der Arbeit, vom Fernsehen, von der Hektik, von Ex-und-hopp-Kontakten, von Suchtmitteln) gefüllt wird.

Deutlich wird die innere Leere an Wochenenden und im Urlaub, wenn das Ich den nach innen gehenden Zorn spürt, mit sich selbst nichts anfangen zu können, wenn es »in sich selbst phantasielos herumlungert«. (Gerhard Staguhn) Doch sich der Muße, die positive Ausprägung von Langeweile, hinzugeben macht die Bahn frei für Neues, für den schöpferischen Akt.

Konkret: Sich Zeit nehmen heißt intensiv leben ohne Ablenkung. Deutlich wird dies in unseren besten Situationen: im Liebesakt, beim Spazierengehen am Strand, beim Musikhören, beim Schmusen mit einem Kind ...

Kinder dürfen sich nicht langweilen. Da werden Mütter ganz hektisch und nervös. Sie fühlen sich als Animateure, verwalten das Repertoire an »Frei«-Zeitangeboten mit großen logistischen, emotionalen und finanziellen Anstrengungen. Dabei wollen viele Kinder oft nur »frei«haben, wirklich frei, wollen gammeln, nichts tun, dösen. Sie wollen nicht produktiv, nicht kreativ und nicht verplant sein. Sie wollen nur Mensch sein, daseinsberechtigt ohne Taten, Ruhe haben jenseits von Plänen und Vergleichen mit anderen.

Der Grad der Langeweile hängt davon ab, ob der Mensch Interessen und Fähigkeiten ausgebildet hat. Kann das Kind wirklich selbstvergessen spielen (s. »Spiel«), kann es sich an Dinge, Situationen, Fantasien verlieren oder vergisst es nur noch vor den Medien die Zeit? Dieses »selbstvergessene Aufgehen im Tun«, diese »Flow-Erlebnisse« (Csikszentmihalyi 1999) erreichen wir, wenn uns der Prozess fesselt und wir darüber unsere Spannungen, Ängste, Sorgen

vergessen und »abheben«. Die intensivsten Flow-Erlebnisse erreichen Menschen bei fünf Tätigkeiten:

- Im Spiel (s. dort) und bei der künstlerischen Betätigung: ohne Überforderung (Spielunlust), ohne Unterforderung (Langeweile). Bestenfalls entsteht eine Dynamik, bei der wir nicht nach dem »Sinn« (s. dort) fragen, sondern leben und genießen, weil unser Ego zurücktritt.
- Wir langweilen uns nicht bei (angemessener und adäquater) körperlicher Bewegung (s. dort) und differenziertem Sinnesgenuss (s. »Sinn«). »Ein untrainierter Körper bewegt sich schwerfällig und unbeholfen, ein untrainiertes Auge sieht nur chaotische und uninteressante Dinge, ein untrainiertes Ohr fühlt sich selbst durch gute Musik belästigt. Die Verkümmerung der Sinne ist eine der wichtigsten Ursachen für Langeweile.« (Ernst 1990) Ein Museumsbesuch ist für Menschen, die nicht schauen können, eine Qual, ebenso wie Skilaufen oder Saxophonspielen, wenn man es noch nicht gut kann. Doch hat man die mühsame Lernphase diszipliniert überwunden, stellen sich Lust, Freude und tiefe Zufriedenheit ein.
- Lesen gilt als Abwehr gegen die Langeweile, denn das Gehirn wird dabei durch Beta-Wellen aktiviert (s. »Fernsehen«), es produziert eigene Bilder und Vorstellungen.
- Der Erwerb von Sachkompetenz vertreibt Langeweile. Das kann Schlagzeugspielen oder Fotografieren sein, Schachspielen oder die Arbeit in der Schülermitverwaltung. Es kommt darauf an, in diesem Bereich sein Wissen, seine Fähigkeiten, seine Kenntnisse und damit sein Selbstvertrauen zu steigern, um direkte Befriedigungen zu erzielen und keine Umwege und Ersatzstoffe (s. »Sucht«) zu gebrauchen.
- Altruistisches Handeln (s. »Altruismus«) vertreibt ebenfalls Langeweile, weil es intensive Gefühle erzeugt und

dem Ego etwas entgegensetzt. Werden z.B. Patenschaften für jüngere Kinder in der Schule übernommen, entwickeln sich Gefühle von Stolz, Verantwortung und Selbstvertrauen (man ist ja schon groß!). All dies kann vor einem Bildschirm nicht entstehen!

Literatur

Csikszentmihalyi, Mihaly: *Das Flow-Erlebnis. Jenseits von Angst und Langeweile: Im Tun aufgehen,* Stuttgart: Klett-Cotta ^{7}1999

Ernst, Heiko: »Gesund ist, was Spaß macht«, in: *Psychologie heute,* H. 1/1990

Lob, Kritik, Kontrolle

Ein junger Vater und sein Dreijähriger im Copyshop. Moritz darf für jedes Blatt die Kopiertaste betätigen. Die Reaktion des Vaters: »Wunderbar ... fabelhaft ... toll ...« Jedes Mal! Die Reaktion des Sohnes: Er wird missmutig; man merkt ihm an, dass er sich innerlich windet und die Stimme des Vater nicht mehr hören kann. Der Vater fühlt irgendetwas und lobt noch heftiger, bis Moritz sich von ihm abwendet.

Lob kann schaden. Selbst der kleine Knirps spürt, dass sein Vater übertreibt, denn er hatte nur die grüne Taste gedrückt und das war für ihn beim dritten Mal schon Babykram! Ihm wurde es regelrecht unangenehm, weil er sich wahrscheinlich »totgelobt« fühlte. Damit meine ich, dass man die eigenen Gefühle abschaltet, wenn das Lob zu dick, zu übertrieben und zu penetrant erfolgt. Fragen Sie sich selbst: Würden Sie sich wohl fühlen, wenn jemand Ihnen für eine Tasse Kaffee sechsmal ein Lob für Ihre fantastischen Kochkünste ausspräche?

Das Gleiche gilt beim Bedanken: Kinder werden »zugeschüttet« mit Dank, wenn sie etwas ganz Normales tun, z.B. ein Bonbon weiterreichen. Es wäre so, als wenn sich Ihre Nachbarin, der Sie eine Tüte Milch geliehen haben, bei Ihnen mit einem Luxusblumenstrauß bedanken würde. Auch Sie würden sich innerlich winden, unangenehm berührt sein!

So geht es vielen Kindern täglich mehrfach, wenn sie totgelobt oder mit Dank zugeschüttet werden, sodass sie ihr eigenes Gespür für die realistische Wahrnehmung dessen, was sie da getan haben (z.B. eine Taste drücken), verlieren. Das beinhaltet, dass sie sich immer weniger auf ihre eigenen Gefühle, ihre emotionale Intelligenz verlassen können, weil ihr Wahrnehmungskanal (Spüren, Abwägen, realistisches Einschätzen) buchstäblich durch Lob oder Dank verstopft ist. Als würde ihnen der freie Zugang zur Welt, zu dieser alltäglichen Situation durch Lob verstellt.

Ein Zwölfjähriger geht vor den Erwachsenen vom Ferienhaus zum Meer auf einem schmalen Waldpfad. Der Weg ist weder neu, er wird täglich seit Jahren benutzt, noch gefährlich noch irgendwie besonders, aber der hinter ihm gehende Vater lobt ihn in ca. 30 Minuten 18-mal (mitgezählt!). Es entsteht eine fast irrationale Atmosphäre, weil alle Maßstäbe (was welche Wichtigkeit hat, was gut oder schlecht ist, was ein Zwölfähriger kann oder nicht kann) auf den Kopf gestellt sind. Auch wird deutlich, dass dieses Loben eigentlich eine tiefe Verletzung, auch Missachtung (passive Aggression!) seiner Person und seines Könnens darstellt. Lob kann nämlich auch herabsetzen, entwürdigen, beleidigen! – Der Sohn bleibt bis in seine Studentenzeit schmerzhaft schweigsam und kontaktscheu ...

Das andere Extrem ist Kritik, die herabwürdigt (»Du bist ein Idiot ...«), generalisiert (»Nie ... immer ...«), die vergleicht (»Deine Schwester konnte das schon mit vier!«), die verletzt (»Warum habe ich bloß so ein dummes Kind?«), zynisch oder sexuell anspielend ist und die ausschließlich mit dem eigenen Lebensfrust, der eigenen sexuellen Enttäuschung, der eigenen Beziehungsunfähigkeit zu tun hat – und rein gar nichts mit dem Kind.

Vernünftige Menschen wissen zumindest hinterher, wenn ihre Kritik vernichtend und entwertend war. Und entschuldigen sich ernsthaft bei ihrem Kind! Die, die dies nicht mitbekommen oder es sich nicht eingestehen können, haben offensichtlich Defizite im eigenen sozialen Lernen (s. dort), was nur durch liebevolles Nachlernen in Selbsthilfegruppen oder in einer Therapie zu beheben ist. – Und dann beeinträchtigt noch das Jammern (s. dort), Nörgeln, Klagen die Lebensfreude aller Familienangehörigen. Natürlich wirkt auch dies wie Kritik auf die Kinder und zerrt an ihren Nerven, untergräbt oder zerstört ihr Selbstbewusstsein, nimmt ihnen Mut und Kraft.

Als Drittes noch die Kontrolle (speziell eine Frauenkrankheit!). Alles muss so laufen, wie sie es sich vorgestellt haben: Die Socken müssen zur Windel passen, die Freunde zur Wohnungseinrichtung, es wird so viel geputzt, bis alle Allergien entwickeln, es wird in Gedanken eingedrungen und sogar in Gefühle (»Ich weiß viel besser als du, was du fühlst ...«). Selbst die Ehemänner werden in ihren Beziehungen zu den Kindern derart kontrolliert, dass es für alle Beteiligten schwierig wird (zumal dieses Verhalten oft an die eigene Mutter erinnert, was die Probleme potenziert!). Alles im Gutmeinen, Besserwissen, in der Position der weiblichen Gefühlshoheit! Doch die Verquickung von Kontrolle und Liebe ist klebrig, lang anhaltend und macht unfrei!

Das Maß des richtigen Lobens (s. »Verantwortung«) ist eine Kunst, zumal es die Selbstkritik und den Realitätssinn des Kindes schulen sollte: Was findest du (und niemand sonst!) an deinem Drachen gut und was ist verbesserungswürdig? Was fühlst du (!) bei deiner Vier in Erdkunde? Was möchtest du das nächste Mal verändern und wie könntest du diese Veränderung erzielen?

Natürlich soll Lob bestenfalls aufbauen. Kinder haben schon früh ein sehr feines Gespür (und auch das sollte ihnen unbedingt erhalten bleiben!), was echt ist, wann die Erwachsenen Unsinn reden, übertreiben bzw. wann sie »falsch« im Sinne von unecht sind.

Und Kritik sollte ebenso aufbauend sein: das Mögliche und Nahe betonen, damit niemand an den zu weit gesteckten Zielen verzweifeln muss. Die eigenen Kräfte hervorlocken. Klare Ich-Botschaften sind wichtig, d.h. seine eigenen Gefühle als solche aussprechen, niemanden anderen vorschicken (»Was sagen die Nachbarn ...!«), aber auch die Gefühle des anderen hören und respektieren (Vorbildcharakter): »Ich kann es nicht akzeptieren, wie du mich heute bei meinem Gespräch unterbrochen und gestört hast!«

Lob, das aufbaut, Kritik, die fördert, und Kontrolle, die schützt: Mehr nicht, aber auch nicht weniger!

Literatur

Prekop, Jirina: *Von der Liebe, die Halt gibt. Erziehungsweisheiten,* München: Kösel [3]2001

Ruthe, Reinhold: *Die Kunst zu ermutigen. Wie fördere ich mein Kind?* Moers: Brendow & Sohn [6]1995

Mütter

Nicht nur als Fötus, sondern auch als »Nesthocker« ist der kleine Mensch existenziell auf seine Mutter angewiesen. Auch ist die Mutterschaft immer genau feststellbar und in den meisten, besonders den verelendeten Ländern, liegen die Ernährung, körperliche Pflege und Erziehung bis in die Pubertät in ihren Händen. Was keineswegs heißt, dass die Väter (s. »Vaterentbehrung«) für das Gelingen der Erziehung nicht ebenso wichtig wären.

Die Mutter-Kind-Beziehung ist einzigartig und im besten Falle, »ein Wechselspiel von innigster, verschmelzender Zärtlichkeit, intensivster Körperlichkeit, Ansprechen aller Sinne, ein emotionales und sinnliches Fließen« (Benz 1998, S. 59), vergleichbar nur mit der Verliebtheit und der Sexualität. Steht jedoch die eigene Befriedigung an erster Stelle (wegen der oft tiefen Bedürftigkeit aus der eigenen Kindheit), gerät das Kind »aus dem Blick« und wird seinerseits emotional nicht satt. Unter diesem fatalen Kreislauf leidet die Menschheit seit Anbeginn!

Die Geburt eines Kindes bedeutet keineswegs nur Glück, sondern fordert eine unglaubliche Anpassungsleistung und erschüttert, verändert das gesamte innere und äußere Leben eines Paares. Die intensive Aufmerksamkeit, die die junge Frau neun Monate genossen hat, kommt nun schlagartig dem Baby zugute. Die Bedürfnisse des jungen Vaters bleiben oftmals für Jahre unbefriedigt. Wird keine befriedigende Balance für alle drei gefunden, zerbricht die Triade, welche jedoch für jedes Kind von höchster Wichtigkeit ist!

Babys sind keine »unbeschriebenen Blätter«, sondern starke kleine Persönlichkeiten, und die Eltern müssen sich damit auseinander setzen. Schwierig, wenn sie niemals eigene Erfahrungen mit kleinen Kindern gemacht haben oder narzisstisch verwundet sind, sodass sie wenig abgeben können, dies jedoch oft unbewusst mit zu viel und zu enger Bemutterung kompensieren. Ebenso problematisch sowohl der Status der »Wunschkinder«, weil an sie unbewusste Glückserwartungen geknüpft sind, die kein Kind erfüllen kann, als auch der Wunsch, dass Kind möge dem eigenen Leben Sinn (s. dort) geben.

Kinder spüren die Bedürftigkeit ihrer Mütter und tun unbewusst alles, um sie zufrieden zu stellen. Und das ein Leben lang! Doch nur eine innerlich zufriedene Mutter kann dem Kind um seiner selbst willen Zärtlichkeit, Körperkontakt, Anerkennung und Anteilnahme besonders an seinen positiven Fähigkeiten zeigen und »braucht« ihr Kind nicht krank, klein und abhängig, um sich selbst besser zu fühlen.

Da das Kind real ohnmächtig ist, fühlt es sich oftmals unbewusst schuldig für die Unzufriedenheit der Mutter (oft bis zu ihrem Tod) und entwickelt intensive Wut. Doch diese können Mütter aus eigener Unsicherheit heraus oft schlecht aushalten und reagieren beleidigt, zurückweisend und strafend, was wiederum neurotisierend wirkt.

Um diese intensive Ambivalenz der Kinder auszuhalten, brauchen Frauen ihre Männer, die ihnen den Rücken stärken und die sie nach ca. einem Jahr aus der Symbiose mit dem Säugling herausholen bzw. um zu Beginn der Pubertät die Hauptrolle in der Erziehung zu übernehmen. Denn Mütter sind in den ersten zehn Jahren, Väter in den folgenden die Hauptpersonen! Dies gelingt am besten durch eine lebendige Sexualität und Intimität der Eltern, weil beides Mütter innerlich vom Druck befreit, der ihnen von der Gesellschaft, der Familie usw. in ihrer Mutterrolle auferlegt wurde.

»Bei der ›idealen‹ Mutter herrscht ein Wechsel von Geben und Annehmen-Können. Die Mutter kann helfen, soweit ihre Kräfte reichen, sich aber auch helfen lassen, wenn sie erschöpft ist ... sich ihre Schwächen eingestehen ... sie ist Teil einer klaren familiären Hierarchie ... die Entscheidungen fällen die Erwachsenen. So entsteht für das Kind ein klarer, stabiler Rahmen von Sicherheit, Zuständigkeit und Entlastung von falscher, weil nicht alters-adäquater Verantwortung. Mutter und Vater teilen die Macht gleichberechtigt, schaffen Ordnung, wo Chaos herrscht ... (Es) wird von den Kindern Disziplin verlangt, was ihnen hilft, Selbstdisziplin zu entwickeln, was sie wiederum sicherer und angstfreier und unabhängiger von der Mutter macht.« (Benz 1998, S. 64)

Bei dieser Voraussetzung müssen Mütter nicht ständig kontrollieren (von der Farbe des Unterhemdes bis zur Auswahl der Freundin), sondern können mehr Gelassenheit und sich selbst spüren, was ihnen auch ermöglicht, alle Gefühle der Kinder zuzulassen, sogar die ambivalenten, die »schlechten«. Die Folge: Gefühle müssen nicht verdrängt werden, keiner tut »als ob« und die Kommunikation kann frei fließen, was Lebendigkeit ermöglicht.

Wichtig sind auch die moralischen, ethischen und religiösen Werte, die Mütter vermitteln und vorleben. Doch lassen sie sich von ihren Kindern demütigen, verhalten sie sich wie »Sklavinnen« (s. »Grenzen«, »Schlaraffenlandkinder«), bieten sie ein schlechtes Vorbild und keinerlei Geborgenheit. Denn zu Sklavinnen kann ein Kind nicht aufschauen, an ihnen kann es sich nicht anlehnen, ein Pubertierender kann sich von ihnen auch schlecht lösen!

Zu wünschen wäre heutigen Müttern, dass sie sich selbst nicht isolieren, sondern aktiv Kontakte pflegen und wechselseitig ihre Kinder »tauschen«, also Hilfe annehmen. Wichtig auch zu realisieren, dass sie selbst als Erwachsene (!) die Lebensentscheidung für Kinder getroffen haben, niemand anderes, und sie keineswegs Opfer der Umstände sind, sondern hoffentlich fröhlich und selbstbestimmt die Einschränkungen der kurzen Kindheitsjahre bejahen. Und die schwierigste

Übung: Loslassen! Nicht nur bei den großen Schritten wie Schuleintritt usw., sondern täglich. Sich nicht von den eigenen, kindlichen Allmachtsfantasien (s. »Das innere Kind«) verführen lassen (»Ich bin die tollste Mutter und weiß alles am allerbesten ...«), um nicht immer 24 Stunden am Tag kontrollieren zu müssen. Denn das macht unzufrieden und hässlich, weil es die Falten um den Mund vertieft!

Literatur

Benz, Andreas E.: »Ich habe dich unter Schmerzen geboren. Zur Psychologie der Mutter-Kind-Beziehung«, in: Michel, Karl M. u.a. (Hrsg.): *Unsere Mütter*, Berlin: Rowohlt Berlin 1998, S. 54 ff.

Seyffert, Sabine: *Wohlfühlinseln für Mütter. Tipps und Ideen zum Lachen, Kuscheln, Glücklichsein*, München: Kösel 2001

Musik

Musizieren und singen machen schlau, zufrieden, beruhigen, erweitern die soziale Kompetenz und wirken in Gruppen geradezu friedensstiftend! Gemeinsames Singen zu Hause ist der Beginn jeglicher Musikalität!

In Berlin wurden zwischen 1992 und 1998 in einer umfangreichen Studie Kinder durch ihre sechsjährige Grundschule begleitet, die nicht nur die obligatorische eine Stunde Musikerziehung genossen, sondern zwei Stunden pro Woche. Außerdem erlernten sie ein Instrument in der Schule und spielten in einem Ensemble. Es gab in diesen Klassen signifikant weniger ausgegrenzte Kinder, wie Soziogramme eindeutig zeigten, auch nahmen der Schulvandalismus sowie die Aggressivität enorm ab. Und selbst bei Intelligenztests, in denen das Bildungsniveau der Familien ausgeblendet wurde, war bei den Kindern nach vier Jahren intensiverer Musikerziehung eine deutlich höhere Intelligenz zu verzeichnen. Kinder mit schwachem IQ profitierten in besonderem Maße. Außerdem zeigte sich, dass Konzentrationsfähigkeit, Geduld, Ausdauer und das Verfolgen langfristiger Ziele sowie Teamfähigkeit und Rücksichtnahme durch das Ensemblespiel geübt werden. Innenminister Otto Schily pointierte die enorme Wichtigkeit: »Wer Musikschulen schließt, gefährdet die innere Sicherheit!« (*Süddeutsche Zeitung* vom 13.7.2000)

Professor Hans Günther Bastian, der diese europaweit fundierteste Studie vorlegte, empfindet es als unerhörten Skandal, dass in Nordrhein-Westfalen und Hessen 80 % des Musikunterrichts ausfallen. »Man soll die Schulen ans Internet anschließen, und man soll die Schüler musizieren lassen. Warum geht das nicht beides? ... Die Demokratisierung der Musik durch die Medien hinterlässt ja auch positive Spuren

... vielen Kindern fehlen nur die ästhetischen Kategorien, mit Musik umzugehen. Wir müssen den Kindern die Angst nehmen vor dem Nichtverstehen verstehbarer Musik ... Erziehung ist auch Erziehung zur Erfahrung, zur Mündigkeit. Wir dürfen die Macht der Medien nicht zu unserer Ohnmacht werden lassen, sonst haben wir gegen MTV und Viva verloren.« (*DIE ZEIT* vom 6.4.2000)

Musizieren auf hohem Niveau gehört zu den schwierigsten menschlichen Leistungen, denn der Gehörsinn, die Motorik, die Körperwahrnehmung, die Gefühle, die Vernunft, der gesamte Mensch werden beansprucht. Beginnen Kinder vor dem siebten Lebensjahr regelmäßig zu musizieren, entwickelt sich ihr Corpus callosum, die Verbindung zwischen den beiden Gehirnhälften, überdurchschnittlich, was für Planung und Ausführung von Handlungsabläufen von großem Vorteil ist. Auch nimmt die Vernetzung der Nervenzellen des Gehörzentrums zu.

Die Neurobiologin Marianne Hassler hat zudem festgestellt, dass es einen Zusammenhang zwischen hormoneller und musikalischer Entwicklung gibt. Pubertierende Jungen, die einen niedrigen Testosteronspiegel aufwiesen, sowie pubertierende Mädchen mit etwas erhöhten Werten zeichneten sich durch überdurchschnittlich hohe Musikalität und Kreativität aus und waren zudem weniger auf die stereotypen Geschlechtsrollen fixiert. Und das Erlernen von Instrumenten, bei denen beide Hände gleichermaßen gebraucht werden, führte zu außergewöhnlich gleichmäßig entwickelten Gehirnhälften.

Norman M. Weinberger, ein amerikanischer Neurobiologe, testete 78 Kinder im Vorschulalter, die bezogen auf mathematische und naturwissenschaftliche Intelligenz dem nationalen Durchschnitt entsprachen. Er bildete vier Vergleichsgruppen der Drei- und Vierjährigen: Eine erhielt täglich Gesangsunterricht sowie zweimal pro Woche 15 Minuten Klavierunterricht. Die zweite Gruppe wurde nur in Gesang unterrichtet, die dritte Gruppe erhielt zweimal pro Woche 15 Minuten Computerunterricht und die letzte Gruppe wurde nicht speziell gefördert. Das Ergebnis war sensationell: Die Klavier spielenden Kinder zeigten nach sechs Monaten eine um 34 % erhöhte Intelligenz, die anderen Kinder blieben in ihrer Intelligenz im Durchschnitt konstant (*Süddeutsche Zeitung* vom 31.12.1998/1.1.1999).

Falsch wäre es jedoch, Musikerziehung nun funktional zur Verbesserung der Intelligenz einzusetzen. Das wird kaum funktionieren, denn es muss beim Spaßmachen bleiben. Andere heilende Aspekte von Musik werden gleichwohl therapeutisch eingesetzt: Musiktherapie, also der emotionale Ausdruck von Leid, Kummer und Blockierungen, wenn Worte nicht reichen bzw. Worte noch gar nicht ausreichend vorhanden sind (bei kleinen Kindern oder bezogen auf früheste Störungen). Oder die passive Form, das Hören von Musik, da Musik alle Emotionen wie Kummer, Freude, Trauer verstärkt, vor Operationen entspannt und Schmerzen lindern kann.

Die Zugehörigkeit zu einem Chor plus Chorreisen und anderen Vergnügungen kann zudem die Qualität von Heimat bekommen, wie es auch viele Erwachsene spüren. – Wichtig für Kinder aus Patchworkfamilien!

Das krasse Gegenteil von bewusstem Musikerleben ist die »Vermüllung« unserer Umwelt durch musikalische Konservenberieselung: im Supermarkt, im Fahrstuhl, beim Friseur sowie das ständige Gedudel zu Hause, im Auto und sogar beim Schularbeitenmachen. Diese Zusammenschnitte, diese für einen banalen Querschnittsgeschmack zusammengestückelten musikalischen Endlos-Versatzstücke machen dumm, verstopfen Gehör und Gehirn, wirken narkotisierend und lenken damit von den wirklichen Gefühlen ab. Außerdem überreizen sie die Sinne, was bei unruhigen und unkonzentrierten Kindern deren Probleme noch verstärkt. Also wären Zonen der Stille sinnvoll, Zeiten des Schutzes vor diesen Reizen, zum Ausruhen, Entspannen und um die eigene innere Stimme überhaupt hören zu können: höchst sinnvoll für alle Großen und Kleinen. Zudem kostet Stille nichts! Oder gibt es ein einziges sinnvolles pädagogisches Argument, welches die musikalische Berieselung bei Kindern rechtfertigen würde?

Literatur

Kreusch-Jacob, Dorothée: *Musik macht klug. Wie Kinder die Welt der Musik entdecken,* München: Kösel ^{2}2001

Kreusch-Jacob, Dorothée: *Zauberwelt der Klänge. Klangmeditationen mit Naturton-Instrumenten,* München: Kösel 2002

Vahle, Fredrik: *Hupp Tsching Pau. Das Bewegungsliederbuch,* Weinheim: Beltz 2001

PAS-Syndrom

Das »Parental Alienation Syndrome« (Entfremdungssyndrom) ist als neues Krankheitsbild in den internationalen Katalog der psychischen Kinderkrankheiten aufgenommen worden. Es beschreibt die Entfremdung eines Elternteils durch Manipulation des anderen. Die Folge: Das Kind ist dem einen, geliebten Elternteil uneingeschränkt zugewandt und lehnt den anderen vollständig ab. Es bedeutet eine schwere Störung, wenn ein Elternteil vom anderen ausgesondert, schlecht gemacht oder der Kontakt bewusst oder unbewusst, brutal oder subtil verhindert wird. Dies wird von Fachleuten mit Gehirnwäsche wie in Sekten verglichen oder mit der »Kontaktsperre« wie bei politischen Gefangenen! Denn das Kind muss dann seine Eltern aufspalten in einen geliebten, guten und in einen angeblich gehassten und bösen Elternteil, was massive Störungen bis ins Erwachsenenalter nach sich ziehen kann. Nach einer Scheidung haben sowieso alle Kinder ein erhöhtes Risiko von psychischen und psychosomatischen Erkrankungen, delinquent oder suizidal zu werden sowie in späteren eigenen Beziehungen zu scheitern.

Ursula Kodjoe (in Bäuerle u.a. 2001) beschreibt folgende, oft unbewusste Manipulationstechniken:

- Die Entfremder verkünden zwar laut, dass Kinder beide Eltern bräuchten, aber nur gerade im eigenen Fall nicht ...
- Sie reagieren auf die Freude und Liebe des Kindes zum anderen Elternteil mit Traurigkeit, Wut und Abwendung bzw. Desinteresse an dem mit ihm durchgeführten Kinobesuch oder Ausflug.
- An Besuchswochenenden werden attraktive Gegenangebote geplant, die Kinder als zu krank (attestiert vom ma-

nipulierten Kinderarzt) oder unwillig erklärt. Sie respektieren angeblich immer den »Willen« des Kindes, auch wenn Kinder andererseits natürlich zur Schule oder zum Zahnarzt »gezwungen« werden!

- Die Übergabe am Gartentor, auf dem dunklen Parkplatz wird mit alten Streitigkeiten extrem erschwert, sodass das Kind immer das Gefühl bekommt, Anlass für schlechte Stimmung zu sein. Ebenso wirkt die Telefonüberprüfung während des Wochenendes, wobei das Kind nicht zu sagen (und zu fühlen!) wagt, dass es ihm gut geht.
- Der ausgesprochene Satz »Du musst jetzt zu Vater/Mutter gehen« wird durch die unausgesprochene Botschaft »Wenn du mich lieb hast, bleibst du hier« zu einer quälenden Gefühlsfalle, bis hin zum Gefühl, verrückt zu werden.
- Oft wird die eigene Familie so von der Schlechtheit des Expartners überzeugt, dass alle mitmanipulieren – auch gegen die entfremdeten Großeltern, Tanten, Onkel usw. »Ein Kind, das nicht bereit ist, seiner bettlägrigen Großmutter ein Foto zu schicken, hat eine Lektion in menschenverachtendem Verhalten gelernt.« (Kodjoe, S. 33)
- Fehlende Fotos vom entfremdeten Elternteil im Kinderzimmer bzw. von gemeinsamen schönen Aktivitäten bedeuten eine weitere Eliminierung. Ebenso wie der Ausschluss von (Schul-)Feiern, Konfirmation, Großelterngeburtstagen und die nicht erfolgende Benachrichtigung bei Krankheit, Klinikaufenthalt usw.

Es gibt mittlerweile folgenden Standardkatalog zur Diagnose, ob ein leichter, mittlerer oder schwerer Fall von PAS vorliegt (vgl. Boch-Galhau in Bäuerle 2001):

- Zurückweisungs- und Verunglimpfungskampagne: Frühere, schöne Erlebnisse mit dem abgelehnten Elternteil werden ausgeblendet.
- Absurde Rationalisierungen: »Er/Sie spricht zu laut, das

kann ich nicht aushalten! ... Ich muss immer das falsche Mineralwasser trinken! ... Nie kauft er mir ein Handy!«

- Fehlen von normaler Ambivalenz: Jeder Mensch hat gute und schlechte Seiten. Für PAS-Kinder gibt es nur *den* »Guten« und *den* »Bösen« – eine innerpsychische Spaltung, die zu schwersten (Borderline-)Störungen im Erwachsenenalter führen kann.
- Reflexartige Parteinahme für den programmierenden Elternteil.
- Feindseligkeit gegen die gesamte »andere« Familie und alte Freunde.
- Phänomen der »eigenen Meinung«: Schon Dreijährige wissen angeblich, was ihnen gut tut. Bei älteren Kindern zeigt sich die Programmierung dann fatal: Sie dürfen nicht fühlen und werden dadurch in schlimmste psychische (Dauer-)Zustände gestürzt.
- Keinerlei Schuldgefühle wegen Grausamkeit gegenüber dem entfremdeten Elternteil. Die Kinder projizieren ihre eigene erzwungene Gefühlskälte auf den Entfremdeten, erpressen aber völlig cool diesen Elternteil bzw. zeigen keinerlei Dankbarkeit.
- Übernahme »geborgter Szenarien«: Die Kinder schildern groteske Situationen wie »Er/Sie hat mich ein Wochenende hungern lassen ... er/sie hat mich vernachlässigt«. Auf die Nachfrage »Wie meinst du das?« folgt oftmals keine Erklärung.

Richard A. Gardner, einer der Experten auf diesem Gebiet, fordert für PAS-Kinder eine neue Therapie und Umgehensweise sowohl von Psychotherapeuten als auch von Richtern und Jugendämtern, vergleichbar wie bei Drogen- oder Essstörungen: einen eher konfrontativen und autoritären Umgang mit strikter Einhaltung der vom Gericht angeordneten Besuchsregelung (z.B. Abholung des Kindes freitags, 17 Uhr); das Drohen mit Maßnahmen (Kaution, Geldstrafe, Sozialdienst, Bewährung, Hausarrest, Haft), weil diese Elternteile wegen der jahrelangen Prozesse, der Möglichkeit, vor Gericht zu lügen, sowie ihrer Fähigkeit, Lehrer und Sozialarbeiter zu manipulieren, meist ihren Willen durchsetzen. Am wichtigsten: die Besuchspflicht der Kinder beim entfremdeten Elternteil (notfalls unter Supervision).

Bei leichtem PAS muss die Einhaltung der Besuchszeiten vom Gericht strikt überprüft werden. Bei mittelschweren Formen sollte der Strafkatalog abgestuft zur Anwendung kommen, bei der schweren Form sollte das Kind vom Entfremder zum anderen Elternteil wechseln, eventuell mit einer Übergangslösung auf neutralem Boden. Denn nur im direkten, zeitlich möglichst ausgedehnten Kontakt zum entfremdeten, verunglimpften Elternteil kann das Kind eine neue, gute und vom Manipulierer ungestörte Beziehung aufbauen.

Eine Regel: Das Kind ist dort am besten aufgehoben, wo respektvoll vom anderen Elternteil gesprochen wird und Besuche konstruktiv gehandhabt werden.

Literatur

Bäuerle, Siegfried u.a.: *Eltern sägen ihr Kind entzwei. Trennungserfahrungen und Entfremdung von einem Elternteil,* Donauwörth: Auer 2001

Boch-Galhau, Wilfried von: »Trennung und Scheidung im Hinblick auf die Kinder und die Auswirkungen auf das Erwachsenenleben unter besonderer Berücksichtigung des Parental Alienation Syndrome (PAS)«, in: Bäuerle u.a. 2001, S. 37 ff.

Gardner, Richard A.: *Das elterliche Entfremdungssyndrom. Anregungen für gerichtliche Sorge- und Umgangsregelungen. Eine empirische Untersuchung,* Berlin: Verlag für Wissenschaft und Bildung 2002

Kodjoe, Ursula: »Die feindselige Ablehnung eines Elternteils durch sein Kind«, in: Bäuerle u.a. 2001, S. 26 ff.

Pornographie

Parallel zur sexuellen Befreiung der Frauen nahm die Darstellung von Pornographie in rasantem Tempo zu: Nach der konkreten Unterdrückung nun die psychisch-bildhafte Erniedrigung in millionenfacher Ausführung. Für jeden zugänglich, ständig abrufbar.

Kinder, Jugendliche und unfreie Frauen werden weltweit auf brutalste und ekelhafteste Weise zur Prostitution sowie zur Darstellung pornographischer Szenen mit (körperlicher) Gewalt gezwungen, wobei nicht selten gefoltert und ihr Tod in Kauf genommen wird. Die seelischen Schäden sind meist irreparabel und quälen ein Leben lang unerträglich bzw. die Betroffenen sterben frühzeitig an Drogen, Aids, Gewalt oder Suizid.

Doch gibt es noch einen anderen Aspekt: Kinder und Jugendliche als Konsumenten von Pornographie. Da viele von ihnen das Internet besser beherrschen als ihre Eltern, ist es oftmals nicht sehr schwierig für sie, an pornographische Bilder heranzukommen. Im Gegensatz zu Fotos gibt es hierbei noch eine wesentliche Verschärfung: Die Benutzer können z.B. virtuell mit Hammer, Beilen und Sägen selbst aktiv Orgasmen herbeiführen, sexuell foltern und den virtuellen Frauen die Gesichter der eigenen Mutter, der Lehrerin oder von Madonna aufsetzen. Damit werden sie zu virtuellen Tätern!

Ein Kindertherapeut berichtet, dass es zunehmend schwierig ist, zwischen der Wirkung durch einen realen sexuellen Missbrauch, durch das Zuschauen bei sexuellen Handlungen in der Familie oder durch den Konsum von pornographischen Filmen zu unterscheiden. Die Pornographie hat zudem die Schamgrenzen in vielen Familien fast zum

Verschwinden gebracht, sodass Eltern manchmal keine Hemmungen haben, selbst Kleinkindern das Ansehen von Pornofilmen und -videos zu gestatten. Das Schutzdenken Kindern gegenüber nimmt rapide ab! Da durch die ca. 1 000 Sexshops und 6 000 Videotheken in Deutschland jährlich insgesamt 17 Millionen Videofilme konsumiert werden, wovon 35 % Erotika und Pornos sind, lässt sich das Ausmaß in den Familien erahnen. Auch werden täglich (!) schätzungsweise 100 neue Internetseiten mit Kinderpornographie eingerichtet (*Süddeutsche Zeitung* vom 18.12.2001).

Die amerikanische Autorin Naomi Wolf nennt die jetzigen jungen Erwachsenen die »pornographische Generation«, weil sie nicht durch zärtliche und menschliche Aufklärung und eigenes Fantasieren in die Sexualität eingeführt wurden, sondern durch brutale Sexspiele der Pornodarsteller. Im Klartext heißt das, dass viele Jugendliche lang andauerndes Penetrieren in allen nur erdenklichen Stellungen und Aufnahmen der Geschlechtsorgane in Supergrößen bereits gesehen haben, bevor sie sich je trauten, sich mit dem oder der Angebeteten zu verabreden, geschweige denn ihre/seine Hand zu halten und Zärtlichkeiten auszuprobieren. Das führt zu einem enormen Leistungsdruck besonders bei den Jungen und dem Rückgang von Petting, dem spielerischen und nach dem eigenen Rhythmus erforschenden Umgang mit dem anderen Geschlecht.

Fatale Folgen hat es auch, wenn Jugendliche in der Phase, in der sie sich entwicklungsbedingt mit Schuld- und Gewissensfragen auseinander setzen, mit Pornokonsum narkotisiert werden. Hinzu kommt, dass Horrorfilme und alle Mischformen von sexueller und körperlicher Gewalt die (jugendlichen) Zuschauer in die orale oder anale Phase ihrer kindlichen Entwicklung zurückversetzen – unter Ausschaltung des Gewissens und der Selbstverantwortung. Auch gilt, dass die Wirkung auf instabile und ungefestigte Kinder und

Jugendliche verheerend sein kann, während stabile Personen keinen Schaden davontragen müssen – außer Abstumpfung!

Thomas S., Vater von zwei Söhnen, sagt: »Pornos sind wie das Eros-Center im Kopf, in der Konserve und tiefgefroren. Jederzeit abrufbar. Wenn die Eltern zum Abendessen rufen, setzt man sich kurz an den Tisch, aber die Bilder wird man nicht mehr los. Es gibt keinen Knopf, der sie im Gehirn auslöscht! Und die Frage ist: Was passiert mit den realen Beziehungen zu den Familienangehörigen, wenn der Film im Kopf weiterläuft?«

Die Bilder können auch insofern traumatisierend wirken, weil sie Angst machen, selbst in aggressiver Weise agieren zu müssen. Und sie funktionalisieren den männlichen Körper, was bei gewalttätigen Männern immer der Fall ist. Gewalttäter empfinden ihren eigenen Körper nicht als empfindsam, sind von ihm abgespalten, weswegen sie ihn quasi als Werkzeug gegen die Frauen und Kinder einsetzen können.

Auch heute haben Jugendliche die ewig gleich bleibenden Sehnsüchte nach Zärtlichkeit, Liebe und Treue. Doch müssen sie vorher erst einmal den pornographischen Müll aus ihren Köpfen schaffen und die Diskrepanz aushalten zwischen den brutalen, zerstörerischen, perversen Praktiken und ihrer unerfüllten Sehnsucht nach einem ersten Händchenhalten, Streicheln und nach menschlicher Wärme.

Pornographie könnte man als nachhaltig wirkende Seelenverschmutzung mit unberechenbarer Depotwirkung bezeichnen. Neben der Sklavenarbeit, die heute weltweit ca. 250 Millionen Kinder verrichten müssen, eine neue Form von Versklavung. Auch hier: die Ausbeutung der Armen, der Jüngsten und Kleinsten in der Dritten Welt durch die Reichen der so genannten zivilisierten Welt.

Literatur

Schirrmacher, Thomas u. Meves, Christa: *Ausverkaufte Würde? Der Pornographie-Boom und seine psychischen Folgen,* Holzgerlingen: Hänssler 2000

Schütz, Esther E. u. Kimmich, Theo: *Körper und Sexualität. Entdecken, verstehen, sinnlich vermitteln,* Freiburg: Herder 2001

Thönnissen, Ann u. Meyer-Andersen, Klaus: *Kinderschänder. Das geheime Geschäft mit der schmutzigen Pornographie,* München: Goldmann 1992

Professionelle Hilfe

Der Mensch, also auch das Kind, ist eine Einheit aus Körper, Geist und Seele. Was tun, wenn die Seele schreit? Was tun, wenn die (leisen) Schreie der Seele nicht erhört wurden und diese sich nun in körperlichen Symptomen ausdrücken? Wir nennen es eine Verdrängung zweiten Grades, wenn die Seele sozusagen überfließt und den Kummer, den Schmerz, das Unbehagen durch den Körper verdeutlicht. Wann ist eine Psychotherapie nötig? Wie funktioniert sie?

Stundenlang erzählt Frau A. ihren Bekannten vom Bettnässen ihrer achtjährigen Tochter Maja. Aus den Talkshows sind wir es gewohnt, auch von den intimsten Dingen zu hören. Doch bei dem Vorschlag, einen Therapeuten aufzusuchen, kommt das empörte Argument »Das haben wir nicht nötig. Die sind doch selbst plemplem ...«. Seltsame Argumente, denn einer Gynäkologin würde man ja auch nicht fortwährend eigene gynäkologische Probleme unterstellen ... und ein einziger unfähiger Friseur lässt uns auch nicht den Rest des Lebens mit Strubbelhaaren herumlaufen. Für die meisten Bereiche unseres Lebens bemühen wir Fachleute (für das Auto, die Steuererklärung, für jeden einzelnen Körperteil usw.), aber wenn die Seele schreit, meinen wir immer noch arrogant und besserwisserisch, dass »alle« Therapeuten unfähig seien. Doch Bekannten wird ausführlichst von Majas Dilemma erzählt, egal, ob diese kompetent oder auch nur diskret sind.

In der Tat gehen die meisten Probleme von »allein« weg oder durch eigene Bemühungen. Um die Ursachen z.B. für das Bettnässen, für Kopfschmerzen oder Allergien, für Lern-, Schlafstörungen (s. »Schlaf«) oder Wutanfälle herauszufinden, ist der erste Schritt ein sorgfältiges Tagesprotokoll von vier Wochen. Stündlich wird tabellarisch aufgeschrieben, was das Kind tut, isst, wann es draußen spielt oder fernsieht usw. und wie es sich dabei fühlt. Kinder ab acht Jahren sollten dieses Protokoll (auf übersichtlich großen Blättern, mit Farbstiften) selbst führen, um Eigenverantwortung (s. »Verantwortung«) für ihr Dilemma zu übernehmen (s. »Erziehungsmethoden II«).

Dabei stellt sich vielleicht heraus, dass das Bettnässen nur vor dem Mathe-Unterricht stattfindet, dass die Albträume nach zu spätem Fernsehkonsum auftreten, dass das Einschlafen nach dem Essen von Haferflocken (Muntermacher!) oder immer nach dem Streit zwischen den Eltern unmöglich ist, dass der Schnupfen immer dann auftritt, wenn die Eltern zu wenig Zeit haben ... Durch diese (verhaltenstherapeutische) Detektivarbeit kommt man sich selbst auf die Schliche bzw. man hat eine fundierte Gesprächsgrundlage für den Arzt oder den Therapeuten.

Oft werden Lehrer aufmerksam und schicken das Kind zunächst zum Vertrauenslehrer. Manchmal helfen bereits wenige Stunden der Aussprache bei einem wohlwollenden, verschwiegenen Zuhörer. Wenn eine Kindertherapie sinnvoll erscheint, ist es wichtig, dass die Eltern dies nicht als Strafe, sondern als Chance und Luxus sehen. Der Therapeut ist darin ausgebildet, die versteckten Ursachen für Probleme aufzuspüren, er wird nicht urteilen, sondern horchen, was sein kleiner Patient durch Spiele, Malen und Musizieren ausdrückt, da Kinder nur ungenügend Worte für ihre Gefühle haben. Er ist Begleiter, Ansprechpartner und Beschützer besonders auch bei den negativen, ängstigenden Gefühlen von Wut oder sogar Hass, z.B. auf beide Eltern, weil sie sich scheiden lassen. Er gestattet es dem Kind, seine Aggressionen zu äußern: mit Sand und Wasser, Puppen und Tieren, im Rollenspiel oder eventuell in einer kleinen Gruppe, ohne Angst vor Strafe oder Liebesverlust. Wichtig für alle Eltern mit schlechtem Gewissen: Der Therapeut nimmt ihnen keineswegs die Liebe ihres Kindes weg, sondern bahnt wieder neue, geklärte, bereinigte Wege zueinander.

Aber noch wichtiger ist es, dass die Beziehung der Eltern gut funktioniert. Sexueller Frust, Ehestreitigkeiten (auch die geheimen) spüren selbst kleinste Kinder und reagieren darauf, weswegen es sehr oft viel wirkungsvoller ist, wenn die Eltern in Paartherapie gehen, als dass sie ihr Kind ihre (!) Probleme »ausdrücken« lassen! Doch nur wenige Eltern haben diese Stärke und kritische Einsichtsfähigkeit; viele kommen Jahre zu spät in eine Therapie, meist erst kurz vor der Scheidung (s. dort), wenn die Probleme chronisch wurden und die Kinder schon Jahre gelitten haben. Doch auch eine Kindertherapie funktioniert nur, wenn alle Familienmitglieder mitgehen, zumindest in den ersten Stunden. Niemand wird angeklagt, doch alle sind Teil der Problematik und eine Veränderung kann nur mit allen zusammen erfolgen!

Den richtigen Therapeuten zu finden ist nicht leicht. Soll es ein Ergotherapeut bei Bewegungsdefiziten, ein Logotherapeut bei Sprachproblemen, ein Kunst-, Lern- oder Psychotherapeut sein? Hier kann der Kinderarzt helfen oder durch Testverfahren bei Erziehungsberatungsstellen die Fachrichtung herausgefunden werden. Doch es bleibt immer die Frage: Wem will ich meine und die Seele unseres Kindes anvertrauen? Fragen Sie bitte nicht Ihre Bekannten (weil die nur subjektiv urteilen können), sondern Fachleute (Lehrer, den Kinderarzt, Lebensberatungsstellen der Kirchen oder psychosoziale Beratungsstellen) nach einem Therapeuten. Doch schlussendlich müssen Sie Ihr Gefühl entscheiden lassen: Wirkt er/sie sympathisch und fröhlich, kann er/sie auf das Kind eingehen, fühlen auch Sie sich ernst genommen, auch wenn Sie mit Ihren eigenen Mängeln und Defiziten konfrontiert werden?

Eine psychotherapeutische Behandlung ist z.B. sinnvoll, wenn ein Kind sich auffällig verändert: plötzliches Nägelkauen, Stehlen, Aggressionsausbrüche usw., oder wenn es anhaltende Erziehungsprobleme gibt. Doch zunächst ist unbedingt ein Vier-Wochen-Tagesprotokoll wichtig. Wenn Sie das gemacht und die sich daraus ergebenden Konsequenzen mit Ihrem Kind für zwei Monate (!) durchgeführt sowie Ihr eigenes Verhalten (Protokoll auch für Sie!) konsequent angepasst haben, aber keine wirkliche Veränderung festzustellen ist, dann sollten Sie einen Therapeuten aufsuchen. Bei Familienkrisen (Scheidung, schwere Krankheiten, Tod) brauchen meist alle Hilfe, ebenso bei den klassischen chronischen Kinderkrankheiten wie Asthma, Neurodermitis usw., um zu lernen, mit diesem schwierigen Los ein wenig entspannter und sinnvoller umzugehen.

Literatur

Dykstra, Ingrid: *Wenn Kinder Schicksal tragen. Kindliches Verhalten aus systemischer Sicht verstehen. Mit einem Vorwort von Bert Hellinger,* München: Kösel 2002

Oaklander, Violet: *Gestalttherapie mit Kindern und Jugendlichen,* Stuttgart: Klett-Cotta [11]1999

Romberg-Asboth, Ingrid: *Wenn die Kinderseele weint. Seelische Nöte erkennen und verstehen. Eine Hilfe für Eltern,* München: Kösel [2]2001

Pubertät

Die körperliche Entwicklung ins Erwachsenenstadium (Schamhaare, Brüste, Menstruation) liegt bei Mädchen zwischen dem 10. und 15. Lebensjahr, bei den Jungen (Bart, Schamhaare, nächtlicher Samenerguss, Stimmbruch) zwischen dem 11. und 17. Lebensjahr. Diese körperlichen Veränderungen, die sprunghaft und unorganisch verlaufen, werden einerseits mit Ängsten, andererseits mit Sehnsucht erwartet und stellen eine Zeit extremer körperlicher, psychischer und sozialer Ambivalenzen dar.

Für Mädchen sind in dieser Zeit Fragen zur eigenen Weiblichkeit (Kleidung, Figur, Make-up) sowie die Auseinandersetzung, Kritik und/oder Anpassung an das mütterliche Vorbild existenziell wichtig, für Jungen zunehmend ebenfalls ihr Äußeres, ihre (Muskel-)Kraft und ihre Ähnlichkeit mit dem Vater bzw. ihre Abgrenzung von ihm. Für beide ist die Frage »Wie wirke ich auf das andere Geschlecht?« von extremer Wichtigkeit.

Pubertierende haben folgende Entwicklungsaufgaben zu bewältigen: Sie müssen die Reifung ihres Körpers akzeptieren, ihre männliche/weibliche Rolle finden, differenzierte Kontakte zu Altersgenossen ausbauen, innere Vorbilder, Lebensziele und Wertvorstellungen suchen, mit dem Zustand des Noch-nicht-erwachsen-Seins sich täglich auseinander setzen, sie müssen ihre stündlichen Schwankungen zwischen (kindlichem) Größenwahn und tiefster Verunsicherung aushalten, allmählich intime Beziehungen sowie Zukunftsperspektiven aufbauen und ihre abhängige materielle Situation in Einklang mit ihren enormen Wünschen bringen.

Es ist eine Zeit der Extreme: vom kontaktverweigernden Rückzug in die miefige Höhle des eigenen Zimmers bis zur lauten, unverschämten Verbreitung von Chaos und Kränkungen über die gesamte Familie, zwischen inniger, kindlicher Anlehnung und cooler Selbstständigkeit (Feten bis zum Morgengrauen), zwischen weltschmerzlichem Rückzug, Depressionen und psychosomatischen Störungen (bei Mädchen) sowie (extremer) Aggressivität, Alkohol- und Drogenmissbrauch oder sogar kriminellem Verhalten (bei Jungen). Es sind gefahrvolle Jahre voller Verführungen, der intensiven Suche nach Grenzüberschreitungen, nach Ausprobieren und Besserwissen jenseits aller Vernunft. Es ist ein Schwanken des »inneren Kindes« (s. dort) auf der Altersskala von fünf (Trotzalter) über zehn (intensives Neugierverhalten) bis hin zum Sich-Aufplustern als Erwachsene – und das nicht selten im Drei-Stunden-Takt.

Die Pubertät ist extrem anstrengend, für alle! Aber in erster Linie eine »normale« Zeit der Unnormalität und sie birgt die Chance zur Entwicklung von neuen familiären Beziehungen. Denn für Eltern sollte das oberste Gebot heißen: *Im Kontakt bleiben!* Trotz alledem. Und für sich selbst gut sorgen, damit man ein kräftiger und fröhlicher Partner bleibt. Nehmen Sie es sportlich, es ist wie bei einem Tennismatch: Die Jugendlichen wollen und brauchen dringend ernst zu nehmende männliche und weibliche Partner, denn ein schlaffes, das Spiel verweigerndes, nörgeliges, lamentierendes Gegenüber wird verachtet und macht (noch) aggressiver. Sie wollen Respekt haben können, weil nur starke Eltern ihnen (unbewusst) signalisieren: Du kannst dich anlehnen, notfalls! Ich halte dich aus, aber sorge auch für mich selbst.

Pubertät ist ein tägliches Ringen um die Beziehung. Darin sollten Eltern Vorbild sein: »Ich nehme dich so an, wie du bist! Ich nehme mich so an, wie ich bin! Ich bin nicht für dein Tun verantwortlich, du bist es für dich! Ich bin für mich und mein Tun verantwortlich, du nicht für mich!« (Rogge 1998, S. 14)

Jugendliche können Kritik an ihrem Handeln aushalten, aber sind höchst sensibel, wenn Erwachsene sie als Person abwerten, wenn sie autoritär agieren, die Beziehung aufkündigen, aus eigener innerer Leere klammern (z.B. Alleinerziehende), ihre Grenzen nicht achten (Zimmer, Tagebuch, Intimität) oder zu verständnisvoll sind (»Wischiwaschi-Haltung«) und keine Grenzen setzen (Verachtung). Das Verstehen sollte nicht automatisch Akzeptanz (z.B. von Alkohol, Zigaretten usw.) nach sich ziehen, denn Jugendliche wollen sich streiten und reiben und elterliche Werte in Frage stellen, um immer wieder neu ihre eigenen Maßstäbe, was gut und schlecht, für sie selbst sinnvoll oder schädigend ist, zu erproben und zu diskutieren. Und das besonders mit ihren Vätern (s. dort), die zwischen dem 10. und 20. Lebensjahr deswegen eine wichtigere Rolle als die Mütter spielen. – In Auseinandersetzungen ist der Satz »Ich habe dich lieb. Aber was du da gerade gemacht hast, ist nicht gut!« so wichtig, weil er Akzeptanz der Person, aber Kritik an der Sache beinhaltet!

Viele Eltern können die Entwicklung von ihrem süßen Wunschkind hin zu einem höchst eigenständigen, widerborstigen Halberwachsenen nur schwer nachvollziehen, weil sie von ihrem »Größenwahn«, als Eltern alles perfekt machen zu wollen, eingeschränkt sind. Perfektionismus ist eine dem Leben abgewandte Haltung, da es nichts Perfektes gibt. Auch vergleichen (sich) Eltern viel zu stark mit anderen, was für sie selbst und ihre Kinder zum permanenten Frust gerät. Deswegen die zweite Devise: *Loslassen, trotzdem dabeibleiben und für sich selbst sorgen!* Das fällt besonders vielen Müttern (s. »Mütter«, »Jammern«) enorm schwer (»Ich will ja nur dein Bestes!«), aber Aufopferung wird von Kindern verachtet und abgelehnt, weil sie genau spüren: Ich soll Lieferant für den Lebenssinn (s. »Sinn«) meiner Eltern sein! Doch Kinder wissen in ihrer Weisheit: Jeder Mensch ist für seinen Lebensinn selbst verantwortlich, niemals der Partner oder das Kind!

In unserer heutigen Gesellschaft ist es schwierig, erwachsen zu werden, weil die Erwachsenen so kindisch sind und dauerhaft jung sein wollen. Dies heizt auch die enorme, fast brutale Konkurrenz um Fit, Fun und Schönheit an: Wenn ein Großteil der Gesellschaft sich jung verhält, muss mit einer viel größeren Horde an quasi »Gleichaltrigen« immer unerbittlicher konkurriert werden.

Literatur

Graham, Laurie: *Teenager. Überlebensbuch für die Eltern,* München: dtv 1998

Guggenbühl, Allan: *Pubertät – echt ätzend. Gelassen durch die schwierigen Jahre,* Freiburg: Herder [4]2001

Rogge, Jan-Uwe: *Pubertät. Loslassen und Haltgeben,* Reinbek: Rowohlt 1998

Religiosität und Spiritualität

Unter Spiritualität lässt sich die Suche nach Sinn und Zugehörigkeit zu einer Religion verstehen, wohingegen mit Religiosität oder Gläubigkeit die bestehende Zugehörigkeit zu einer Glaubensüberzeugung und Gemeinschaft bezeichnet werden kann (Matthews 2001, S. 31).

Unsere Kultur ist geprägt von den Errungenschaften und Begrenzungen der 2000-jährigen christlichen Religion, die erst mühsam Toleranz gegenüber Andersgläubigen lernte und immer noch lernen muss. Nicht nur als Gebot der christlichen Nächstenliebe und als Folge des vorwiegend von Christen verübten Massenmords an den Juden, sondern ganz pragmatisch als Notwendigkeit des heutigen Zusammenlebens überall, auch in den Schulen und am Arbeitsplatz.

Obwohl wir wissen, dass Bruderzwiste oftmals die brutalsten Formen von Streitigkeiten nach sich ziehen, ist es immer wieder unfassbar, dass die drei großen Religionen (Judentum, Islam und Christentum), die alle vom Erzvater Abraham abstammen, sich teilweise noch heute bis aufs Blut bekriegen, obwohl sich alle grundsätzlich als friedfertig verstehen!

Kinder werden meistens im Glauben der Mütter erzogen. Und Familien, die in der Fremde leben, pflegen besonders ihre Religion (wie z.B. die Türken). Andererseits: In Ostdeutschland bezeichnen sich nur noch 20 % der Einwohner als einer Kirche angehörig. Doch stimmen fast alle Philosophen darin überein, dass der Mensch ein Wesen ist, welches ein Bedürfnis nach Sinn (s. dort), nach Erklärungen, nach dem Warum seines Lebens auf diesem seltsamen Planeten sowie nach dem Wohin nach seinem Tod verspürt.

Lässt man Kinder ohne Religion aufwachsen, nimmt man ihnen Wahlmöglichkeiten (z.B. auch Austritt aus der Kirche), bietet ihnen weder Antworten in ihrem »magischen Alter« (vier bis fünf Jahre) noch in ihrem Wissensdrang, noch erschließt man ihnen andere Welten als die des Fernsehens und des banalen Alltags. Sie erfahren keine Transzendenz, d.h. keine Erhöhung ihres (mühseligen) Daseins, auch kein Eingebettetsein in eine (Welt-)Gemeinschaft, keinen Trost und keine Geborgenheit im Singen, Beten, Feiern oder Teilnehmen in der Gemeinde und damit keine Verwurzelung in einer langen Tradition und in gemeinsamer (Zukunfts-) Hoffnung.

Mittlerweile gibt es zahlreiche Untersuchungen, die zudem belegen, dass Glaube gesund hält und gesund macht. 1972 wurden in den USA über 90 000 Menschen befragt. Diejenigen, die ein- bis zweimal wöchentlich in die Kirche gingen, starben seltener an folgenden Todesursachen: Erkrankungen der Herzkranzgefäße (50 % weniger), Emphyseme (Luftansammlungen im Gewebe) (56 %), Leberzirrhose (74 %) und Selbstmord (53 %) (Matthews 2001, S. 32). Und mormonische Frauen, die kirchlich besonders aktiv waren, wiesen halb so viele Krebserkrankungen (Verdauungsorange und Atemwege) wie religiös Nichtaktive und 45 % weniger Gebärmutterhalskrebs als der Durchschnitt auf. Die besonders aktiven Männer dieser Gemeinschaft erkrankten deutlich weniger an Leukämie sowie an Krebs an Lippen, Mundhöhle, Rachen, Speiseröhre, Magen, Kehlkopf, Lunge und Blase. Auch Ängste und Depressionen treten bei religiös Aktiven sehr viel weniger auf und der Tod eines Kindes oder Ehepartners wird z.B. mit weit weniger Krankheitssymptomen bewältigt.

Das religiöse Engagement bei Kindern und Jugendlichen kann sogar wie eine »Schutzimpfung« wirken. Die Befragung von ca. 16 000 Highschool-Schülern ergab, dass Frömmigkeit der bestimmende Faktor für Suchtfreiheit von Alkohol und Drogen war, stärker als familiäre Situationen wie Scheidung und Streit (ebd., S. 42). Und selbst bei der Therapie von Rauchern bewirkten religiöse Heiler durch Handauflegen einen Erfolg von 40 % – eine Sensation, da »normale« Verhaltenstherapie nur einen Erfolg von 2 % aufweist.

Über 22 000 Amerikaner aller Religionen wurden nach ihrem Eheleben befragt. Die aktive Teilnahme an Gottesdiensten war der stärkste Garant für eine glückliche Ehe, stärker als die Ausbildung, das Alter, das Familieneinkommen, der berufliche Rang und die Anzahl der Kinder. Dieser Faktor wirkte bei Männern wie Frauen gleich stark (ebd., S. 44).

Matthews hat folgende Wirkmomente des Glaubens bei der Sichtung hunderter von Einzeluntersuchungen herausgearbeitet (S. 58 ff.):

- Gleichmut: Der Glaube hilft, sich nicht so rasch umwerfen zu lassen.
- Mäßigkeit: Mit dem eigenen Körper wird sorgsam umgegangen.
- Schönheit: die Wertschätzung von Kunst und Natur (als Entspannung).
- Anbetung: die Gottesverehrung mit dem gesamten Körper – singend, betend, meditierend, wobei Körper, Geist und Seele gleichermaßen aktiviert werden und im Einklang sind.
- Erneuerung: das Lossprechen und Loslassen von (drückender) Schuld.
- Gemeinschaft: die Unterstützung von anderen sowie der anderen und die Geborgenheit durch Solidaritätserfahrungen.
- Einssein: das Gefühl der Nähe zu anderen vermittelt Kraft.

- Rituale (s. dort): Sie geben Struktur (s. »Grenzen«), Sinn, vermindern Angst und Hoffnungslosigkeit, gerade auch in Krisen!
- Sinn: Ohne Sinn (s. dort) wird unser Leben sinnlos.
- Vertrauen: Loslassen und eine höhere Macht walten lassen.
- Transzendenz: Der Glaube, dass es größere Zusammenhänge gibt als die sichtbaren, kann trösten. Er ist mystisch und völlig real, gegenwärtig und zukunftsvoll, im Heute verwurzelt und auf das Morgen gerichtet.
- Liebe: Die Steigerung unserer besten Fähigkeiten für andere, denn nur wer Liebe verschenkt, wird mit Liebe beschenkt.

Wie immer im Leben: Alles kann in Extreme abdriften. Ein strafender Gott, wie ihn der Psychoanalytiker Tilmann Moser (1989) aus der Sicht eines Kindes so herzbeklemmend beschrieben hat, kann zweifellos ein (Kinder-)Leben vergiften und den Menschen nachhaltig zerstören. Aber ein schützender, gütiger, liebevoller Gott oder Engel kann ein Kind zum Leuchten bringen und ihm Urvertrauen schenken.

Literatur

Kuld, Lothar: *Das Entscheidende ist unsichtbar. Wie Kinder und Jugendliche Religion verstehen,* München: Kösel 2001

Matthews, Dale A.: *Glaube macht gesund. Erfahrungen aus der medizinischen Praxis,* Freiburg: Herder ^{2}2001

Moser, Tilmann: *Gottesvergiftung,* Frankfurt/M.: Suhrkamp 1989

Rituale

Rituale sind Bollwerke gegen die Unübersichtlichkeit, die Angst machende Weite der Welt. Für kleine Kinder, deren Zeitgefühl noch nicht entwickelt ist, ist ein langer Vormittag ohne Struktur eine beängstigende Endlosigkeit. Alltagsrituale sind Zeithäppchen, Hilfen für die äußere und damit innere Struktur, die sich erst entwickeln muss.

Rituale, lateinisch »den heiligen Gebrauch betreffend«, gelten ursprünglich als von den Göttern selbst eingesetzt. Rituelle und bewusst inszenierte Handlungen stiften Identität, stärken das Zugehörigkeitsgefühl zur Gruppe und bilden Höhepunkte. In jeder Gesellschaft gab und gibt es sie bei Übergangssituationen: bei der Heirat, der Geburt, den Geburtstagen, der »Initiation« von Jugendlichen, dem Berufseintritt und -abschied, bei Krankheit und Tod, ebenso gibt es die Jahres-, Monats- und Wochenrituale sowie die Rituale der Arbeitsabläufe. Sie bedeuten Zeit- und Lebensgestaltung, vertiefen und überhöhen den Alltag und verknüpfen Kultur, Geschichte und Zukunft miteinander. Sie vermitteln das Gefühl, eingebettet in den Kreislauf des Lebens zu sein.

Das Gegenteil ist unstrukturierte, als höchst schmerzhaft empfundene lange, sich immer länger dehnende Zeit, »breiig« und lauwarm.

Außerdem gibt es Alltagsrituale, die wir automatisch ausführen, oftmals unbewusst. Ob wir morgens erst duschen und danach frühstücken oder umgekehrt, die Zeitung von vorne oder hinten lesen, was und in welcher Situation wir essen: Diese kleinen rituellen Besonderheiten erleichtern den Alltag. Sonst müsste in einer Familie jeden Morgen die Frage, wer als Erster ins Bad geht, neu diskutiert werden: Energie- und Zeitverschwendung! Auch Zwieback, eine Wärmflasche und Bettruhe bei Bauchschmerzen sind eher rituelle Heilungsversuche denn medizinische! Und die mütterliche Frage »Hast du alle deine Schulsachen?«, der Abschiedskuss und das Winken vom Fenster vermitteln Geborgenheit und Verlässlichkeit. Das Gutenachtlied bannt die kindlichen Ängste vor der Dunkelheit, vermittelt Nähe und erleichtert den Übergang vom Tag zur Nacht.

Gibt es keine klare Tagesstruktur – in vielen Familien wird tatsächlich nur noch einmal pro Woche gemeinsam gegessen –, entstehen Konfusion, Leere, das Gefühl von quälender Langeweile (s. dort), auch von Sinn- und Trostlosigkeit. Wir wissen von Menschen mit schweren psychischen Störungen: Sie werden in Kliniken aufgenommen, um sie dort erst einmal durch die strenge Strukturierung ihres Alltags wieder zu beruhigen und zu stabilisieren!

Kinder brauchen ebenfalls diese Verlässlichkeiten im Alltag. Um sich geschützt und sicher zu fühlen und wenigstens in diesem Minibereich von Welt den Durchblick zu behalten und Vorhersagen treffen zu können: Am Sonntag dürfen wir morgens in die Elternbetten und sonntagmittags gibt es Eis! Wiederholungen bilden im Kind so etwas wie eine Melodie aus, deren Grundton zu einer eigenen Identität heranwächst. Erst von dieser Stabilität und Selbst-Gewissheit aus kann die Welt verändert werden.

Und das tun Jugendliche heftig. Sie lehnen oft lautstark jegliches Ritual in der Familie als entsetzlich spießig ab, sei es die gemeinsame Mahlzeit, die Fahrradtour am Wochenende oder die Weihnachtsriten, doch wehe, wenn die Eltern freiwillig darauf verzichten ... Andererseits suchen Jugendliche in ihren Peergroups Sicherheit, und die ist immer verknüpft mit – selbstgewählten – Ritualen. Da kommt es auf die exakt richtige Kleidung, die trendige Haarfarbe und die gruppenspezifischen Schuhe oder Stiefel an, selbst der Musikgeschmack, der coole Gesichtsausdruck und eine eigene Sprache gehören mit zum identitätsstiftenden Ritus. – Offenkundig wird die seelische Bedeutung von Ritualen bei extremen Gruppen: Je instabiler die Psyche, desto uniformer der Habitus, wie es sich bei Neonazis und Skinheads überdeutlich zeigt.

Ein anderer Aspekt: Gibt es keine sinnstiftenden Rituale in den Familien, können leicht Sinnleere und Instabilität Einzug halten, die sich in Süchten ausdrücken. Denn Süchte, z.B. Magersucht und Esssucht, aber auch Alkoholismus und alle Zwangshandlungen sind mit minuziösen Ritualen verknüpft, die fast vollständig das Denken und Handeln besetzen. Auch hier gilt: Durch Rituale werden das Leben und die innere Leere zu strukturieren versucht, doch auf eine selbstzerstörerische Art und Weise. Der Übergang von schlechten Gewohnheiten zu negativen psychischen Fixierungen ist dabei schleichend.

Außerdem bieten Rituale wie gemeinsame Spiele, Mahlzeiten, Urlaubsreisen, Freizeitaktivitäten und Geschichten Formen der Stress- und Angstbewältigung. Wir kennen es von ganz kleinen Kindern: Sie verstecken sich 35-mal hinter dem Vorhang, um die Angstlust vor der Entdeckung mit einem lauten »Huch« und viel Gequietsche auszukosten und zu lernen, sie auszuhalten. Oder sie springen dutzende Male vom Schrank in die Arme des Vaters, um sich wiederholt zu vergewissern, dass sie aufgefangen werden, was unbewusst ihre innere Stabilität formt. Auch bei der ewigen Wiederholung von kleinen Spielchen, von Warum-Fragen und immer gleichen Bewegungen zeigen uns die Kinder, dass sie selbst zur Stressbewältigung fähig sind.

In allen wiederkehrenden Handlungen liegt ein ritueller Charakter. Nur sehen wir ihn oftmals nicht. Wäre er uns bewusst, könnten wir ihn intensiver zelebrieren und daraus Kraft schöpfen. Denn das Immerwiederkehrende, gerade auch im Kindergarten und in den Schulen, ist für Kinder schon heilend, weil stabilisierend im Chaos dieser Welt. Das bedeutet, der pünktliche Anfang, die Rituale der Begrüßung, die wiederkehrenden Pausen, die konsequenten Strafen, die immer gleichen Hausaufgabenzeiten (s. »Hausaufgaben«) usw. wirken von »allein«, wenn wir ihre magischen Kräfte spüren und zur Entfaltung kommen lassen. Der Erfolg von Internatserziehung durch diese strenge Regulierung macht dies deutlich. Die Kraft dieser Rituale entlastet auch die Eltern und Lehrenden enorm, nimmt ihnen viel Druck und bietet Unterstützung.

Literatur

Biermann, Ingrid, *Rituale machen Kinder stark. Praxisbuch für den Kindergarten,* München: Kösel 2002

Diekemper, Elisa u. Reimann-Höhn, Uta: *Rituale geben Sicherheit. Wie Kinder Vertrauen gewinnen,* Freiburg: Herder ^{2}2001

Stender, Katrin: »Die Renaissance der Rituale«, in: *Psychologie heute,* H. 1/1994

Scheidung

Wir kennen sie alle, die Geschichten von Vätern, die die Vaterschaft leugnen, nicht zahlen, sich davonstehlen, auswandern, sich nicht um ihre Kinder kümmern. Schreckliche Geschichten! Doch heute verlieren Kinder häufiger ihre Väter durch Gerichtsbeschlüsse und Frauenmacht als zu früheren Zeiten durch Krieg!

Denn Mütter sind auch nur Menschen, nicht per se die besseren, noch nicht einmal die besseren Elternteile. Warum wären sonst so viele Kinder neurotisch, lerngestört und unglücklich, obwohl sie bei ihren Müttern aufwachsen? Neuere Untersuchungen haben gezeigt, dass Kinder bei Scheidungen keineswegs langfristig leiden müssen, wenn das »Wunder« eintritt und die Eltern menschlich und verantwortungsbewusst miteinander umgehen und den einst geliebten Partner wenigstens in seiner Elternschaft respektieren.

Zum Kanon der seelischen Grausamkeiten reicht ja bereits die kleine Frage »Wen magst du lieber, Mami oder Papi?«, um das Kind in die Qual eines Loyalitätskonfliktes zu stürzen. Denn es weiß, welche katastrophalen Folgen – Liebesentzug, Schläge, Demütigungen, Kopfschmerzen und tiefes Beleidigtsein – eine (wahre) Antwort nach sich ziehen könnte. Kinder brauchen beide: die Mutter und den Vater, wie das neue Kindschaftsrecht (2000) sowie »Das Übereinkommen über die Rechte des Kindes« der Generalversammlung der Vereinten Nationen (am 26.1.1990 von Deutschland unterzeichnet) es festsetzt. Da heißt es in § 3, Artikel 9: »Die Vertragsstaaten achten das Recht des Kindes, das von einem oder beiden Elternteilen getrennt ist, regelmäßige persönliche Beziehungen und unmittelbare Kontakte zu beiden Elternteilen zu pflegen.«

Unsere Wirtschaftsordnung, die Millionen Eltern arbeitslos macht und auf die Suche nach Jobs schickt und den Männern damit die traditionelle Rolle als Ernährer der Familie nimmt, ist dabei, das Patriarchat aufzulösen. Die neueste Lebensform: nicht Monogamie, nicht Polygamie, sondern »Bürogamie«: eine Mutter, ein Kind und ein Bürokrat, sprich »Vater Staat«, in Form des Sozialamts. Doch aus Amerika kommen Horrorzahlen: 63 % der jugendlichen Selbstmörder, 71 % der schwangeren Teenager, 90 % der Ausreißer, 85 % der Jungkriminellen und 75 % der Drogenabhängigen stammen aus vaterlosen Familien. Kinder brauchen wärmende, schützende, stabilisierende Väterlichkeit! Keine Mutter kann sie je ersetzen.

Eine weitere fatale Folge: Viele Jugendliche beginnen in der Pubertät ihre (aufopferungsvollen) Mütter, die sie von den Vätern fern halten, die die Väter verleugnen und verunglimpfen, zu hassen. Und stehen dann quasi ohne elterlichen Beistand da.

Haben Jungen keine (Ersatz-)Väter oder »stolze innere Gefährten« (Bly 1997), werden sich diese Jungen nie ihrer positiven Männlichkeit bewusst und mutieren zu frühreifen Dauerjugendlichen, die sich nach »dem Vorbild des Computers formen, indem sie oftmals im Inneren maschinenartige Züge annehmen«. Und die Mädchen ohne Väter? Die werden ein Leben lang süchtig nach den männlichen Blicken gieren, welche jedoch die liebevolle Zuwendung eines frühen Vaters nie ersetzen können. Sie bleiben stecken in einer Prinzessinnenhaltung, verlangen nach immer währender Versorgung und werden trotzig und bockig, wenn der spätere Mann sich als eigenständiges Individuum entpuppt.

Soziopathisch gestörte Menschen gibt es immer häufiger: Das sind hysterische, egoistische und unreife Persönlichkeiten, voller Minderwertigkeitsprobleme, extrem herrschsüchtig und anspruchsvoll, nicht zu erreichen durch Vernunftargumente. Eine andere Variante: Frauen verharren im Hass auf alles Männliche und merken gar nicht, wie sehr sie damit ihre Unreife demonstrieren. Denn unsere Welt ist nur im Lot aufgrund der Polarität von Weiblichkeit und Männlichkeit, von Yin und Yang. Wird die eine Seite negiert und verachtet, gerät die Balance aus dem Gleichgewicht – in erster Linie bei sensiblen Kindern!

Viele Auffälligkeiten bei Kindern (z.B. Asthma, Neurodermitis, Allergien, Aggressivität, Schulversagen) sind wortlose Hilferufe, weil die Situation zu Hause unerträglich geworden ist. Es werden sehr viel eher Spezialisten für das Auto, die Geldanlage, die Frisur aufgesucht als für die gestressten Seelen. Eltern »opfern« lieber ihre Kinder und Familien, als professionelle psychologische Hilfe (s. dort) anzunehmen!

Doch die schlimmste Waffe bei Scheidungen ist der Rufmord. In jedem dritten Scheidungsverfahren wird mittlerweile die Behauptung eines sexuellen Missbrauchs der Kinder durch den Mann von seiner Exfrau erhoben, der sich jedoch nur höchst selten bestätigt. Ein Rufmord ist lebenszerstörend. Doch wo waren die Mütter eigentlich, als die Tat angeblich geschah? Warum sind sie nicht laut schreiend damals aus dem Haus gelaufen und haben den Mann vor Gericht gezerrt? Waren vielleicht die Nachbarn, die Eigentumswohnung, der Kontostand wichtiger als das Kind? Ein Erwachsener ist immer auch Mittäter, wenn die Tat im eigenen Haus geschieht! Egal, ob unbewusst oder sogar bewusst weggeschaut wird. Eltern, die das Mittel des Rufmordes nutzen, um ihre egoistischen Interessen durchzusetzen, dürften keine Kinder erziehen, denn sie haben sich als fähig erwiesen, nicht nur einen anderen Menschen, sondern auch die Seelen ihrer Kinder schwer zu schädigen.

Ein Vater sagte: »Ich kann nichts gegen meine Frau unternehmen. Egal, was ich tue, es trifft immer meine Tochter.

Wo soll meine Tochter hin, wenn meine Ex-Frau ins Gefängnis kommt wegen Rufmord? Zu mir, von dem sie doch nur eingeredet bekommen hat, daß ich ihr etwas zuleide getan habe, würde sie doch gar nicht wollen ... Es wäre am besten, wenn ich mich umbringe ...« (Jäckel 1997).

Fazit: die Partner am besten schon nach ihren Mutter- und Vaterqualitäten aussuchen, frühzeitig in Krisen und vor oder bei jeder Scheidung Paar- oder Familientherapie in Anspruch nehmen! Ich behaupte: Ohne professionelle Hilfe ist dies von den vielen narzisstisch verwundeten Menschen allein nicht zu schaffen. Am wichtigsten: Die Menschenrechte der Kinder achten und ihre Durchsetzung aktiv fördern!

Literatur

Benedek, Elissa P. u. Brown, Catherine F.: *Scheidung: Wie helfe ich unserem Kind während der Trennung und danach,* Stuttgart: Trias 1997

Bly, Robert: *Die kindliche Gesellschaft. Über die Weigerung, erwachsen zu werden,* München: Kindler 1997

Jäckel, Karin: *Der gebrauchte Mann. Abgeliebt und abgezockt – Väter nach der Trennung,* München: dtv 1997

Schlaf

Schlafdefizit gilt in den USA als weit verbreitete Kinder- und Jugendkrankheit. Auch haben Hirnforscher die alte Weisheit bestätigt: Ohne ausreichenden Schlaf kann der Mensch nicht richtig lernen und das Immunsystem wird geschwächt bis hin zum Zusammenbruch. Sophia Loren begründete ihre frühe Zubettgehzeit um 21 Uhr folgendermaßen: Schlafen kostet nichts, macht schlank, schön, leistungsstark und hält jung!

Aber der Schlaf ist auch etwas sehr Ambivalentes: Unser Körper ist höchst aktiv (Wachstumshormone sowie stresshemmende Hormone werden ausgeschüttet, die Verdauung läuft, die Hautzellen regenerieren sich), doch unser Bewusstsein bekommt davon nichts mit. Nur die Träume sind Boten aus dem seelischen Untergrund. Das macht manchmal Angst.

Der Säugling schläft 16 und wacht acht Stunden, beim Erwachsenen ist es umgekehrt. Zwei- bis Dreijährige benötigen zwölf Stunden Schlaf, doch über das individuelle Schlafbedürfnis älterer Kinder herrscht große Uneinigkeit. Und lang anhaltende Schlafstörungen können eine ganze Familie zur Verzweiflung bringen!

Der erste Schritt bei einem Problem: ein Schlafprotokoll über vier Wochen führen! D.h. die Aufwachzeit, den Mittagsschlaf, das Einschlafen und Wiederaufwachen, die Mahlzeiten und besondere (emotionale) Ereignisse penibel notieren. Ältere Kinder können dies selbst machen. Detektivarbeit in eigener Sache, und: Die Fortschritte des Einschlaftrainings werden sichtbar!

Oberstes Erziehungsziel von Anfang an: Jedes Kind sollte in der Lage sein, sich ohne Hilfe und Hilfsmittel selbstständig den lebenswichtigen Schlaf zu verschaffen. Das bedeutet konkret: ohne Arm, ohne Flasche, ohne Herumfahren im Auto, ohne Geschunkel, ohne Umwege! Die logische Erklärung: Beim normalen Aufwachen in der Nacht verlangt das Kind sonst den Reiz, mit dem es einzuschlafen gelernt hat.

Das Kind muss außerdem dort aufwachen, wo es eingeschlafen ist. Denn auch ein Erwachsener würde erschrecken, wenn er nachts an einem anderen Ort aufwachte! Auch sollte die Zeit des Zubettgehens streng eingehalten werden, da Kinder dringend Struktur brauchen!

Nach André Kahn (2001), einem Schlafexperten, gibt es vier einfache Regeln, die bei strikter Einhaltung äußerst wirksam sind. Andernfalls wird dem Kind aktiv beigebracht: Mein Schreien wird von den Eltern belohnt!

1. *Das Reden.* Schon kleinsten Kindern sollte mit klaren, absolut eindeutigen Worten die Erwartung der Eltern gesagt werden.

2. *Die Entschlossenheit der Eltern.* Dazu gehört eine stimmige Botschaft, d.h. nicht über das Zubettbringen reden, wenn man »gerade noch schnell« ein Telefonat annimmt. Oder noch fünf Minuten vorher Herumalbern, obwohl das Herunterkommen von dieser Stimmung länger als fünf Minuten dauern wird. Auch müssen beide Eltern zusammenstehen, sonst bekommt das Kind unterschiedliche Botschaften und sucht sich natürlich die angenehmste aus. Auch hierbei: Tägliche Konsequenz, und Ausnahmen dürfen nur Ausnahmen sein!

3. *Einschlafrituale*: Ins Badezimmer gehen, dem Tag und dem Spielzeug gute Nacht sagen, vorlesen, singen, drei negative und vier positive Dinge des Tages benennen und sich davon verabschieden, beten und umarmen. Auch kann eine

kleine, exakt wiederholte Ansprache (die beide Eltern beherrschen) gut tun: »Gute Nacht, mein Kind. Du schläfst jetzt alleine ein. Alles ist in Ordnung. Wir schlafen später auch. Morgen wachen wir alle wieder gesund und munter auf. Wir fühlen uns geborgen!« Danach gehen die Eltern aus dem Zimmer. Aufstehen, rufen, weinen, trinken wollen sollten so weit wie möglich ignoriert bzw. unterbunden werden.

Bei Schlafstörungen empfehlen mittlerweile alle Experten folgenden Rhythmus: 5 – 10 – 20. D.h., das Ritual wird zelebriert, die Eltern verlassen den Raum, warten exakt fünf Minuten, ehe sie zum weinenden Kind wieder hineingehen, vergewissern sich, dass alles o.k. ist, wiederholen das Ritual, gehen raus und warten beim nächsten Mal 10 bzw. 20 Minuten. Das 20-Minuten-Warten wird dann für den Rest des Abends eingehalten. Nachts wird ebenso verfahren – Selbst massive Schlafstörungen sind damit häufig nach vier Abenden reguliert.

4. *Verlässliches Dasein.* Wenn Kinder nachts husten oder weinen, stürzen viele Eltern zu rasch zu ihnen hin und wecken sie vollends auf. Auch nehmen sie ihm die Möglichkeit, sich selbst zu trösten. Also erst einmal einige Minuten warten, dann erst trösten – möglichst ohne dabei das Kind hochzuheben (weil dies Unruhe verbreitet) –, das Ritual zelebrieren, welches für das Kind vertraut, verstehbar und beruhigend ist.

Kahn verweist auch auf den Zusammenhang zwischen Schlafstörungen und Ernährung: zu langes Stillen, zu große Mahlzeiten, zu geringe oder zu viele Proteine, Mangel an Fetten, an Kalorien oder Unverträglichkeit von Kuhmilch, Sojaprodukten, Glutins und Vitaminen.

Schläft ein Kleinkind noch sehr lange im Elternschlafzimmer oder leidet unter Schlafstörungen, sollten sich die Eltern kritische Fragen stellen: Wie steht es mit meinen eigenen Verlustängsten? Projiziere ich diese auf mein Kind? Will ich Sexualität vermeiden und benutze ich mein Kind dafür als Argument? Verhindere ich die Schlaffähigkeit meines Kindes, weil ich zu ängstlich, zu kontrollierend, weil ich zu unselbstständig bin, weil ich selbst ein »Kuscheltier« brauche oder ein schlechtes Gewissen habe, weil ich meinem Kind am Tag zu wenig ungeteilte Aufmerksamkeit schenke?

Wichtig in späteren Jahren: dass Freunde im Kinderzimmer übernachten dürfen oder das Kind bei ihnen. Das ist eine Erziehung zum Kooperieren und zur Gastfreundschaft und Kinder lieben diese Situationen!

Literatur

Kahn, André: *Die Schlafschule. Mein Kind lernt schlafen,* München: dtv 2001

Kast-Zahn, Annette u. Morgenroth, Hartmut: *Jedes Kind kann schlafen lernen. Vom Baby bis zum Schulkind: Wie Sie Schlafprobleme Ihres Kindes vermeiden und lösen können,* Ratingen: Oberstebrink [13]2002

Prekop, Jirina: *Schlaf Kindlein, verflixt noch mal! So können Sie und Ihr Kind ruhig schlafen,* München: Kösel 2001

Schlaraffenlandkinder

Die Dichterin Marie von Ebner-Eschenbach konstatierte bereits vor über 100 Jahren: »Eltern verzeihen ihren Kindern am schwersten die Fehler, die sie ihnen selbst anerzogen haben!«

Junge Eltern, die bereits im westeuropäischen Paradies des Immer-alles-sofort-sich-einverleiben-und-haben-Könnens aufgewachsen sind, die sich die Welt nicht erobern durften, weil die Welt ihnen bereits (langweilig) vor den Füßen lag, tun sich schwer, ihren eigenen Kindern Grenzen (s. dort) zu setzen. Denn das hieße, nein zu sagen und dieses Nein durchzusetzen sowie täglich konsequent (Gameboy wird einkassiert für einen Tag usw.) zu sein. Das hieße auch, ein kraftvolles »Basta, so will ich es (nicht)« nach der dritten (und nicht 13.!) Erklärung vorzubringen.

Das Gegenteil davon ist, wenn eine Zweijährige dem Hund ständig mit spitzem Zeigefinder in die Augen und ins Maul piekst, aber von der Mutter nur lahm ermahnt wird, ohne ihren Worten irgendeinen Nach-Druck zu verleihen. Gegenteilig wäre auch, wenn eine Mutter sich nachts ins Auto setzt, weil ihr zehnjähriger Sohn gerne um 24 Uhr vom Freund wieder abgeholt werden will (wohlgemerkt: nur weil es ihm gerade so einfällt). Gegenteilig wäre auch, wenn ein Ausflug mit Freunden und deren drei Kindern, die alle schon fertig angezogen sind, ins Wasser fällt, weil »Prinz« oder »Prinzessin« gerade eine Laune haben und nicht möchten, dass in »ihrem« Auto (wem, bitte, gehört es?) ein anderes Kind sitzt. Oder wenn die Eltern mit ihrem Besuch nicht reden »dürfen«, nicht in Ruhe telefonieren können, weil der Nachwuchs das nicht zu wünschen beliebt ...

Heilsam für Eltern ist es, sich zu fragen, ob sie dieses Verhalten von ihrer besten Freundin, dem besten Freund dulden und z.B. bei gemeinsamen Ferien länger als 48 Stunden ertragen würden. Wenn das nicht hilft, fragen Sie sich, ob Sie glauben, dass Ihr Kind mit dieser Art jemals Freunde behalten und eine längere Partnerschaft führen wird.

Wenn ein Kind nicht lernt, auch die Wünsche seiner Mutter und seines Vaters zu respektieren, d.h. Verzicht und Rücksichtnahme einzuüben (täglich neu!), wird es das auch später nicht lernen. Und gerade Mütter lassen sich demütigen (»Du blöde Kuh!«), erniedrigen (stehen auf und holen den fehlenden Saft für den Fünfjährigen), entsprechen allen Forderungen (wenn es Reis für alle gibt, aber sie noch Nudeln für das Kind kochen) und sind devot wie Sklavinnen (s. »Grenzen«, »Jammern«). Das ist aktive Unterstützung von Tyrannei! Und: Diese Kinder scheitern im Leben, weil ihre Egozentrik, ihre unrealistischen Erwartungen und ihre tiefe Beziehungsunfähigkeit sie nicht glücklich werden lassen. Außerdem: Es ist ein katastrophales Frauenvorbild, was diese Mütter ihren Kindern vorleben!

Holger Wyrwa hat folgende Kriterien für so genannte Schlaraffenlandkinder aufgestellt: Sie bekommen meist ihren Willen; die Mutter bedient sie ständig; sie wollen in jeder Minute im Mittelpunkt stehen und reden den Erwachsenen ständig dazwischen; fast alles – auch Zerstörung – ist ihnen erlaubt; sie bestimmen viele Lebensaspekte auch der Erwachsenen: Einkauf, Zeitstruktur, Unternehmungen (s. »Wut«), und müssen keine Haushaltspflichten (s. dort) übernehmen. Die Folgen sind »Maßlosigkeit, Ichbezogenheit, Launenhaftigkeit, Rücksichtslosigkeit, Selbstgefälligkeit« (1998, S. 23 ff.).

Diese Kinder haben folgendes Selbstbild: Ich bin mehr wert als meine Eltern und alle anderen; jeder muss auf mich Rücksicht nehmen; ich bekomme alles und muss mich für nichts anstrengen, da ich so mächtig bin. Man kann nur sagen: Da bahnt sich eine persönliche Katastrophe für das Kind und die gesamte Familie an, denn alle Eltern geraten irgendwann an ihre Grenzen (später die Lehrer und die Mitschüler sowieso). Oft geht dies einher mit Ehestreitigkeiten, weil viele Männer diese Verwöhnung ablehnen, aber sich (leider) nicht durchsetzen, weil sie ihrer eigenen Wahrnehmung nicht trauen und keine Konsequenzen ziehen. Und auch diesen Konflikt wird das Kind geschickt ausnutzen. Es wird damit zu manipulativem Verhalten täglich neu ermuntert.

Kinder sind nicht wehrlos, nicht zerbrechlich und keineswegs in allen Bereichen hilflos. Sie sind stark, »begnadete Strategen« (Wyrwa, S. 54), oftmals mitleidlos, können sich gut selbst helfen und ergreifen die Macht, wenn sie ihnen von den Eltern freiwillig (!) gegeben wird.

Ist der Teufelskreis bereits entstanden und Ihr Kind macht Ihnen Angst, sollte folgendes passieren: Beide Eltern sollten getrennt über sechs Wochen eine tägliche Tabelle führen: In welchen Situationen schafft es das Kind, sich durchzusetzen, zu stören, zu nerven, und wie reagieren die Erwachsenen (s. »Erziehungsmethoden II«)? Wichtig: Mit welchen (geheimen) Gefühlen reagieren Sie? Wenn Sie erkennen, dass Sie selbst mehr als dreimal pro Tag inkonsequent sind, sollte dringend eine Therapie für die gesamte Familie (einschließlich des Vaters!) oder eine Selbsthilfegruppe für Eltern tyrannischer Kinder in Betracht gezogen werden, in der ein Programm zur Verhaltensveränderung konsequent über mindestens ein Jahr erarbeitet wird. Der Lohn: Es lässt sich vieles verändern, man kann sich neue Freude, neue Lebensperspektiven und vielleicht sogar wieder Glücksmomente in der Familie erarbeiten! Zu investieren ist verhältnismäßig wenig Zeit, gemessen an dem unendlichen Leid und der Zerstörung des Kindes und wahrscheinlich auch des Ehe-

und Familienlebens. Sowohl die Eltern von Schlaraffenlandkindern als auch diese selbst verhalten sich nämlich neurotisch und haben damit nur wenig Chancen auf Zufriedenheit – sowohl in als auch außerhalb der Familie!

Denn folgende Probleme sind vorprogrammiert: Beziehungsunfähigkeit, Passivität (d.h. Schul- und Berufsschwierigkeiten), überzogener Durchsetzungswille (d.h. Isolation und Einsamkeit), Unselbstständigkeit (z.B. in Form von Schulden), unrealistische Selbstüberschätzung (d.h. in der Folge keine Freunde) sowie erhöhte Suchtgefährdung (s. »Sucht«), da sie keine Verantwortung für sich selbst übernehmen.

Literatur

Prekop, Jirina: *Der kleine Tyrann. Welchen Halt brauchen Kinder? Erweiterte Neuauflage,* München: Kösel [18]1997

Wunsch, Albert: *Die Verwöhnungsfalle. Für eine Erziehung zu mehr Eigenverantwortlichkeit,* München: Kösel [6]2002

Wyrwa, Holger: *Die Schlaraffenlandkinder,* Weinheim: Beltz 1998

Sexualität

Sigmund Freud begann vor 100 Jahren, Kinder als sexuelle Wesen zu beschreiben. Auf diesen, damals als skandalös empfundenen Erkenntnissen beruht das Gedankengebäude der Psychoanalyse.

Zunächst einmal empfindet ein Kind seinen Körper und sein Geschlecht als selbstverständlich und nimmt an, dass alle so aussehen wie es selbst. Die Körper der Eltern werden als etwas völlig anderes, aber trotzdem unaufgeregt wahrgenommen. Erst im Vergleich entstehen Fragen: »Was hat denn Oliver da vorne?«, die ohne Verlegenheit und mit präziser Wortwahl beantwortet werden sollten. Die Verniedlichungen (besonders der männlichen Geschlechtsteile: »Pimmel« usw.) verwirren und haben oft, hinter der Lustigkeit, einen entwertenden Ton. Also lieber: Penis, Hoden, Scheide, und auf die Frage aller Fragen: »Der Mann steckt seinen Penis in die Scheide der Frau. Und das macht beiden wunderbare Gefühle!«

Das Nacktsein ist in machen Familien eine Selbstverständlichkeit. Doch sollte niemals eine bemühte Nacktdemonstration daraus entstehen, deren Botschaften Kinder verwirren. Wenn Eltern sich nicht nackt zeigen wollen, ist dies auch o.k., doch auffällige Geheimnistuerei macht eher neugierig! Bei Kindern ab der Vorpubertät entsteht oft das Bedürfnis, sich im Bad einzuschließen; mit den Eltern an den FKK-Strand zu müssen wird als peinigende Qual empfunden. Kinder haben immer ein Recht, ihre eigene Schamgrenze zu spüren und dementsprechend zu handeln (z.B. angezogen am Strand bis zur Halskrause!). Niemand sollte dies kommentieren, es ist normal und bestärkt ihre Selbstbestimmung.

Zur Entwicklung der körperlichen Selbstbestimmung gehört auch, dass Erwachsene Kinder nicht gegen ihren Willen ins Gesicht fassen und abküssen (s. »Zärtlichkeit«), dass die Intimität ihres Bettes und Zimmers spätestens ab der Vorpubertät gewahrt bleibt (das Bett selbst frisch beziehen sollte sowieso zu den normalen Haushaltspflichten (s. dort) gehören!).

Fragen nach der Sexualität erfolgen manchmal in der Öffentlichkeit: Plötzlich will Susanna im Bus wissen, wo die Kinder herkommen! Entweder man antwortet kurz und bündig oder vertagt das Gespräch auf später. Doch lange Vorträge wollen Kinder nicht hören, sondern kurze und präzise Antworten. – Beim Vergleich mit Älteren ist es wichtig zu betonen, dass ihr eigener Körper im richtigen Maßstab und in der richtigen Langsamkeit wächst und sie als Erwachsene natürlich die richtige Gestalt haben werden.

Wenn Kinder die Eltern beim sexuellen Akt beobachtet haben, kann leicht Angst entstehen ob der Lautstärke, aber auch der verbalen Ausdrücke. Hört das Kind zufällig ungewohnte Sätze und erschrickt es über die körperliche Heftigkeit, sollten Eltern ihm dies am anderen Tag erklären – und vielleicht einen Vergleich mit dem lauten Gekreische wie etwa beim Kitzeln heranziehen.

Wenn Kinder in die Pubertät (s. dort) kommen, erfahren sie eine lange Zeit der körperlichen Unsicherheit und Wechselbäder: Alles verändert sich. Sexualität und das andere Geschlecht werden zu wichtigen, manchmal beherrschenden Themen. Dass Onanie und Masturbation völlig normale, von jedem Menschen praktizierte Betätigungen sind, sollten Eltern unbedingt vermitteln und natürlich außerdem immer wieder nüchtern über Empfängnisverhütung, Pornographie (s. dort) und Aids, also über verantwortliches Handeln sprechen. Und über alle Schattierungen von Gefühlen und die Unterschiede zwischen Männern und Frauen, über die Stufen von Verliebtheit und Liebe, über Begehren und Selbstbestimmung und die vielen kleinen, normalen Geschlechtsdifferenzen. Wobei unbedingt darauf geachtet werden muss, den Kindern keine Entwertung des anderes Geschlechts zu vermitteln, weder direkt noch durch den Ton (s.o. »Scheidung«), weil sie dies nachhaltig verstören könnte!

Jugendliche, deren Sexualität sich erst schamhaft entwickelt, sind oft sehr verletzbar durch sexuelle Witze, Frotzeleien, durch das Lächerlichmachen und natürlich durch jegliche (entwertende, aber auch gutmütig-taktlose) Kommentierung der eigenen Körperlichkeit. Dies sind verbale Grenzverletzungen! Erwachsene möchten auch nicht, dass man ihre Busenform oder die Länge ihres Penis öffentlich diskutiert! Da die allgemeinen Schamgrenzen (s. »Pornographie«) nicht nur in den Medien, sondern auch in den Familien immer stärker fallen, ist der bewusst taktvolle Umgang bezogen auf Jugendliche besonders wichtig!

Das schlimmste Thema: sexueller Missbrauch. Die Warnung vor dem »fremden Mann« (Wer ist fremd? Der Postbote, der Nachbar, der Polizist?) macht Kindern oft mehr Angst, als dass sie etwas nützt. Wichtig wäre die generelle Regel: Wenn das Kind seinen Standort wechselt, muss es Bescheid geben! Wenn es von der Wippe zur Schaukel geht, vom Garten zum Fahrradfahren überwechselt, vom einen zum anderen Freund usw.

Die allermeisten körperlichen sowie sexuellen Misshandlungen werden von Müttern und Vätern, Stiefeltern und Bekannten verübt. Wenn dies in Familien geschieht, gibt es auch immer Erwachsene, die die Augen – bewusst oder unbewusst – verschließen, also das Kind nicht ausreichend schützen! Da dies zu den schrecklichsten Gewalttaten gegen Kinder gehört und immer wie ein Seelenmord wirkt, hier nur der kurze Hinweis: Sofort beim ersten Verdacht professionelle Hilfe (Telefonseelsorge, Beratungsstellen, Diakonie usw.) in Anspruch nehmen, die es überall gibt! Es gibt keine (!) Entschuldigung dafür, diese Hilfe nicht aufzusuchen. Dem Kind oder Jugendlichen muss bestmögliche und schnellstmögliche Rettung aus seiner unendlichen Qual ermöglicht werden. D.h. in erster Linie immer auch, dass das Kind endlich, endlich Zeugnis vor wohlmeinenden »Zeugen« (Therapeuten usw.) von seinem Leid ablegen kann, ohne Angst, sogar Todesangst haben zu müssen! Damit es sich nach unendlicher Einsamkeit wieder erkannt und verstanden weiß und seine Qual ein Ende hat!

Literatur

Darvill, Wendy u. Powell, Kelsey: *Wie kläre ich mein Kind auf. Tipps und Gesprächshilfen für den gesunden Umgang mit Sexualität,* München: beust 2000

Finke, Regina: *Weil ich nein sagen darf. Körper, Sexualität und Gefühle: Starke Kinder können sich besser schützen,* Freiburg: Christophoros 1998

Schütz, Esther E. u. Kimmich, Theo: *Körper und Sexualität. Entdecken, verstehen, sinnlich vermitteln,* Freiburg: Herder 2001

Sinn und Sinnlichkeit

»Die Sinne sind uns die Brücke vom Unfassbaren zum Fassbaren …«, so der Maler August Macke.

Die traditionelle Trennung von Leib und Seele sowie die Betonung des Verstandes hat uns jahrhundertelang geprägt. Erst mühsam müssen wir uns wieder ins Bewusstsein holen, dass alle Musik, Kunst, Poesie, Religion und Meditation durch leibliche (Sinnes-)Erfahrungen bestimmt sind. Ebenso wie alle Glücksmomente: der Spaziergang am Meer, eine Sommernacht mit Freunden auf einer italienischen Piazza, ein spannendes Tennismatch, das Schmusen mit einem Kind, die Bewunderung eines Bildes, das Backen eines Kuchens oder die Sexualität.

Die meisten Menschen sind am glücklichsten, wenn viele Sinne befriedigt werden: Wenn wir die Kühle des Wassers an den Füßen spüren, den Wind auf der Haut, wenn wir das Rauschen der Wellen hören, den Kuss oder den Wein schmecken, den Knoblauch und die Sommerhitze riechen oder mit den Augen die Schönheit eines romanischen Domes oder eines Olivenbaumes verschlingen.

Wenn wir selbstvergessen genießen, also unser Bewusstsein zurücktritt zugunsten des *Seins*, des Fühlens und des Einsseins mit dem gerade Erlebten oder Erspürten, dann kann sich Glück einstellen. Und die quälenden Fragen, woher komme ich, wohin geht die Reise, was soll ich tun, weichen dem Fühlen ebenso wie Schmerzen und Zukunftssorgen. Sinnliches Wahrnehmen, worauf unser Fühlen basiert, passiert nur im Hier und Jetzt, verankert uns also in der Welt und in der Gegenwart. Denn unser Leben besteht, wie Albert Einstein sagte, sowieso nur aus drei Sekunden: den drei Sekunden in der Gegenwart, in denen wir uns just selbst vergewissern und uns wahrnehmen. Alles andere ist vergangen oder liegt in der Zukunft.

Kinder werden mit diesen Hier-und-Jetzt-Fähigkeiten geboren. Fühlen sie sich satt, trocken und sicher, können sie sich selbstvergessen dem Spiel, ihrer Art, die Welt zu erforschen und zu lernen, hingeben. Und fragen nicht nach dem Lebenssinn, ebenso wenig wie Erwachsene, die gerade intensive Sinneseindrücke genießen.

Intellektualisierung geht einher mit der Verkümmerung unserer Sinneswahrnehmungen. Wenn man/kind den ganzen Tag vor dem Bildschirm sitzt oder nur den Kopf gebraucht, werden die Gefühle kalt bis zur Fühllosigkeit, und dies provoziert innere Leere und Sinnlosigkeit bis hin zu Depressionen. Nicht zuletzt, weil dieser Zustand meist mit dem Mangel an Kontakten zu anderen Menschen, Tieren und zur Natur korrespondiert.

Kinder leben im Zustand des Seins, ihre Sinne haben Priorität. Durch sinnliche Wahrnehmungen erfahren Kinder die Welt, z.B. an der Brust der Mutter Nahrung und Geborgenheit. Sie sind auf das Riechen ihres Körpers, auf das Streicheln der Haut durch warme Hände, auf vertraute Stimmen angewiesen. Und erweitern langsam durch sinnliche Wahrnehmungen ihre Welterfahrung: Sie lutschen am Tischbein, schmecken den Fetzen Papier, wälzen sich im Sand, streicheln das Kaninchen und lauschen der Vorlesestimme.

Menschen, die wenig fühlen, wirken auf uns langweilig, leer und wenig bodenständig. Gehen die Sinnestätigkeiten verloren, werden die Eindrücke »verschwommen und unscharf, scheinen automatisch und ganz abgetrennt von ihnen zu funktionieren. Sie bewegen sich, als ob es keine Sinne, keinen Körper und keine Gefühle gebe im Leben – als ob sie nichts anders als riesige Köpfe wären: sie denken, analysieren, bewerten, überlegen ... zensieren.« (Oaklander 1999, S. 142)

Deswegen brauchen Kinder dringend »Vollwertkost für die Sinne« und sollten »spielend, barfuß mit Bollerwagen« (Eckhard Schiffer) leben dürfen – das Gegenteil von sitzen, stieren, zappen, zappeln und die innere Leere mit Suchtverhalten betäuben! Denn Süchte (Alkohol, Medien, Medikamente, Esssucht, Hektik) symbolisieren die verzweifelte Suche nach einem Ersatz für den Verlust von Sinnes- und Sinnerfahrung. Weswegen bereits in einigen Kindergärten alles (!) Spielzeug verbannt wird, um den Kindern wieder Raum für selbst organisierte Sinnes- und Kontakterfahrungen zu ermöglichen. Ein Projekt zur Suchtprophylaxe! Auch entstehen immer mehr Natur-Kindergärten: ausschließliches und tägliches Spielen in der Natur!

Mit unseren Sinnen sind wir im Kontakt mit der Welt, erfahren wir Realität und können diese immer wieder überprüfen. Nur mit den Sinnen, denn unsere Ängste im Kopf tragen uns weit weg von uns selbst. »Wenn ich mit dem, was meine eigene Realität ... mir anbietet, in Kontakt stehe und bleibe, kann ich mein Leben zu einem erfüllten Leben machen. Kehre ich mich aber von der Wirklichkeit ab, weil sie nicht vollkommen ... ist, dann vermehre ich meinen Schmerz ... und verliere das, was ich an Befriedigung und Freude habe.« (Stevens 2002, S. 131)

Eltern könnten gerade von ihren kleinen Kindern neu erlernen, sich im sinnlichen Spiel zu verlieren, und sollten unbedingt dafür sorgen, dass ihre Kinder Raum und Zeit dafür haben. Jede Stunde vor dem Fernseher bedeutet verlorene Sinnes- und Sinnerfahrungen. Dagegen ist jedes lustvolle Sich-in-der-Natur-Verlieren eine Vorbeugung gegen Drogen, Depressionen und Süchte, weil es das Kind in der Welt verankert, sodass es keine Schein- und Ersatzwelten braucht.

Also: keinen Kochkurs im Fernsehen, sondern sinnliches Kuchenbacken, wodurch außerdem Freude entsteht, weil es ein Geschenk für die Nachbarin sein könnte. Oder: lieber

Rad statt Auto fahren, weil hierbei unzählige direkte Sinneseindrücke vermittelt werden. Auch der morgendliche Schulweg zu Fuß (jenseits von zu gefährlichen Straßen) bietet eine Fülle von Sinnesreizen: Regen und Sonne, Licht und Wind, Kastaniensammeln und Blätterschieben sowie die sinnliche Erfahrung des eigenen Körpers (s. »Bewegung«).

Literatur

Oaklander, Violet: *Gestalttherapie mit Kindern und Jugendlichen,* Stuttgart: Klett-Cotta ^{11}1999

Singerhoff, Lorelies: *Kinder brauchen Sinnlichkeit. Die Bedeutung und Förderung kindlicher Sinneswahrnehmung,* Weinheim: Beltz 2001

Stevens, John O.: *Die Kunst der Wahrnehmung. Übungen der Gestalt-Therapie,* Gütersloh: Gütersloher Verlagshaus ^{16}2002

Soziales Lernen

Jeder schimpft: über die rüden Autofahrer, die arroganten Beamten, die verdreckten Straßen, die korrupten Politiker, die Krach machenden Nachbarn, über die Kälte zwischen den Menschen, über die »unmenschliche« Gesellschaft. Wobei übersehen wird, dass dies alles höchst menschlich ist, und das bedeutet: Folge von nicht besonders gelungener Erziehung. Wobei keiner dieser Mitmenschen völlig ohne Erziehung aufgewachsen ist und auch Kälte immer zwischen einzelnen Menschen entsteht, sie fällt keineswegs vom Himmel!

Im Alltag ebenso wie in der Politik geht es um Menschlichkeit und Emanzipation: Beides wird durch soziales bzw. unsoziales Verhalten in der Kindheit geprägt. Beide Begriffe sind komplementär einander zugeordnet, denn wer »möchte in einer Gesellschaft leben, in der unterdrückte, unmündige Menschen ›wohlwollend‹ miteinander umgingen? Oder wer in einer Gesellschaft, in der ›befreite‹ Individuen bedrückt, unglücklich und ohne Rücksicht auf die anderen ständig auf mehr ›Emanzipation‹ hinwirken?« (Hielscher u.a. 1974, S. 18)

Andersherum gefragt: Welche sozialen Kompetenzen wird voraussichtlich das zehnjährige kleine Individuum erwerben, welches plump und apathisch vier Stunden täglich vor dem Bildschirm sitzt, mit Horrorszenarien (s. »Pornographie«) bombardiert wird, sich von Pizza und Pasta ernährt und ansonsten keinen Finger rührt, geschweige denn die Welt eigenhändig und -füßig erobert? Doch Eltern, die dies zulassen, schimpfen im gleichen Atemzug auf den Rest der verdorbenen Welt!

Folgende Momente des sozialen Lernens sind nötig, damit unsere so fragile Demokratie bestehen bleibt und das Individuum eine Chance auf Glück hat (nach Hielscher, S. 23):

Kinder sollen

- sich selbst als Person realistisch wahrnehmen und einschätzen können (s. »Lob«; »Verantwortung«);
- mit eigenen und fremden Gefühlen adäquat umgehen können, d.h. weder ständig beleidigt noch tobend noch jammernd reagieren;
- sich in andere einfühlen können (auch in den Gerechtigkeit übenden Vater oder in das afghanische Kind im Kindergarten);
- sich in einer Gruppe und in fremden Situation zurechtfinden und anpassen, um die unterschiedlichen Regeln (in einer Kirche ist man still, im Schwimmbad darf gekreischt werden) zu verstehen, ohne die eigene Autonomie aufzugeben oder ständig zu dominieren;
- Enttäuschungen und Frustrationen, angefangen vom Verbot, ständig Süßes zwischen den Mahlzeiten zu essen usw., realistisch verarbeiten;
- eigene Bedürfnisse aufschieben können, sich beherrschen (s. »Geschenke«): Frustrationstoleranz;
- Regeln kritisch überprüfen, Freude haben, mit anderen zusammen zu spielen oder zu arbeiten, und Mitgefühl (s. »Altruismus«) spüren;
- unterschiedliche Rollen bei den anderen aushalten bzw. in unterschiedlichen Rollen sich bewegen und ausdrücken können: zu Hause Mamis Liebling, in der Klasse einer unter 25, beim Geigespielen der Zweitbeste, beim Fußball ganz hinten ...
- positive Konfliktlösungsmöglichkeiten sich erarbeiten und diese auch anwenden: dem anderen zuhören, eigene Fehler erkennen, Gründe suchen, sich entschuldigen, um Hilfe bitten, Kompromisse schließen, andere Kinder integrieren, ohne Neid Anerkennung aussprechen.
- Vorurteile bei sich erkennen; anderen Menschen wohl-

wollend gegenübertreten sowie nach deren Bedürfnissen fragen (s. »Feste«);

- ethische Vorstellungen (gut/böse, Wahrheit/Lüge, Manipulation, Gerechtigkeit usw.) entwickeln und immer wieder hinterfragen: Das beginnt schon im Vorschulalter und ist ein tägliches Thema;
- sich klar werden über Ursache und Wirkung von eigenem und fremdem Verhalten, da keiner allein auf der Welt lebt.

Soziales Lernen beginnt bereits bei sehr kleinen Kindern und endet erst beim Tod. Es geht immer darum, Soziabilität (das Zusammenleben mit anderen) zu erlernen, mit der eigenen Emotionalität angstfrei und produktiv umzugehen sowie zu mehr Rationalität, Vernunft zu kommen (nicht gleich schreien, schlagen, spucken, sondern die Vernunft einschalten), denn nur dann entwickeln wir uns zu glücklichen Menschen mit gelingenden Freundschaften und Partnerschaften, die jenseits der Selbstverwirklichung etwas für das Gelingen unserer Welt beitragen. Und die gerade nicht über ihre Schlechtigkeit schimpfen, sondern tagtäglich für mehr »Menschlichkeit« erst einmal bei sich und anderen kämpfen.

»Veränderung ist nicht, das zu werden, was man nicht ist, sondern das zu sein, was man ist« (Hilarion Petzold): ein angstfreier, fröhlicher, kreativer Mensch unter anderen Menschen mit gleichen Rechten!

Literatur

Colberg-Schrader, Hedi u.a.: *Soziales Lernen im Kindergarten. Ein Praxisbuch des DJI,* München: Kösel [4]1996

Hielscher, Hans u.a.: *Materialien zur sozialen Erziehung im Kindesalter,* Heidelberg: Quelle und Meyer 1974

Petillon, Hans (Hrsg.): *Individuelles und soziales Lernen in der Grundschule. Kinderperspektive und pädagogische Konzepte,* Opladen: Leske + Budrich 2001 (= Jahrbuch zur Grundschulforschung, Bd. 5)

Spiel und Kreativität

Marie: »Wenn ich spiele, denke ich gar nichts. Dann brauche ich den ganzen Schrott auch nicht, nichts kaufen, keinen Süßkram und kein Fernsehen. Dann spiele ich nämlich.«

Eine typische Situation des »Play«, wobei der kreative Prozess wichtiger ist als das Ergebnis. Dieser ist lustvoll und beinhaltet »Funktionslust, Erkundungslust, Gestaltungslust« (Schiffer 1997, S. 10), man ›denkt an nichts‹, erfährt tiefes Glück (»Flow«) nach selbst gestalteter Erregung (Thrill) und intensiver Neugier: Das Kleinkind erkundet lutschend den Bauklotz, der Fünfjährige probiert, ob Steine schwimmen können, die Siebenjährige näht Puppenkleider (Feinmotorik) und spielt ihre (Alb-)Träume, die Zwölfjährige zerlegt mit ihrem Vater alte Plattenspieler.

Dabei erfahren sich die Kinder als weltgestaltend und -verändernd, was ein Grundbedürfnis des Menschen ist. Im (Frei-)Raum zwischen Traum, Neugier, Planung, Entwurf (Prinzessinnenkleid) und Realität (kein goldener, nur grauer Stoff vorhanden!) entstehen Fantasie, Kreativität und Selbstbewusstsein (ich überbrücke die Notlage). Besonders auch Frustrationstoleranz, denn vom Traum muss ich hinunter in die »graue« Realität und diese nicht nur akzeptieren, sondern immer wieder neu gestalten (das graue Kleid wird mit goldenen Weihnachtsbändchen verziert), die Desillusionierung (»Ich will ... kann aber nicht alles ...«) muss ausgehalten werden, ohne Resignation, sondern möglichst mit neu erwachendem Schwung!

Dieser ständige Wechsel zwischen Triumph und Niederlage, Größenfantasien und Neuorientierung bzw. Lösungs-

suche, zwischen selbst gewählter Spannung und Angstlust (Bäumeklettern) und dem Aushalten des »So klappt es nicht« macht fit fürs Leben, hält gesund (s. »Gesundheit«) und macht glücklich. Auch bei Erwachsenen: Meist nur im *selbst*-vergessenen Tun (gärtnern, segeln, schmusen, beim Sex) sind wir richtig glücklich, wenn wir unser Selbst hintanstellen und uns dem Tun hingeben. Steht das Ich auf unserer Lebensbühne im Vordergrund, ist es meist nicht weit her mit Fröhlichkeit und Lebenslust!

Nur aus dem »Play«, dem freien, zugleich heiteren und ernsten Spiel ohne Zwang durch Erwachsene, ohne verinnerlichte Leistungsnormen, ohne Fremdbestimmung entwickelt sich das »Fairplay«, das Mit- und Einfühlen in andere (s. »Altruismus«).

Beim »Match« dagegen »zählt nur das Ergebnis, das Produkt, der Sieg ... es gilt den Gegner auszuschalten, sei es im sportlichen Wettkampf oder beim Produktwettkampf« (Schiffer 1997, S. 9), es ist eine zu frühe Einübung in die mechanistische Arbeitswelt und geht zulasten von Selbst-Bewusstsein, von Kreativität, Mitmenschlichkeit und Glück. Je früher Kinder damit beginnen (mechanisches, stupides, unsinnliches Spielzeug, auch Internet), desto dramatischer die Folgen, desto leerer und erstarrter ihr Innenleben.

»Wenn unsere echten Gefühle und unsere Kreativität nicht gefordert werden, so sterben sie allmählich ab und wir verarmen. Die Leere, die auf diese Weise in uns entsteht, macht uns wütend, um so mehr, als das Unbehagen, das dadurch ausgelöst wird, uns bedroht. Unser Potential für Destruktivität nimmt zu«, so der Psychoanalytiker Arno Gruen (in Schiffer 1997, S. 132).

Im kreativen Spiel beanspruchen Kinder beide Gehirnhälften: Die linke ist für das logische und digitale Denken, für Planung, Sprache und Analyse zuständig, die rechte für analoges und visuelles Denken, für körperlichen und rhythmischen Ausdruck, für Emotionen, ganzheitliche Erfahrungen, räumliche Vorstellungen und bildhaftes Denken und für das Personengedächtnis. In den Schulen wird meist nur »linkshirnig« gelernt, worunter viele Kinder leiden, zumal das gesamte Potenzial der emotionalen und spielerischen Intelligenz ungenutzt bleibt (was in Managerkursen wieder teuer erweckt werden muss). Außerdem erzeugt die Dominanz der linken Hemisphäre Frustrationen, reduziert das Selbstwertgefühl und löst Stress aus, denn wenn man z.B. den Begriff »Kondensator« aus dem Schulbuch nicht mit bildhaftem Inhalt füllen kann, wofür die rechte Hirnhälfte zuständig ist, bleibt er leer und erzeugt negative Versagens- und Spannungsgefühle.

Kinder erobern sich durch das Spiel ihr Selbstbewusstsein, ihre eigene, sich ständig erweiternde Welt und Weltbeherrschung, befriedigen ihre Neugier und ihren Veränderungswillen (menschliche Urbedürfnisse), bauen ihre intellektuellen, kreativen, menschlichen, emotionalen Potenzen aus und sind in der Lage, sich dadurch selbst (!) glücklich zu machen. Ohne die Umwege über Konsum, Medien, Süchte!

Ein Kleinkind braucht noch die Assistenz der Eltern (wenn der Ball weggerollt ist usw.), ihre Präsenz, ohne dass sie das Spiel dominieren, bevormunden oder Leistungen (indirekt) sehen wollen. Kinder brauchen ihre eigene Autonomie in der Geborgenheit! Wunderbar, wenn die Eltern ihrem eigenen »inneren Kind« (s. dort) erlauben mitzuspielen, sich hinzugeben an die Situation, um Flow-Gefühle zu erfahren – was Väter oft viel besser können als Mütter! Manchmal eine schwierige Balance: »gleichberechtigt« Quatsch zu machen, zu raufen, zu basteln wie zwei Kinder, aber natürlich mit dem leichten pädagogischen Abstand. Es geht nicht darum, dem Kind zu huldigen und es immer gewinnen zu lassen, sondern das rechte Maß zu finden. – Somit beinhaltet das Spiel neben der Selbstversenkung auch den Kontakt zum anderen, also immer soziales Lernen (s. dort) oder: Einübung in Teamfähigkeit!

Kreatives Spiel funktioniert am besten mit Basismaterialien: mit Sand und Wasser, Papier, (Finger-)Farbe, Knete und Kuchenteig, mit Schere, Nadel und Stoff, mit Hammer, Holz, Kartons und Styropor, mit Kissen, Decken, Matratzen oder Holzlatten für die Höhlen, mit Puppen, Tieren und Verkleidungsmaterialien. Noch besser: ohne irgendwelche Materialien »einfach so« in der Vielfalt der Natur, »spielend, barfuß mit Bollerwagen«! (Schiffer 2001, S. 49)

Literatur

Lewis, Richard: *Leben heißt Staunen. Von der imaginativen Kraft der Kindheit,* Weinheim: Beltz 1999

Schiffer, Eckhard: *Der kleine Prinz in Las Vegas. Spielerische Intelligenz gegen Krankheit und Resignation,* Weinheim: Beltz 1997

Schiffer, Eckhard: *Wie Gesundheit entsteht. Salutogenese: Schatzsuche statt Fehlerfahndung,* Weinheim: Beltz [2]2001

Stiefeltern und Stiefkinder

Meine, deine, unsere Kinder oder neudeutsch: Patchworkfamilie. Eine Standard-Kindergartenfrage: »Wie viele Eltern hast denn du?«, denn manche haben tatsächlich künstliche, leibliche, juristische, langjährige oder sogar ungezählte kurzfristige ...

Wie sage ich es meinem Kind, wenn nach Tod oder Scheidung ein Elternteil sich wieder bindet? Wichtig ist, sein Kind nicht mit jeder Kurzzeitliebe zu belasten! Besser, so lange zu warten, bis sich erst einmal die Erwachsenen ihrer Sache sicher sind. Auch ist es eine völlige Überforderung, wenn ein Elternteil auszieht und gleichzeitig oder kurz danach ein neuer Partner präsentiert wird. Geben Sie Ihren Kindern erst einmal Zeit (mindestens ein Jahr!), um sich mit der schmerzhaften Trennung, mit ihrer Trauer und Wut auseinander zu setzen. Auch sollten Erwachsene nach einer Scheidung (s. dort) erst einmal »zu sich selbst« kommen, um ihr eigenes Versagen, ihre Kränkungen, ihre Verlustgefühle zu verarbeiten. Solange dies nicht geschehen ist, sind sie nicht »frei« für eine neue Liebe, sondern tragen den ganzen alten Beziehungsmüll in sich weiter. Eine Zumutung für die neue Partnerschaft!

Die ersten Treffen zwischen den Kindern und dem/der Neuen sollten unbedingt auf neutralem Boden stattfinden, sonst gibt es sofort Revierkämpfe: irgendwo unterwegs, beim Picknick oder Spiel. Zunächst der Erwachsene allein, erst später die möglichen Stiefgeschwister. Oft entscheiden die ersten Sekunden über Sympathie oder Antipathie! Und: Es gibt auch unsympathische Kinder! Da hilft es nur zu akzeptieren, dass nie eine wirklich enge Beziehung entstehen wird – muss ja auch nicht!

Steht ein Zusammenziehen an, wäre es ideal, eine völlig neue Wohnung zu beziehen, wo keiner einen »Heimvorteil« hat. Ist dies nicht möglich, sollten sich alle mit dem Wohnungsgrundriss beschäftigen und gemeinsam (!) eine Neuverteilung und neue Wandfarben planen. Für alle sollte es ein sichtbarer Neubeginn werden. Die dort schon wohnenden Kinder müssen eventuell ihr Einzelzimmer aufgeben, was natürlich wütend macht und nur durch gemeinsames Planen ein wenig gemildert werden kann.

Vor dem Zusammenziehen sollte das Paar unbedingt schriftlich eine Liste mit Erziehungszielen und Verantwortlichkeiten anfertigen, denn sonst kracht es bereits am ersten Tag: Wer kauft ein, wer macht die Wäsche, bringt den Müll weg? Dürfen Schuhe drinnen getragen werden, wie ist es mit den Tischmanieren, den Zubettgehritualen und -zeiten, den Schularbeiten, dem Medienkonsum? Und: Wer zahlt was für wen? Das Strafen sollte generell den leiblichen Eltern überlassen werden.

Genauso wichtig, gemeinsam mit den Kindern Familienregeln auszuarbeiten, denn hier stoßen zwei Systeme, zwei Wertehaltungen und familiäre Traditionen aufeinander. Niemand muss den anderen lieben, aber in einer Familie sollte man respektvoll miteinander umgehen: guten Morgen und auf Wiedersehen sagen, sich abmelden, die Anrede klären, Familienkonferenzen einberufen, *bevor* es knallt und brennt, Haushaltspflichten (s. dort) schriftlich festlegen, auch darf jeder drei Wünsche äußern, die für ihn unbedingt wichtig sind (Ich mache meine Schularbeiten allein! Ich brauche den Sonntagmorgen im Bett! Einmal pro Woche will ich zum Fußball usw.). Sehr wichtig, dass das Paar sich ab und an kinderfrei und der leibliche Elternteil sich Extrazeit mit seinem Kind nimmt!

Das Schwierigste: Die Beziehungen zu den Expartnern, den leiblichen Eltern der Kinder sollten weder mit Bissigkeit,

Bösartigkeit noch mit Gekeife und spitzen Bemerkungen, sondern mit Akzeptanz und Respekt vonstatten gehen (s. »PAS-Syndrom«). Wenn das nicht funktioniert, ist dringend für alle therapeutische Hilfe oder eine Selbsthilfegruppe angeraten, denn dieses Gift kann alle Beteiligten krank machen, auch zerbrechen viele neue Beziehungen daran. Überschätzen Sie sich hier nicht!

Falsch sind folgende Ideale: die Stiefkinder lieben zu »müssen«, eine/ein Übermutter/Übervater oder ein Ersatz für die Eltern sein zu wollen bzw. Trauer um gestorbene Eltern oder problematische Beziehungen wieder gutmachen zu wollen. Die Kids (materiell) zu verwöhnen ist ebenso falsch. Die Kinder werden Ihre Liebe, alle Geschenke und alles andere Ihnen wütend aus der Hand schlagen wegen der Loyalität zum abwesenden Elternteil, wegen Eifersucht und Konkurrenz, wegen ihrer erlittenen Machtreduzierung, aus Trotz und Wut.

Folgende Haltung kann helfen: selbstbewusst sich für seine eigene Harmonie verantwortlich zu fühlen (dafür sind sowieso weder der Partner noch die Kids zuständig), ausgefüllt durch einen Beruf und eigene Aktivitäten die Kinder »kommen zu lassen«, damit sie die Nähe selbst bestimmen. Diese Haltung macht Sie interessant, auch fühlen Kinder immer das Echte und hassen das pädagogische »Als-ob-Getue«. Sowie selbstbewusst sich als Frau oder Herr des Hauses behaupten: Sie sind keine neue Mutter, kein neuer Vater, sondern »Herr« im eigenen Haus. Das aber unbedingt!

Kinder gedeihen am besten auf der Basis einer guten Beziehung. Doch schleppen meistens beide Partner Altlasten mit sich herum, die über den Weg der Projektion, des unbewussten »Verwechselns« des Partners mit den negativen Zügen von früheren Partnern zu unheilvollen Konstellationen führen. Auch Kinder projizieren: Sie unterstellen z.B. der neuen Stiefmutter ihre eigenen (!) Hassgefühle, die sie auf

ihre leibliche Mutter haben, weil sie sich von ihr verlassen fühlen. Dann entstehen brisante Situationen, die sich nur mit therapeutischer Hilfe (s. »Professionelle Hilfe«) lösen lassen.

Fazit: Erwarten Sie keine »Liebe«, denn Sie sind eine/ein Fremde/Fremder für die Kinder und umgekehrt. Wenn zwei Familienwelten in der Intimität einer Wohnung aufeinander stoßen, helfen nur klare Regeln, klare Absprachen, klare Erziehungsziele, die von beiden Erwachsenen getragen werden. Und oft hilft in dieser extrem schwierigen Situation nur die Schiedsrichterfunktion von Freunden bzw. professionelle Hilfe! Scheuen Sie sich davor nicht (je früher, desto klärender!): Zu viele Menschen sind an diesen Verstrickungen schon kläglich gescheitert!

Literatur

Bopp, Annette u. Nolte-Schefold, Sigrid: *Stiefkinder, Rabeneltern, Rabenkinder, Stiefeltern,* Reinbek: Rowohlt 1999

Urban, Adrian: *Liebe mit Anhang. Wenn der Partner Kinder hat,* Kreuzlingen: Hugendubel 2002

Visher, Emily B. u. John S.: *Stiefeltern, Stiefkinder und ihre Familien. Probleme und Chancen,* Weinheim: Beltz ^{2}1995

Struktur, Regeln, Disziplin

Die 68er-Generation predigte als Reaktion auf die autoritäre Erziehung die Selbstbestimmung, auch für Kinder. »Berühmt« ist die Frage: »Müssen wir heute wieder das spielen, worauf wir Lust haben?« Denn Grenzenlosigkeit überfordert nicht nur kleine, sondern auch große Menschen. Keiner hat die Energie, sich tagtäglich zu jeder einzelnen Handlung (wann essen, ob in die Schule oder nicht, was tun in welcher Reihenfolge usw.) sinnvolle Gedanken zu machen. Da entlasten nicht nur Rituale (s. dort), sondern ebenso Struktur, Regeln und Disziplin. Und es kommt mehr Freude auf, denn nur die Ausnahme, das Besondere macht glücklich. Wie schon Pippi Langstrumpf klagte: Wer nicht in die Schule geht, der hat ja auch nie Ferien!

Babys und kleine Kinder brauchen eine (Tages-)Struktur, sprich Regelmäßigkeit, weil ihr Zeitgefühl noch nicht ausgebildet ist. Die Zeit vom Aufwachen bis zum Mittagessen wäre für sie von endloser, auch quälender Dauer. Regelmäßige Aktivitäten und Wiederholungen (Zähne putzen, anziehen, frühstücken, abdecken, alleine und mit den Eltern spielen, zu festen Zeiten Mittagessen usw.) geben ihnen Sicherheit, bilden ihr inneres Koordinatensystem: Eine Grundmelodie von inneren Gewissheiten entsteht.

Gibt es diese Struktur nicht, also keine gemeinsamen Mahlzeiten und Spielzeiten, keine Regelmäßigkeiten am Wochenende, keine regelmäßigen Aufgaben, sondern nur die Anstrengung des Chaos und den Beliebigkeitsbrei der Medien, werden Menschen tief unzufrieden, bleiben emotional ungesättigt (s. »Emotionaler Hunger«) und fühlen sich rasch erschöpft, denn all dies raubt Energien. Diese Merkmale sind bei vielen Kindern und Jugendlichen zu beobachten, abgesehen davon, dass ihnen innere und organisatorische Klarheit fehlt, was ein enormes Handikap für ihre Schul- und Berufslaufbahn ist.

Wenn psychisch kranke Menschen in eine Klinik kommen, dann auch deswegen, um ihnen durch die Tagesstruktur (feste Zeiten für das Essen, für Sport, für Gespräche usw.) wieder innere Sicherheit zu bieten. Hyperaktive Kinder (s. »Hyperaktivität«) halten uns Erwachsenen den Spiegel vor: So wenig wie sie sich selbst strukturieren können, so unstrukturiert ist wahrscheinlich ihr Familienleben (s. »Essen und Trinken«).

Das Gegenteil von Chaos ist Zwanghaftigkeit (montags werden die Fenster geputzt, sonst fühlt sich Mutter unwohl; nach der Arbeit immer sofort der Fernseher an ...). Beides ist eine neurotische Störung. Der goldene Mittelweg ist – wie immer – schwierig. Das richtige Maß von Selbstdisziplin, z.B. beim Schlafengehen der Kinder (s. »Schlaf«), trotzdem anstreben, sonst werden die Nerven zu sehr strapaziert. Auch sollte einleuchten, dass Kinder nur schwer Disziplin für die Schule aufbringen, wenn sie »lockere« Eltern haben und die Hausaufgabenzeiten jeden Tag neu diskutiert werden.

All dies hat das Ziel, Klarheit zu erreichen. Wichtig wäre es für viele Paare, dass erst einmal bei ihnen Klarheit herrscht, z.B. über die Aufgabenverteilung. Hervorragend ist das Instrument der häuslichen Arbeitsplatzbeschreibung für beide Partner. Seien Sie Ihr eigener Detektiv, Sie werden sich wundern! Besonders auch die Männer! Dazu gehört nicht nur, den täglichen »Kram«, den wöchentlichen und monatlichen mit Zeitangaben aufzulisten, sondern auch die Steuerklärung, das Rasenmähen, Autowaschen, Hausanstreichen und, nicht zu vergessen als wichtigen Punkt, das Geldverdienen.

Der nächste Schritt ist eine schriftliche Aufgabenauflistung für das Paar, später auch für die Kinder. Transparenz und kritische Selbstüberprüfung verhindern zudem, dass sich Mütter zu sehr als Opfer fühlen (was eine ihrer Lieblingsdisziplinen ist!) und delegieren lernen. Dies macht erst einmal Arbeit, beinhaltet aber hoffentlich viele fruchtbare Diskussionen und anschließend muss nicht energieraubend, kräftezehrend und jahrelang bis zur Erbitterung und zu den hässlichen Falten um den Mund über den Mülleimer diskutiert werden. Klarheit bedeutet immer Energieeinsparung, sodass mehr Zeit für die Kinder, den Krimi und die Disko bleibt.

Innerlich sehnen sich viele Kinder nach Disziplin, die sie selbst nicht aufbringen können, wie es englische Internate zeigen. Dort gibt es zwei Stunden beaufsichtigte Hausaufgabenzeiten. Wer fertig ist, darf nicht aufstehen, sondern muss sich »notgedrungen« weiterhin mit seinem Lernstoff beschäftigen. Da tut es dann gar nicht mehr weh, richtig gut zu werden! – Zu Hause lässt sich das mit kleinen Verträgen, wiederkehrendem Szenario (immer am selben Ort, möglichst zur gleichen Zeit) und der Eieruhr angehen: Sie verabreden schriftlich mit Ihrem Kind, ob es 20 Minuten lesen oder 60 Minuten Mathe machen will und soll. Die Uhr wird gestellt und ihr Klingeln ist bereits eine Belohnung (s. »Hausaufgaben«).

Bezogen auf das Thema Medienbenutzung: Nur wer mehr als seine täglichen 20 Minuten Klavier usw. geübt hat, darf für diese Zeit des Mehrübens an den Computer! Auch hierbei verhilft die Eieruhr zu Klarheit, Transparenz sowie zu innerer und faktischer Disziplin und macht die Realität so ungemein anschaulich.

Zur Disziplin gehört natürlich auch, dass ein Vierjähriger im Restaurant halbwegs ordentlich isst, seine Spielsachen selbst aufräumt, und bei einer 14-Jährigen, dass sie *regelmä-*

ßig zum teuer geschenkten Fitnesstraining geht. Disziplin vermittelt das wunderbare Gefühl von Selbst-Zufriedenheit, wie alle Erwachsenen von sich wissen, wenn sie sich endlich zum Sport aufgerafft haben, und auch von Leichtigkeit: Das Leben wird weniger mühevoll (wegen der Energieeinsparung)!

Oder wollen Sie schon anfangen zu sparen, weil Ihr Kind später viele Selbst- und Zeitmanagementkurse besuchen soll? Dort wird jedoch keineswegs gezaubert, sondern es werden Tipps zur Selbstdisziplin vermittelt. Mehr nicht. Und die muss jeder selbst aufbringen!

Literatur

Hurrelmann, Klaus u. Unverzagt, Gerlinde: *Kinder stark machen für das Leben,* Freiburg: Herder 2000

Kast-Zahn, Annette: *Jedes Kind kann Regeln lernen. Vom Baby bis zum Schulkind: Wie Eltern Grenzen setzen und Verhaltensregeln vermitteln können,* Ratingen: Oberstebrink 1997

Rogge, Jan-Uwe: *Kinder brauchen Grenzen,* Reinbek: Rowohlt ^{22}2002

Sucht

Marga Z. verputzt abends, allein und erschöpft, oft zwei Tafeln Schokolade – mit schlechtem Gewissen. Nein, nicht wegen der eigenen Gesundheit, sondern wegen ihres Sohnes: »Dem enthalte ich ja etwas vor. Deswegen kaufe ich ihm manchmal Süßigkeiten, obwohl er gar nicht danach gefragt hat!« Eine andere junge Mutter: »Immer wenn ich mir alle paar Tage eine Schachtel Zigaretten leiste, zwickt mich das schlechte Gewissen den Kindern gegenüber derart, dass ich ihnen etwas Süßes spendiere!« Oder ein Vater zum Zwölfjährigen: »Ach, komm doch, stell dich nicht so an und probier mal mit mir zusammen ein Glas Wein!«

Eine verkehrte Welt und indirekte Aggressionen: Eltern versuchen vehement ihre eigene Sucht den Kindern weiterzugeben. Süchtig sein will ich nicht allein!

Früher gab es für Kinder zahlreiche Verbote. In den vergangenen 20 Jahren haben sie jedoch so rapide abgenommen, dass die Kids manchmal schon sehr findig sein müssen, um ihre Eltern noch irgendwie ärgern zu können. So unerträglich tolerant, wie die geworden sind! Dabei gehört es zum Großwerden sowohl im Trotzalter als auch in der Pubertät dazu, sich gegen Verbote durchzusetzen. Abgrenzung, Eigenverantwortlichkeit, Selbstbestimmung werden in dem Zusammenhang gelernt. Heute heißt das Motto: Quengeln. Das wissen schon Dreijährige: Man muss im Supermarkt nur sechsmal quengeln und schon werden die Mütter weich. Das schafft doch jedes Kind! Das Quengeln oder der Wutanfall (negatives Verhalten) wird also mit einem Lutscher aktiv belohnt! Und das schlechte Gewissen wird wiederum weggelutscht.

Wohlgemerkt: Warum sollten sich Eltern nicht abends mit süßer Schokolade oder einem Bier trösten? Aber dann bitte genuss- und lustvoll, damit es auch wirklich fröhlich macht, sodass sie es nicht nötig haben, ihre eigenen Probleme den Kindern buchstäblich mit Schokolade und Alkohol in den Mund zu schieben!

Süchtig wird niemand von einem Tag zum anderen. Eine Sucht entsteht in einem langsamen Lernprozess, in einer »Erziehung zur Inkompetenz«, die verhindert, mit den eigenen Lebensproblemen kreativ umzugehen. Suchtmittel (die Koffeinsucht, das süchtige Telefonieren, Kaufen, Arbeiten, Diäten, Partys, Fernsehen, Computer usw.) sind immer Ersatzhandlungen: Ich suche z.B. Zärtlichkeit, bekomme sie nicht und esse dafür Kuchen. Ich ärgere mich über meinen Chef und spüle den Ärger mit Bier hinunter. Ich fühle mich einsam und arbeite deswegen immer mehr. Ich bin sexuell unbefriedigt und kaufe mir deswegen wöchentlich neue Klamotten. Eine Sucht ist das Ergebnis von vielen eigenen, einzelnen Entscheidungen für das Suchtmittel – gegen eine vernünftige Lösung.

Alkohol und Zigaretten sind in hohem Maße verantwortlich für Krebs. Das wissen bereits Grundschulkinder – und haben große Ängste um ihre Eltern. Ebenso schädlich ist der Tablettenkonsum, von dem Millionen abhängig sind. 35 % der Eltern reagieren sogar auf schulische Probleme ihrer Kinder mit Tabletten. Weglutschen statt lösen! 1996 wurden 490 000-mal Kindern Psychopharmaka verabreicht, 15 % aller Verschreibungen!

Hinzu kommt, dass süchtige Eltern keinen wirklichen Kontakt bieten, sie sind unbeherrscht, streitsüchtig, aggressiv, sie vermitteln weder Geborgenheit noch Verlässlichkeit und belasten ihre Kinder extrem. In süchtigen Familien herrscht oft die Hölle auf Erden!

Es gilt Folgendes zu bedenken:

1. *Das Erziehungsziel Suchtfreiheit formulieren.* Voraussetzung ist emotionales Sattsein. Ein Kind will bei Kummer getröstet, nicht mit Bonbons heute, Pillen morgen ruhig gestellt werden. Ein Kind braucht vor der dunklen Nacht viel Nähe und beruhigende Rituale, keine Fernsehbilder, keine fremden Stimmen auf Kassetten und damit Ferne, Ungeborgenheit, oft Brutalität und Gewalt. Bei Schulproblemen braucht es Zuwendung und Liebe, keine Tabletten! Das wären »direkte« Antworten auf kindliche Nöte, nicht »Umwege« über Ersatzhandlungen. – Liebe einerseits, andererseits Verbote: strikte, »altmodische«, klare, einsehbare und zu unangenehmen Konsequenzen führende Verbote!

2. *Eltern sind Vorbilder.* Es geht um die Frage: Wie gehe ich mit meinem Negativverhalten um? Die schlechte Variante: Mein Kind soll mitmachen! Ein anderer Weg wäre, aus diesem schlechten Beispiel ein Exempel zu machen, wie negativ und schädlich dieses Verhalten ist.

3. *Es gibt Unterschiede.* Auch wenn das »neue Mittelalter« der Gleichmacherei (Winn 1984) längst ausgebrochen ist und Eltern immer infantiler und unentschiedener ihren Kindern immer mehr familiäre Entscheidungen zuschieben, darf es Unterschiede geben. Auch im Genuss von legalen Drogen! Doch muss klar sein: Zigaretten, Alkohol und Medikamente sind tabu für Kinder! Nicht nur aus moralischem Rigorismus, vielmehr zum Schutz für den sich erst entwickelnden Körper.

4. *Kinder brauchen Klarheit und Grenzen.* Sonst fühlen sie sich einsam, ungeborgen, wie in einer Gummizelle ohne Widerhall und Echo! – Kinder sind tolerant. Sie können bestens unterscheiden zwischen dem, was sie dürfen, und dem, was sie noch nicht dürfen. Sie dürfen noch nicht Auto fahren und müssen zur Schule, sie dürfen spätabends nicht nach drau-

ßen und müssen ihr Frühstück aufessen. Das ist o.k., wenn die Eltern eindeutig dazu stehen und nicht mit Unklarheit Verwirrung stiften.

Literatur

Hillenberg, Lucie u. Fries, Brigitte: *Starke Kinder – zu stark für Drogen. Handbuch zur praktischen Suchtvorbeugung,* München: Kösel [2]2002

Wille, Rolf: *Sucht und Drogen und wie man Kinder davor schützt,* München: C.H. Beck [2]1997

Winn, Marie: *Kinder ohne Kindheit,* Reinbek: Rowohlt 1984

Trauer und Tod

Wenn Großeltern, Geschwister oder sogar Eltern sterben, haben Erwachsene oft Schwierigkeiten, mit Kindern darüber zu sprechen. – Ein toter Vogel im Garten oder auch der Tod des geliebten Hundes sind Gelegenheiten, um Kinderfragen zu beantworten, um über Gefühle von Hilflosigkeit zu sprechen und Trauer zuzulassen. Schlimm wäre es, wenn der tote Kanarienvogel stillschweigend durch ein neues Exemplar ersetzt würde, um dem Kind Trauer zu »ersparen«. Dem Kind wäre es verwehrt, sich mit den damit verbundenen existenziellen Fragen auseinander zu setzen.

Ist ein Todesfall eingetreten, sollten sich Erwachsene vor Kindern nicht nur »beherrschen«, weil diese das Herunterschlucken von Tränen nachahmen würden. Und das Verdrängen von starken Gefühlen macht unglücklich, krank oder aggressiv. Deswegen ist es wichtig, dass die Erwachsenen ihre Trauer und Tränen zeigen, sich jedoch nicht abkapseln, sondern gemeinsam mit dem Kind weinen. Um der heilenden Erfahrung willen, dass nach jedem Weinen die Sonne wieder aufgeht.

Für Säuglinge und Kleinkinder ist es die größte Katastrophe, wenn die Mutter stirbt. Das Allerwichtigste wäre, so rasch wie möglich eine kontinuierliche »Ersatzmutter« zu finden und das Kind strikt im gewohnten Rhythmus zu belassen, um es nicht mit neuen Menschen (auch nicht mit gut meinenden Tanten!) und Unruhe zu konfrontieren. Was es braucht, sind Zeit, viel Zeit und Zärtlichkeit. Stirbt ein anderes Familienmitglied, sollte sich die Mutter, ohne zu klammern, trotz des eigenen Schmerzes viel ruhige Zeit mit dem Kind gönnen.

Bei Kindern zwischen zwei und sechs Jahren, die gerade in dieser Zeit sehr neugierig sind, muss unbedingt die Realität erklärt werden, denn die Fantasie ist für sie oftmals noch bedrohlicher. Der Tod bedeutet, dass der Mensch weder atmen, fühlen noch schauen kann. Ein endgültiger Zustand. Wichtig ist die sprachliche Eindeutigkeit. Der Tote schläft nicht und ruht auch nicht! Das Kind könnte sonst Angst vor dem Einschlafen bekommen. Auch sind Begriffe wie »dahingegangen«, »abtreten«, »eine weite Reise machen« höchst zweideutig. Kinder könnten fantasieren, dass jeder stirbt, der eine Reise macht. Auch sollte keine negative Verknüpfung zwischen dem Krankenhaus und dem Sterben entstehen, da man normalerweise ins Krankenhaus geht, um gesund zu werden!

Auch Begründungen wie »Vater war krank« oder »Großmutter war alt« können ängstigen. Denn krank ist man auch mit einer Grippe und alt ist für Kinder jeder mit spätestens 30 Jahren! William C. Kroen (1998) schlägt folgende Formulierung vor: »Vater war sehr, sehr, sehr krank und es gibt seltene Krankheiten, an denen einige Menschen sterben müssen. Und Großmutter war sehr, sehr, sehr alt ...« Religiöse Begriffe wie »Hölle«, »Fegefeuer«, »Gott hat es so gewollt« und »Totenwache« sollten vermieden werden, damit bei kleineren Kindern keine ängstigenden und diffusen Fantasien entstehen.

Kinder zwischen sechs und zwölf Jahren können klar zwischen Fantasie und Realität unterscheiden und machen sich bereits Sorgen um die eigene Zukunft. Deswegen ist es wichtig, alles, wirklich alles in Ruhe und Zärtlichkeit mit ihnen zu besprechen, manche Themen bedürfen auch der wiederholten Aussprache. Auch ist es für jeden gesünder, über den Toten zu sprechen, als ihn zu verschweigen! Es muss klar ausgesprochen werden, dass böse Gedanken nicht zum Tod geführt haben, denn Kinder fühlen sich sehr oft – wie bei

Trennungen – mitschuldig. Vielleicht gab es vor dem Tod einen Streit oder sie hatten dem Bruder oder der Mutter »die Pest an den Hals gewünscht«, was zu entsetzlichen Gewissensqualen bis ins Erwachsenenalter führen kann.

Stirbt ein Elternteil, werden wahrscheinlich starke Ängste entstehen, dass auch der andere Elternteil sterben könnte. Deswegen ist es sinnvoll, gemeinsam zu überlegen, von welcher Familie es dann aufgenommen werden würde. Dies sollte – eigentlich eine Selbstverständlichkeit für alle Eltern – mit den betreffenden Personen besprochen und schriftlich festgehalten werden.

Wichtig ist, dass Kinder und Jugendliche ihren Alltag möglichst ungestört weiterleben können. Einschließlich der (Schul-)Feiern, denn Trauer ist unbeständig, zwischendurch kann man auch wieder lachen. Auch trösten Gleichaltrige auf ihre spezifische Art. Ebenso sollten Eltern sich nicht vollständig zurückziehen, weil sie sonst den Kindern zu viel von ihrer eigenen Trauer aufbürden.

Fotos der Toten sind für jedes Familienmitglied wichtig. Vielleicht darf sich auch jeder, jenseits des offiziellen Erbes, eine Kleinigkeit aussuchen: den Pullover des Vaters zum Kuscheln, das Fußballshirt des Bruders oder die kleine grüne Blumenvase der Großmutter.

Sind die Eltern sehr in ihrem Schmerz verfangen, sollten sie ausdrücklich mit Freunden verabreden, wer sich intensiv um die Kinder kümmert. Extrazeit, offene Gespräche und Zärtlichkeit sind über Monate wichtig, damit der Schmerz nicht in Form von Aggressionen, Schweigen und Einkapselung verdrängt werden muss.

Rituale helfen gerade in Notzeiten! Die einjährige Trauerzeit, wie sie früher üblich war, hat viele Vorteile: Erwachsene schützen sich vor unerträglichen Kommentaren, betonen ihre Hilfsbedürftigkeit und geben ihren Gefühlen sichtbaren Ausdruck. Denn jeder Gedenktag, der erste Schnee, der erste Urlaub, das erste Schulzeugnis und das erste Fußballspiel ohne den Verstorbenen bedeuten immer wieder einen ungeheuren Schmerz und eine fortdauernde Anstrengung. Trauernde brauchen Ruhe, lange Spaziergänge, unendlich viel Zeit zum Reden, »schlichte Seelennahrung« und liebevoll zubereitetes Essen, aber keine Hektik, keine Menschenansammlungen und keinen Lärm. Und: Der Gang zum Friedhof sollte immer freiwillig sein, er sagt rein gar nichts über den Schmerz aus!

Am Geburtstag des Toten könnte ein Extragedeck aufgelegt werden (nicht täglich, das bedrängt zu sehr!) und seine Lieblingsspeise wird von den Kindern gekocht. Am Weihnachtsbaum gibt es eine Kerze für ihn und Fotos mit frischen Blumen davor.

Erst wenn nach einem Jahr Nahestehende das Gefühl haben, dass die Trauer gleich bleibend fixiert ist, sollte psychologische Hilfe gesucht werden. Doch auch vorher sind Selbsthilfegruppen (besonders nach einem Suizid oder Unfalltod) sehr hilfreich und entlasten sowohl die Erwachsenen als auch die Kinder!

Literatur

Friesen, Astrid von: *Du bist tot. Ich muss noch leben. Trauer um meinen Mann,* Stuttgart: Kreuz 2000

Kroen, William C.: *Da sein, wenn Kinder trauern,* Freiburg: Herder 1998

Tausch-Flammer, Daniela u. Bickel, Lis: *Wenn Kinder nach dem Sterben fragen. Ein Begleitbuch für Kinder, Eltern und Erzieher,* Freiburg: Herder ^{4}2002

Väter

Für den Fötus im Bauch sowie für das Kind im ersten Lebensjahr ist die Beziehung zu seiner liebevollen, präsenten und einfühlsamen Mutter eine symbiotische, in der sich das Ich des Kindes langsam durch das spiegelnde Du entwickelt. Die Abnabelung aus diesem paradiesischen Zustand ist mit Ängsten und dem Hin- und Herpendeln zwischen dem Wunsch nach extremer Nähe und dem Bedürfnis nach Abgrenzung und Autonomie gekennzeichnet. Eine schmerzhafte, höchst ambivalente Situation. Sie wird eindeutig erleichtert durch einen liebevollen Vater, der die Ängste des Kindes bei seiner Welteroberung zu mildern versteht und ihm eine Identifikation anbietet, was dem Kind die Ablösung von der auch als übermächtig erlebten Mutter erleichtert (Pufferfunktion). Das geschieht am besten in einer fröhlichen Partnerschaft mit guter elterlicher Sexualität. »Nur wenn der Mann seine Frau als Partnerin akzeptiert und sie gleichzeitig in ihrer Mutterrolle bestätigt, ist sie innerlich ausgeglichen genug, um das Kind freigeben zu können. Umgekehrt wird der Mann seine Vaterrolle umso besser ausfüllen, je mehr er sich von seiner Frau geliebt und in seinem väterlichen Engagement nicht ausgegrenzt fühlt.« (Petri 1999, S. 33)

In dieser bedeutsamen »Triangulierungsphase« sollte das Kind zwei Liebesobjekte haben: Es braucht ein weibliches und ein männliches Vorbild für seinen Reifeprozess, da von beiden Anteile in sein eigenes männlich-weibliches Selbst integriert werden müssen. Auch vermitteln Männer Besonderes: den aktiven Umgang mit der Welt, motorisch aktivere Spiele, Wissen, praktisches Handeln, Mut, Wagnis, Risikobereitschaft, Neugier, Triebverzicht, Ausdauer und

Frustrationstoleranz. Da bei Jungen die Aggression über ihre Motorik ausgelebt wird, ist die Körperlichkeit und Sportlichkeit der Väter, die gleichzeitig die überschüssigen Kräfte in Regeln und damit zu moralischen Werten hinleiten, von extremer Wichtigkeit (s. »Bewegung«).

Kleine Jungen himmeln ihre Väter an und wollen wie sie groß, allwissend, mächtig und stark werden. Doch in der Pubertät kommt das Moment der Rivalität hinzu: Es bedeutet eine große Kränkung, noch nicht so zu sein wie er, und dies kann in Ablehnung und sogar Hass umschlagen. Wenn sich Väter diesem Konflikt nicht stellen, sich nicht als vollwertige, durchsetzungsfähige Sparringspartner bei diesem Pubertätsmatch um Richtig und Falsch, Gut und Böse, Dein und Mein anbieten, dies nicht aushalten und sich nicht in die Ohnmachtsgefühle ihrer Söhne einfühlen, kann es zu einem lebenslangen Konflikt führen.

Fünfjährige Mädchen wollen ihre Väter heiraten und die Mütter verstoßen. Dies wiederholt sich in der Vorpubertät. Väter sollten in diesen Phasen zweierlei tun: Sie sollten ihre Frauen an ihrer eigenen Seite bestätigen, aber sie sollten auch zärtlich und liebevoll begrenzend das »Weibchen« in ihren Töchtern anerkennen. Fehlt dieser stolze Glanz in den Augen des Vaters, bleibt beim Mädchen oftmals eine lebenslange Suche und Sucht nach männlicher Anerkennung bestehen. – Interessant ist folgendes Untersuchungsergebnis: Mädchen, die in den ersten fünf Lebensjahren eine enge Beziehung zum leiblichen Vater hatten, beginnen ihre Pubertät relativ spät; diejenigen, die nur mit ihrer Mutter oder einem Stiefvater aufwuchsen, pubertieren sehr viel früher, was viele Probleme hervorruft (*Süddeutsche Zeitung* vom 16.11.2001).

Für Väter von Jungen wie Mädchen gilt: den überbordenden Narzissmus sowie die Aggressionen in Schach zu halten, diese beiden Gefühlslagen angemessen, konsequent und liebevoll zu begrenzen, damit sich ein stabiles Über-Ich, d.h.

eine ausreichende Eigenkontrolle, bilden kann, um diese heftigen Gefühle sowie Krisen im Leben bewältigen zu lernen. Auch sind es die Väter, die Zukunftshoffnungen vermitteln und für die ersten Schritte ins wirklich eigene Leben bedeutsam sind. Deutlich wird ihre Wichtigkeit daran, dass hohe Prozentsätze von »gestrauchelten« Jugendlichen keine (anwesenden) Väter hatten (s. »Vaterentbehrung«).

Für Männer ist es heute extrem problematisch, ihre Vaterrolle zu definieren. Frauen fordern einerseits »alles«: Geldverdienen, Mithilfe im Haushalt und bei der Erziehung, gesellschaftliche Geltung sowie eine Unterstützung in allen Lebensbereichen. Andererseits sind sie oftmals extrem kontrollierend und lassen die Männer mit den Kindern nicht »machen«, sondern müssen alles im Blick haben, beaufsichtigen, analysieren und zernörgeln. Eigentlich die klassische »Schwiegermutterposition«. Wie soll sich aber unter diesen Argusaugen eine Liebesbeziehung zwischen Vater und Kind entwickeln? Noch ein Paradoxon: Frauen lieben Männer wegen ihres Andersseins. Und just dieses männliche Sein lieben auch Kinder, aber ihre Mütter versuchen mit Macht die Männer zu weiblichem Verhalten umzupolen. – Und die Männer? Sie müssten dringend ihr Selbstverständnis und ihre enorme Wichtigkeit als Väter neu bewerten.

Lagerfeuer, Rohre reparieren, übernachten im Zelt, raus ins Gewitter, drei Tage nicht duschen, Eisenbahnbau, Vogel- und Sternebeobachtung, Trip ins Unbekannte per Fahrrad und Gitarre spielen: All dies und noch unendlich viel mehr können und sollten Väter ihren Kindern bieten. Exklusiv, in inniger Nähe, ohne »störende Frauen«, in wahrscheinlich wohltuendem schweigsamen Kontakt als präsente und für später lebenswichtige »innere« Gefährten (Robert Bly), als verehrte, respektgebietende, zärtliche und einfühlsame Väter und bedeutsame Vorbilder!

Mütter sind für die ersten zehn Jahre von großer Bedeutung, die Bedeutung der Väter löst danach die der Mütter ab. Und: Kinder haben – von der UNO-Kinderkonvention festgelegt – ein Recht auf beide Elternteile. Wird dies verwehrt, weil der leibliche Vater unbekannt ist, unterschlagen wird (bei zehn Prozent aller ehelichen Kinder!), aus der Familie gegangen ist oder verdrängt wird, das Besuchsrecht nicht einhält oder es ihm verweigert wird, kommt es meist zu Störungen bis ins hohe Erwachsenenalter hinein. Ein Leben ohne Vater beginnen zu müssen, beinhaltet ein hohes Lebensrisiko (s. »Vaterentbehrung«, »Scheidung«, »PAS-Syndrom«) und bereitet unendlich viele Schmerzen bis in die eigene Partnerschaft und Familie hinein.

Literatur

Camus, Jean le: *Väter. Die Bedeutung des Vaters für die psychische Entwicklung des Kindes,* Weinheim: Beltz 2001

Marone, Nicky: *Gute Väter – selbstbewusste Töchter. Die Bedeutung des Vaters für die Erziehung,* Frankfurt/M.: S. Fischer ^{6}2002

Petri, Horst: *Das Drama der Vaterentbehrung. Chaos der Gefühle – Kräfte der Heilung*, Freiburg: Herder 1999

Vaterentbehrung

Der Erste Weltkrieg hat in Deutschland 1,8 Millionen Männern das Leben gekostet, der Zweite Weltkrieg 5,25 Millionen. Millionen von Halbwaisen mussten ohne ihre Väter und meist unter der »überlasteten Omnipotenz« der Mütter (Wolfgang Schmidbauer) aufwachsen. Die aus dem Krieg zurückgekehrten Väter waren oft physisch, psychisch und moralisch gebrochen, mussten Deutschland wieder aufbauen und erstickten schier am »Unsagbaren«.

Deren Söhne, die ohne (präsente) Väter aufwuchsen, bauten nicht selten folgende Abwehrmechanismen gegen ihren Kinderschmerz auf: Da ich keinen Vater »gebraucht« habe, brauchen meine eigenen Kinder eigentlich auch keinen. Ich bin überflüssig. Gute Väterlichkeit ist nicht gefragt, also kann ich gehen.

Viele Frauen und besonders große Teile der Frauenbewegung haben als Abwehrform ihrer Kindersehnsüchte nach einem guten Vater eine psychische Umkehrung vollzogen und die Vaterlosigkeit zum Ideal erhoben. Sie führen Vaterlosigkeit selbst herbei: Zu 80 % werden Scheidungen von Frauen eingereicht. Damit ist eine vierte Generation von Vaterentbehrung gekennzeichnet. Es ist eine Tatsache, »dass es eine vaterlose Nachkriegsgeneration war, die der traditionellen Familie ideologisch und faktisch den ›Krieg erklärte‹ und damit wiederum eine Kindergeneration gezeugt hat, von der große Teile ihre Väter durch den Krieg der Geschlechter verloren haben. Diese vaterverlassenen Kinder von Vätern ohne Vater« (Petri 1999) stellen die heutige junge Elterngeneration. Sie leiden zudem unter einer kollektiven Abwertung des väterlichen Prinzips.

Ein Vaterverlust – auch heute wachsen 1,3 Millionen

Kinder hierzulande ohne Väter auf – ist immer ein Trauma, mit Folgen für beide Geschlechter: psychische Ertaubung, Gefühlskälte, Abstumpfung, eingefrorene Trauer, Bindungsangst oder sexuelle und emotionale Bindungsunfähigkeit.

Was kann passieren, wenn eine Frau ihr Kind alleine großzieht? Mütter, die freiwillig oder unfreiwillig auf die Unterstützung eines Mannes verzichten, müssen nicht nur die Verletzungen, Trauer und Wut der Kinder ob der Vaterentbehrung aushalten und sich mit dem eigenen Scheitern, der eigenen Hilflosigkeit und Ohnmacht auseinander setzen, was nicht selten in Ängste, Depressionen und Verzweiflung umschlägt. Darüber hinaus entstehen zehn potenzielle Gefahren:

1. Es kann zu einer Gefühlsabwehr und Gleichgültigkeit gegenüber dem Kind kommen. 2. Der Selbst- und Männerhass wird auf das Kind projiziert, auch wird es 3. von den mütterlichen psychischen Problemen überflutet und als Bündnispartner missbraucht. 4. Mädchen erfahren eine zu starke Mutterfixierung, die ihnen eine heterosexuelle Beziehung später erschweren wird. 5. Jungen werden als Partnerersatz missbraucht, was ab der Pubertät zu starken Hassgefühlen gegenüber der Mutter führen kann. 6. Jungen werden mit dem »bösen Männlichen« identifiziert oder 7. als Elternersatz parentifiziert, 8. als Sündenböcke für das eigene Scheitern verantwortlich gemacht oder 9. zum Lebensersatz gebraucht, nämlich 10. als narzisstische Verlängerung des eigenen leeren Selbst (Petri 1999, S. 93 ff.).

Aufgrund von höchst problematischen Mutter-Kind-Konstellationen ist es nicht verwunderlich, dass die klassische Reaktion von vaterverlassenen Jungen der »Don Juanismus« ist, also die Abwehr von bodenloser Einsamkeit durch immer neue, flüchtige Liebesabenteuer. Vaterverlassene Frauen neigen eher zu psychosomatischen Erkrankungen sowie zu heftigen, sich nur schwer auflösenden Hassgefühlen der eigenen Mutter gegenüber. Bei beiden Geschlechtern kann es zudem zu einer Blockierung der psychosexuellen Entwicklung, der Intelligenz sowie der beeinträchtigten Entwicklung von Gewissen und Moral kommen, was weltweite Untersuchungen immer wieder belegen.

Aus Amerika, wo der Zustand von Vaterentbehrung noch viel ausgeprägter als bei uns mit bitterer Armut verknüpft ist, kommen folgende Horrorzahlen: 63 % der jugendlichen Selbstmörder, 71 % der schwangeren Teenager, 90 % der Ausreißer, 85 % der Jungkriminellen und 75 % der Drogenabhängigen stammen aus vaterlosen Familien. Somit hat die alleinige mütterliche Erziehung versagt.

Natürlich kann das Trauma der Vaterentbehrung abgemildert werden durch umsichtige Mütter, durch liebevolle Stiefväter und männliche Ersatzväter, doch bleibt die Wunde dieser tiefen Kränkung immer bestehen, solange sie nicht therapeutisch bearbeitet wird. Ersatzväter ohne offizielle Verpflichtungen werden deswegen immer wichtiger. Das können Großväter, Onkel, Trainer, Lehrer oder Sozialarbeiter sein, auch »innere Gefährten« (Robert Bly), damit diese nicht ausschließlich in den Rambos der Medienwelt gesucht werden müssen. Wobei die Skala von den »Gurus« bis zu den politischen oder sexuellen Verführern reichen kann: Gerade bei Skinheads und rechten Gruppen sind überdurchschnittlich viele vaterverwaiste Jungen zu finden.

Im 1998 neu formulierten Kindschaftsrecht wurde bereits ein gesetzlicher Rahmen geschaffen, der vielen Müttern, aber auch Scheidungsrichtern und Sozialarbeitern einen neuen Weg weist. Beide Eltern haben eine »Umgangspflicht« – und das Recht auf den Umgang mit dem Kind. Das Parental Alienation Syndrom (s. »PAS-Syndrom«), die Entfremdung eines Elternteils durch den anderen, oder die einseitige Gehirnwäsche von Kindern gegen einen Elternteil wird seit neuestem als psychische Gewalt gegenüber dem Kind gebrandmarkt. Was natürlich die Erziehungsfähigkeit des aggressiven Elternteils in Frage stellt.

Nochmals: Ein Leben, welches ohne innigen Kontakt zum leiblichen Vater begonnen werden muss, zieht ein hohes Lebensrisiko nach sich, wie eine Langzeituntersuchung zeigt: Erwachsene, die unter Depressionen, Angststörungen, Beziehungs- und Selbstwertproblemen litten, hatten zu 50 bis 70 % keine (präsenten) Väter!

Literatur

Corneau, Guy: *Abwesende Väter – Verlorene Söhne. Die Suche nach der männlichen Identität,* Düsseldorf: Walter [2]1993

Petri, Horst: *Das Drama der Vaterentbehrung. Chaos der Gefühle – Kräfte der Heilung,* Freiburg: Herder 1999

Schmidbauer, Wolfgang: *Ich wusste nie, was mit Vater ist. Das Trauma des Krieges,* Reinbek: Rowohlt 1998

Verantwortung

Verantworten, dieses seit dem Mittelhochdeutschen gebräuchliche Verb, beinhaltet folgende Aspekte: antworten, vor Gericht antworten, sich rechtfertigen, Rechenschaft schulden, für etwas eintreten und die Folgen tragen.

Doch ehe ein Kind sich für etwas verantwortlich fühlen kann, muss es lernen, Verantwortung für sich selbst und seine nächste Umgebung zu tragen. Das beginnt sehr früh: Kinder lernen, sich selbst anzuziehen, die eigenen Dinge aufzuräumen, das eigene Bett zu machen und die Schultasche selbst zu packen. Doch ist es für viele Mütter kaum auszuhalten, wenn die Sportsachen vergessen werden: Sie tragen das Vergessene in die Schule. Natürlich gibt es Ausnahmen, die dieses Verhalten rechtfertigen. Doch oft ist es verantwortungs-los: Der Erwachsene verhält sich unverantwortlich dem Erziehungsziel gegenüber, dass Kinder zu selbstständigen Menschen heranwachsen und für ihr Tun die Folgen tragen müssen (wirklich müssen, sonst werden sie nie richtig erwachsen!). Durch diese Verantwortungslosigkeit der Erwachsenen wird die der Kinder provoziert. Denn das Kind lernt positiv: Ich brauche nicht selbst für mich zu sorgen, es wird schon irgendwie von irgendjemandem gerichtet, gemacht, dran gedacht, übernommen ... und notfalls werde ich wütend, wenn dies nicht geschieht. Ganz einfach!

Das nicht verantwortungsvolle pädagogische Verhalten der Eltern führt meist zur Unterstützung und Belohnung von negativem Verhalten der Kids. Gerade in kleinen Familien mit nur einem oder zwei Kindern wird von den Erwachsenen häufig am Tag nur eben schnell mal geholfen ... dem Kind etwas abgenommen ... werden seine kleinen Haushaltspflichten rasch nebenbei erledigt ... wird schweigend nachgeräumt

... drüber hinweggesehen ... werden ein Kommentar und eine Rüge sich verkniffen usw. Alles mit der Folge, dass negatives Verhalten »belohnt« wird (s. »Haushaltspflichten«). – Machen Sie einmal ein Protokoll von sieben Tagen und notieren Sie ehrlich, wie oft Sie dies täglich tun! (Der Durchschnitt liegt bei 5- bis 15-mal pro Tag!)

Kinder lernen dabei, sich weder für ihr Chaos, ihr Zimmer, ihre Schulsachen verantwortlich zu fühlen noch für ihr Wohlgefühl. Ein Beispiel: Die Lehrerin einer 3. Grundschulklasse will mit den Kindern für fünf Tage auf einen Bauernhof fahren. Zuvor erarbeiten sie Listen, was alles mitzunehmen ist. Das Lernziel: den Koffer selbst zu packen. Was passiert? Von 22 Kindern haben dies nur vier erledigt, bei 18 waren es die Mütter. Die Koffer wurden erstens so schwer, als stünde eine sechswöchige Weltreise an, und waren zweitens von den Kindern nicht selbst zu bewegen. Schlechteste Reisevoraussetzungen! Noch wichtiger: Die Kindern lernten nicht, dass es an ihnen selbst liegt, wenn sie ihre Badesachen zu Hause vergessen. An niemandem sonst! Weder an den Müttern heute noch an den Ehefrauen später, die ja oft die Koffer ihrer Männer packen, da deren Mütter früher die Koffer packten ...

Ebenso wichtig: die Verantwortung für die eigene Gesundheit zu übernehmen. In welch hohem Maße dies Kinder schon können, zeigen uns die kleinen Diabetiker- oder Asthmapatienten, die sehr selbstständig ihre Medikation vornehmen und Gefahren einschätzen. An vielen Erwachsenen (Männern!) wird negativ deutlich: Sie haben nie gelernt, sich für die eigene Gesundheit verantwortlich zu fühlen, weder was Kälte, gesunde Ernährung, noch was ausreichenden Schlaf oder nasse Füße anbelangt.

Kennen Sie den Unterschied zwischen einer italienischen und einer jüdischen Mutter? Die italienische Mama kreischt: »Wenn du den Spinat nicht isst, bringe ich dich um!« Die jüdische: »Wenn du den Spinat nicht isst, bringe ich mich um!« In beiden Fällen lernen die Kinder garantiert nicht, für sich die Verantwortung zu übernehmen!

Kinder sollten auch lernen, sich für ihre Leistungen verantwortlich zu fühlen. Malt eine Fünfjährige ein Bild, meist sind es ja dutzende hintereinander, ist es selbstverständlich, es (oftmals völlig undifferenziert) zu loben. Aber dadurch werden nicht nur Zuwendung und eine oft zu überschwängliche und damit nervige, unechte Anerkennung ausgesprochen, sondern wird auch Verantwortung entzogen. Eine Reaktion, die die Selbsteinschätzung und -verantwortung fördern würde, wäre: »Was gefällt dir selbst daran und was könntest du beim nächsten Bild verbessern?« Also: das Kind auf sich selbst verweisen, damit es selbstkritisch wird, sich eigene Lernerfolge vornimmt, überprüft und nicht zu abhängig vom Lob (s. dort) oder der Kritik durch andere wird.

Der Begriff der Autopädagoik (Selbsterziehung) ist völlig in Vergessenheit geraten. Er meint die Verantwortung für das eigene Leben, letztendlich für das eigene Glück. Denn besonders dafür sind wir verantwortlich. Weder die Eltern heute noch die (Ehe-)Partner später. Auch das kann Kindern nahe gebracht werden, vielleicht als Frage innerhalb des Zubettgehrituals: Was hat dich heute glücklich gemacht und was hast du dazu getan? Denn einer Entenmutter mit ihren Küken zuzuschauen basiert ja nicht nur auf einem Zufall, sondern auch auf der eigenen Fähigkeit, anzuhalten, sich Zeit zu nehmen, genau zu beobachten und Freude zuzulassen.

Und natürlich gehört in jeder Familie die Verantwortung für die anderen Familienmitglieder, später für die Klassenkameraden und die Gemeinschaft dazu. Dies wird nicht gelernt durch Reden, Lamentieren und Moralpredigten, sondern ausschließlich durch das Tun. An vielen Schulen hat sich gezeigt, dass z.B. das gemeinsame Putzen des Klassenzimmers die Verantwortung für die Räume, also für die tägliche sechsstündige Lebensumgebung, stärkt. Jeder Büroangestellte versucht es ja auch mit seinem Büro ... Wie sagte schon der kleine Prinz: »Du bist zeitlebens für das verantwortlich, was du dir vertraut gemacht hast.« Oder umgekehrt: Vertrautheit entsteht für das, wofür ich mich verantwortlich fühle und was ich selbst mitgestaltet habe. Sei es der Weihnachtsschmuck zu Hause, die selbst gestrichene Wand im eigenen Zimmer, das selbst geflickte Fahrrad oder das liebevoll servierte Sonntagsfrühstück für die Eltern.

Literatur

Bastian, Till: *Kinder brauchen böse Eltern. Erziehung zur Selbständigkeit,* München: Droemer Knaur 2001

Messmer, Rita: *Ihr Baby kann's. Selbstbewusstsein und Selbstständigkeit von Kindern fördern,* Stuttgart: Kreuz 2001

Wunsch, Albert: *Abschied von der Spaßpädagogik. Für einen Kurswechsel in der Erziehung,* München: Kösel 2003

Werte und Moral

Überall das gleiche Lamento: Hilfe, wir leben in einer wertefreien Zeit! Dabei sind der 2000-jährige Wertekanon der christlichen Zehn Gebote (z.B. »Du sollst nicht töten!«) und das Grundgesetz (z.B. »Die Würde des Menschen ist unantastbar!«) absolut aktuell und die allermeisten Menschen richten sich danach. Auch lassen sich alle sieben mittelalterlichen Kardinaltugenden – Glaube, Liebe, Hoffnung, Besonnenheit, Weisheit, Gerechtigkeit, Tapferkeit – sehr gut den Feuerwehrmännern des 11. Septembers 2001 von New York zuordnen. Die sieben Haupt- und Todsünden des christlichen Mittelalters (Hochmut, Neid, Zorn, Geiz, Unzucht, Unmäßigkeit, Trägheit) würden wir zwar nicht mehr so bezeichnen, aber z.B. innerhalb der Familie sehr wohl sanktionieren.

Definiert werden Werte und Moral als allgemein gültige Orientierungsmaßstäbe, die den Menschen in der jeweiligen Gesellschaft Verhaltenssicherheit vermitteln, wovon sich wiederum Normen ableiten. Diese Normen bestimmen unseren Alltag: ob wir oder unsere Kinder schwarzfahren, im Supermarkt etwas mitgehen lassen, ob wir Steuern hinterziehen oder unsere Kinder bei den Klassenarbeiten schummeln und Unterschriften fälschen, ob wir als (geschiedene) Eltern unsere eigenen Kinder (mit Konsum) erpressen oder gegen den anderen Elternteil aufhetzen, ob wir sie schlagen oder uns von ihnen schlagen lassen, ob wir »Fremden« verächtlich oder respektvoll begegnen usw.

Ein Beispiel sabotierter Moralerziehung: Ein Fünfjähriger stiehlt im Supermarkt Schokolade. Seine Mutter erfährt davon erst, als sie bereits mit den drei Kindern wieder im Auto sitzt. Sie wendet, sucht sich erneut einen Parkplatz, lässt alle drei aussteigen, findet die Kassiererin und verlangt von ihrem Sohn, dass er sich entschuldigt und die Schokolade bezahlt, was er (unter Qualen natürlich!) auch tut. Doch die Antwort der Kassiererin macht alles zunichte: »Ach, das macht doch nichts! Das tun doch alle! Behalte sie ruhig und iss sie auf!«

Die Moral- und Werteerziehung (s. »Altruismus«) beginnt sehr früh, wenn Kinder lernen, dass sie niemanden mit ihrem Bagger »totfahren« dürfen, dass sie teilen sollen usw. Eine tägliche Aufgabe, tägliches Mühen! Moralpredigten nützen selten, nur das Vorbild, das Spüren (Wie geht es mir selbst, wenn jemand ungerecht, gemein, doof zu mir ist?) und Reflektieren sowie In-Frage-Stellen von Handlungen helfen weiter.

Besonders Vorschulkindern sind moralische Kategorien sehr wichtig, sie selbst sind oftmals moralisch radikal. Zunächst betreiben sie Schwarz-Weiß-Malerei, denn erst im Laufe der Entwicklung, des gesamten Lebens lernen wir immer differenzierter zu urteilen. Auch ist es für sie irritierend, dass sich Erwachsene ständig unterschiedlich verhalten. Deswegen müssen Empathie, Mitleidsfähigkeit, Einfühlung, das Bedürfnis zu teilen, Gerechtigkeitsempfinden und Toleranz früh in ihnen verankert werden, damit sie flexibel mit unterschiedlichen Situationen umgehen können. Nur diese verinnerlichten Normen helfen, sich auf Situationen einzustellen. Denn manchmal sind ja kleine Lügen auch ganz angebracht (wenn einem das Geschenk von Onkel Gert so überaus missfallen hat)!

Die menschlichen Grundordnungen basieren auf Loyalität, d.h. auf einem Gefühl der Bindung, der Verbundenheit und der Verpflichtung gegenüber der Familie und der Gemeinschaft, und sind verknüpft mit dem Gefühl von Gerechtigkeit. Wir sind alle existenziell auf andere angewiesen (auf den Bäcker, den Lokführer, die Polizistin)! Auch gilt: Je freier wir unser Leben gestalten, desto stärker sind wir alle, ist unsere Demokratie auf diese Loyalität, auf Gerechtigkeit und einen Grundkonsens von Moral angewiesen. Sprich: Der Bedarf an Erziehung wächst mit unseren Freiheiten! Andernfalls würden sich mafiose (Staats-)Strukturen entwickeln.

Beim Klagen über fehlende Werte sollte auch nicht vergessen werden, dass just im Namen von vehement vertretenen Werten z.B. Kinder geschlagen oder im Nationalsozialismus und Kommunismus Millionen Menschen ermordet wurden!

Professor Horst Opaschowski hat festgestellt, dass die junge Generation (14–29 Jahren) in einem guten Gleichgewicht lebt: Ihr ist Leistung ebenso wichtig wie Lebensgenuss. Er nennt es eine »Gleichgewichtsethik«. (2002, S. 81) Auch ist für sie Pflichterfüllung (87 %) wichtiger als Spontaneität (79 %), Anstand und richtiges Benehmen (66 %) haben ebenfalls hohen Stellenwert. Und für eine »selbstständige Persönlichkeit« finden die jungen Menschen Folgendes unabdingbar: Selbstvertrauen (79 %), Leistungsstreben (58 %), Verantwortungsbereitschaft (69 %) sowie den Wunsch, sich mit der Familie zu beschäftigen (51 %).

Pflichterfüllung lernen kleine und große Kinder z.B. durch Mithilfe im Haushalt (s. »Haushaltspflichten«). Richtiges, sprich differenziertes Benehmen gehört zum Kanon des sozialen Lernens (s. dort), Leistungsstreben wird positiv vermittelt, wenn man die Kinder weder »totlobt« (s. »Lob«) noch zu sehr verwöhnt (s. »Schlaraffenlandkinder«, »Verantwortung«), sondern ihnen auch adäquate Aufgaben für die Gemeinschaft zumutet (s. »Altruismus«).

Opaschowski fasst seine positiven Forschungsergebnisse wie folgt zusammen: »Das Prinzip Vertrauen wurde (in den vergangenen Jahren) weitgehend durch das Prinzip Individualität ersetzt. Statt Freiheit, Freizeit und Freunde weiterhin als individuelle Lebensideale zu verklären, sollten wir eher nach gemeinsamen Werten Ausschau halten ... was als sozialer Kitt die Gesellschaft zusammenhält, sind Hilfsbereitschaft, menschliche Wärme und soziale Gerechtigkeit.«

Doch am allerwichtigsten ist es, den Kindern das Prinzip zu vermitteln, dass jeder bei sich selbst anfangen muss, denn sonst ändert sich gar nichts: Nur wenn ich menschliche Wärme, Toleranz und Zugewandtheit verschenke, können die kleine und die große Welt sich verändern. Auf andere zu warten bedeutet eine Anspruchshaltung, die meist in trotzige und völlig unproduktive Opfermentalität und grässliches Quengeln einmündet.

Literatur

Beil, Brigitte: *Gutes Kind, böses Kind. Warum brauchen Kinder Werte?* München: dtv 1998

Krenz, Armin: *Wie Kinder Werte erfahren. Wertevermittlung und Umgangskultur in der Elementarpädagogik,* Freiburg: Herder [2]2002

Opaschowski, Horst W.: »Werte wichtiger als Waren. Die medial konstruierte Spaßgesellschaft vor dem Aus«, in: *MUT,* H. 2/2002, S. 76 ff.

Wut

Unsere Geburt ist unser größtes Trauma: Vom paradiesischen Schwimmen im warmen Fruchtwasser werden wir nach einem mühevollen und nicht selten lebensbedrohlichen Kampf im engen Geburtskanal in die Welt hinausgestoßen und erfahren den »leeren Raum«, der nicht mehr mit Fruchtwasser, sondern quasi mit nichts, mit Luft gefüllt ist (Olivier 2000, S. 29). Sofort setzt der vehemente Wunsch zu überleben ein, das Es produziert den ersten wilden Schrei. Dieser Überlebenstrieb tritt lebenslang auf, wenn wir Gefahr wittern oder Angst vor dem Verlassenwerden haben. Um sich physisch oder psychisch zu retten, können alle Menschen in solcher Not extrem gewalttätig werden!

Erleben Kleinkinder nur für Minuten dieses schmerzende Verlassenheitsgefühl, erinnern ihre Schreie und Gesten, ihr Toben und ihre Hilflosigkeit an einen Überlebenskampf. Eine Vierjährige sprang, weil die Eltern sie abends allein ließen, in ihrer extremen inneren Not von einem Balkon in vier Metern Höhe! Nicht weniger irrational verhalten sich Erwachsene, wenn sie von einem Liebespartner verlassen werden.

Die Aufgabe von Eltern ist es, diese Schreie des Babys und die impliziten Bitten nach Zuwendung und Nahrung adäquat zu beantworten.

Die orale, noch völlig sprachlose Wut des Babys besitzt die »Despotie des ›ich will überleben, mein Körper will leben und sich mit Nahrung füllen‹«. (Ebd., S. 33) Es ist ein extremes Kämpfen gegen die Todesangst.

Die Eltern kommen sofort, trösten ihr Kind und wissen, dass dieser Zustand aufgehoben werden kann. Doch wird das Kind als eine »Verlängerung« der eigenen Person angesehen und rutschen die Eltern selbst noch in die orale Wutphase, prallen zwei unterschiedliche Lebenskämpfe mit Wucht aufeinander: Das Kind will sich auffüllen mit elterlicher Zuwendung, doch wollen die Eltern gleichzeitig ihre eigene innere Leere mit der Zuwendung eines »lieben« Kindes auffüllen – so kann Gewalt entstehen! »Niemand ist egoistischer und untergründig gewalttätiger als eine Mutter oder ein Vater, die sich durch das Kind verwirklichen und in ihm ihre eigene misslungene oder verlorene Kindheit wiederfinden wollen. Wenn nicht alles so geschieht, wie sie es sich wünschen ... entwickeln sie die Bereitschaft, das Kind zu vernichten ...« (ebd., S. 36). Und das Kind, welches seine Eltern nicht zufrieden stellen kann, wird diese Befriedigung später wiederum von den eigenen Kindern verlangen – sodass die Spirale von untergründiger Gewalt (Schrei gegen Schrei, Schrei gegen körperliche Züchtigung) immer weitergeht.

»Der Erwachsene wird gewalttätig, wenn er sich ohne Grund angegriffen fühlt, wenn man ihm seinen Platz streitig macht, auf dem Gehweg oder in der Warteschlange, wenn man ihm sein begehrtes Objekt oder die geliebte Person wegnimmt ...« Die orale Wut, die auf einer als schmerzhaft empfundenen inneren Leere beruht, führt uns »ganz an den Anfang unseres Lebens zurück, in die Zeit, in der wir noch nicht mit Hilfe der Sprache zu einer Übereinkunft mit den anderen gelangen konnten«. (Ebd., S. 38) Diese Leere wird häufig versucht, durch Alkohol, Drogen, Essstörungen oder Selbstverstümmelungen, also mit selbst-aggressiven Mitteln, aufzufüllen.

In der analen, der Trotzphase (ab dem zweiten Lebensjahr) geht es um pure Macht. Das Kind will seine Wünsche mit Geschrei und Gewalt durchsetzen. Es geht um die Frage zwischen dem Kind und den Erwachsenen: Hilfst du mir?, und: Wer ist der Mächtigere? Die Beantwortung der Frage ist mit starkem Hass verknüpft. Die schwierige Balance für die Eltern: Grenzen ziehen, ohne sadistisch zu sein, und sich Respekt verschaffen, damit das Kind aufschauen und sich geborgen fühlen kann. Das Kind muss gehorchen lernen, ohne sein Eigenes zu verlieren oder sich devot und verängstigt zu unterwerfen.

In dieser Phase will das Kind alles haben: das Glas vom Tisch, die Kette seiner Mutter, das Dreirad des Freundes. Es befindet sich also in einem ständigen Konkurrenz- und Neidkampf mit den anderen. Und bei jeder Zumutung ertönt sein machtvolles »Nein!«, dem Erwachsene oftmals nicht standhalten. Damit setzen sie das Kind einem tiefen Gefühl von Ungeborgenheit aus. Es geht um das Siegen und das Lernen, Niederlagen einzustecken und trotzdem weiterzumachen.

In dieser Zeit sind Kinder oft grausam (gegen andere Kinder oder kleine Tiere), weil sie noch wenig Bewusstsein dafür haben, dass andere Wesen Schmerzen empfinden, und, wenn die Gefühle diese übermannen, sie noch keine Einfühlung entwickeln können. Besonders nachgeborene Geschwister werden von den älteren »beherrscht«, mit fast mörderischen Impulsen: Du sollst nicht meinen Machtbereich stören, geh weg! Darf das Kind diese Gefühle fühlen (nicht ausleben!), muss es sie weder verdrängen noch ins Gegenteil umwandeln, was nicht selten zu einer Helferhaltung oder zu Ohnmachtsgefühlen führt. Doch die »Wutanfälle, die man dem Kind gestattet, lassen die Eheszenen vorausahnen, zu denen sich der spätere Erwachsene hinreißen lassen wird, wenn es um den Wunsch des anderen und den eigenen Platz in der Beziehung geht« (ebd., S. 48) oder um das wie existenzbedrohend wirkende Gefühl von Eifersucht und Verlassenheit.

Nach der verschlingenden Gewalt der oralen Phase folgt die beherrschen wollende Gewalt der analen Phase, die von den Eltern begrenzt werden muss, damit das Kind erfährt, dass es in seiner überbordenden Wut nicht alleine gelassen wird, aber auch nicht Macht ausüben darf. Es sollte die Familie als Halt gebenden Ort sowie als Instanz für das Auspendeln zwischen den eigenen und den fremden Wünschen erleben.

Junge Eltern müssen sich klar machen, dass der Prozess, die orale und anale Wut zu bändigen, der wichtigste Schritt hin zur Zivilisation eines Menschen ist und niemals ohne Konflikte bewerkstelligt werden kann! Dies gelingt nur, wenn der Kontakt innig, lebendig sowie beständig ist und bleibt, also einen verlässlichen, guten »Mutterboden« bietet.

Literatur

Baum, Heike: *Da bin ich fast geplatzt! Vom Umgang mit Wut und Aggression,* München: Kösel ^{2}2002

Olivier, Christiane: *Das innere Monster zähmen. Warum unsere Kinder Autorität brauchen,* Freiburg: Herder 2000

Parens, Henri: *Kindliche Aggressionen. Wie wir Grenzen setzen und den konstruktiven Umgang mit Gefühlen unterstützen können,* München: Kösel 1995

Zärtlichkeit

Unsere Haut ist unser größtes Sinnes-, Seelen-, Grenz- und Kontaktorgan und verbindet uns mit der Welt. Außerdem fungiert sie als Ausdrucks- und Darstellungsorgan, als Sexualreiz und ist für die Ausscheidung von vielen Litern Schweiß sowie für unsere Wärmeregulierung verantwortlich. Auf der Haut bilden sich alle Organe ab, die ein Mediziner sozusagen von außen betrachten und durch die Akupunktur beeinflussen kann. Wir kommen nicht aus unserer Haut heraus und wenn sie sehr empfindlich ist, versteckt sich auch meist eine empfindsame Seele dahinter!

Die Haut ist unser Zärtlichkeitsorgan schlechthin. Und Zärtlichkeit ist immer etwas Körperliches! Werden Babys nur gepflegt, aber nicht zärtlich berührt, nehmen sie nachhaltig Schaden. Die Hospitalismusforschung hat das vielfältig belegt: Kinder, die in Kinderheimen zwar korrekt gewindelt, gebadet und gefüttert wurden, aber aus Zeitmangel oder wegen einer alles Weibliche und Zarte verachtenden Ideologie (z.B. im Faschismus und in der DDR) keine Zärtlichkeit erfahren, verhungern emotional, ziehen sich in ihre kleinen Seelen zurück und erleiden nicht wieder gutzumachende Kontaktschäden, bekommen Depressionen und verlieren ihren Lebenswillen (Chamberlain 2000, S. 65).

»Das Kind spiegelt sich während des Saugens in den Augen der Mutter. Trifft es dabei auf den berühmten zärtlichen Glanz, fällt dieser Glanz auf es selbst zurück. Was aber, wenn die Mutter beim Stillen fernsieht? Was, wenn das Kind in kalte, stumpfe oder gleichgültige Augen schaut? Was, wenn sie es herumträgt wie ein Stück Holz und so schnell wie möglich wieder hinlegt? Was, wenn das Kind beim Wickeln und Baden statt zärtlich-streichelnder Hände und gemeinsamen Glücks präzis-sparsame Handgriffe oder gar die spitzen Finger des Ekels spürt? Eine Mutter kann technisch alles richtig machen, und dennoch kann das Wichtigste fehlen ... Ein Mangel an Zärtlichkeit kann den Zugang zur Welt der anderen verschütten, die Zukunft verdunkeln und das Leben in Un-Sinn verwandeln.« (Eisenberg u. Gronemeyer 1993, S. 63)

Zärtlichkeitsmangel verursacht ein Gefühl der inneren Leere, von menschlicher Sterilität, lässt Verhärtungen entstehen, Schroffheit und Abwehr. Ein klassisches Beispiel: Der verknöcherte Junggeselle, die so genannte alte Jungfer sind so menschenscheu und -verachtend nicht nur wegen mangelnder Sexualität, sondern vielmehr aus Mangel an zärtlichem Kontakt. Und werden oft sichtbar weich, blühen auf, wenn sie ein kleines Kind oder ein Tier streicheln!

Da im embryonalen Zustand die Entwicklung der Haut und des Gehirns gleichzeitig verläuft, ist es kein Wunder, dass Berührungen z.B. von unruhigen Kindern diese besser rechnen lassen. Wie eine Lehrerin sagte: »Einer meiner wildesten Jungen rechnet wie ein junger Gott, wenn ich meine Hand auf seine Schulter lege!« Einige amerikanische Firmen haben diese Erkenntnisse aufgegriffen: Ihre Angestellten bekommen während der Arbeitszeit Gelegenheit, sich 15 Minuten den Rücken massieren zu lassen, was sich sofort auf ihre Konzentration und damit auf die Produktivität auswirkt!

Eine andere Untersuchung ergab Folgendes: Säuglinge, die regelmäßig gestreichelt wurden, waren gesünder, nahmen stärker zu, schliefen friedlicher und ihr Immunsystem war besser. Und eine englische Untersuchung belegte: Hunderte von Frühgeborenen wurden in den ersten drei Wochen täglich 20 Minuten lang gestreichelt. Sie schnitten bei Intelligenztests sogar noch nach sieben Jahren besser ab als die nicht gestreichelten Kinder. Auch ihre Fähigkeiten beim Lesen und bei Geschicklichkeitsübungen waren höher entwickelt.

Zärtlichkeit fördert auch die Identitätsstabilität. Denn Zärtlichkeit heißt: Du bist mir willkommen, ich liebe es, mit dir Zeit zu verbringen, du machst mich glücklich in deinem So-Sein. Es ist Erfahrung – buchstäblich – aus erster Hand, es gibt keinen Ersatz dafür! Wer satt von Zärtlichkeiten ist, braucht keine Umwege und keine Ersatzstoffe für seine Befriedigung.

Doch es gibt auch Zärtlichkeitsüberflutung! Besonders Frauen neigen dazu, eigene und fremde Kinder abzuküssen, obwohl es ihnen unangenehm ist und sie das auch zeigen. Das sind Grenzverletzungen! Psychologen nennen es auch Überstimulierung. Jeder kennt es vom Kitzeln: Erst ist es angenehm, irgendwann aber unerträglich! So funktioniert es auch psychisch mit allem, was zu viel, zu übergestülpt, nicht selbstbestimmt ist. Fragen Sie sich selbst, ob Sie ständig abgeküsst und betatscht werden möchten. Nein? Ihr Kind aber auch nicht!

Auch müssen viele Kinder (besonders von Alleinerziehenden und bei Beziehungskrisen) gemeinsam mit den Eltern in einem Bett schlafen. Und wie viele Mütter ziehen, richten, putzen mit eigener Spucke an ihrem Kind herum, nur damit sie für sie selbst ordentlich aussehen?! Wie oft wird Zärtlichkeit erpresst: »Gib mir nur rasch einen Kuss, dann kriegst du Schokolade ... dann gehe ich gleich wieder aus dem Zimmer!« Wenn Erwachsene ständig die (Körper-)Grenzen der Kinder überschreiten, lernen Kinder nicht auf sich selbst aufzupassen und Erwachsene, wenn nötig, wirkungsvoll abzuwehren.

Noch drastischer ausgedrückt: Aus den halb totgeküssten kleinen Prinzen werden kontaktgestörte (Ehe-)Männer, lediglich auf genitalen Sex ausgerichtet, weil sie jede Zärtlichkeit mit Grenzüberschreitungen, mit einem Gefühl des Überflutetwerdens sowie des Ausgeliefertseins assoziieren. Mit der Folge, dass sie ihre Frauen frustrieren, die sich jedoch hoffentlich nicht an ihren Söhnen und Töchtern schadlos halten!

Literatur

Chamberlain, Sigrid: *Hitler, die deutsche Mutter und ihr erstes Kind. Über zwei NS-Erziehungsbücher,* Gießen: Psychosozial ²2000

Eisenberg, Götz u. Gronemeyer, Reimer: *Jugend und Gewalt,* Reinbek: Rowohlt 1993

Velten, Heidi u. Walter, Bruno: *Harmonische Kindermassage. So fördern Sie das Wohlbefinden Ihres Kindes,* München: Kösel 2000

Anhang

Hilfreiche Adressen

Deutschland

Arbeitskreis Neue Erziehung e.V.
Boppstr. 10
10967 Berlin
Tel.: 0 30/25 90 06-41
www.ane.de
(Sonderbrief: Kinder gegen sexuellen Missbrauch stark machen)

Arbeitskreis Partnerschaftskrise, Trennung, Scheidung e.V.
Schneckenhofstr. 27
60596 Frankfurt/M.
Tel.: 0 69/62 06 04

Arbeitskreis überaktives Kind
Postfach 41 07 24
12117 Berlin
Tel.: 0 30/85 60 59 02
www.auek.de

Beratungsstelle »Blick-Labor«
Universität Freiburg
AG Hirnforschung
Hansastr. 9
79104 Freiburg
www.brain.uni-freiburg.de
(Diagnose und Beratung bei Lernproblemen)

Bundesarbeitsgemeinschaft Elterninitiative (BAGE) e.V.
Einsteinstr. 111
81675 München
www.bage.de

Bundesgemeinschaft für Familien-Mediation e.V.
c/o RA Heße
Haspelstr. 24
35037 Marburg
Tel.: 0 64 21/2 50 94/6
(Adressen, Info-Mappen usw.)

Bundeskonferenz für Erziehungsberatung e.V.
Herrnstr. 53
90763 Fürth
Tel.: 09 11/9 77 14-0
www.bke.de
(Adressen für Erziehungs-, Scheidungs- und Mediationsberatung usw.)

Bundesstelle Verwaiste Eltern in Deutschland e.V.
Esplanade 15
20354 Hamburg
Tel.: 0 40/35 50 56 44

Bundesverband allein erziehender Mütter und Väter e.V.
Beethovenallee 7
53173 Bonn
www.vamv-bundesverband.de

Bundesverband des Deutschen Kinderschutzbundes (DKSB)
Schiffgraben 29
30159 Hannover
Tel.: 05 11/3 04 85-0
www.kinderschutzbund.de
(Familien- und Scheidungsberatung, Auskünfte über Landesverbände usw.)

Bundeszentrale für gesundheitliche Aufklärung (BzgA)
Ostmerheimer Str. 220
51109 Köln
www.bzga.de
(Familienplanung, Sexualität, Gesundheit)

Business and Professional Woman – Germany e.V.
Bundesgeschäftsstelle
Tempelhofer Damm 2
12101 Berlin
Tel.: 0 30/78 89 59 98
www.bpw-germany.de

Deutsche Hauptstelle gegen Suchtgefahren e.V. (DHS)
Postfach 13 69
59003 Hamm
Tel.: 0 23 81/90 15-0
www.dhs.de

Deutsche Liga für das Kind
Chausseestr. 17
10115 Berlin
www.liga-kind.de

Gesellschaft für ganzheitliches Lernen e.V.
Frau Monika Elmering
Schumannstr. 8
58509 Lüdenscheid
Tel.: 0 23 51/6 19 18

Institut für Kind und Familie
Friedrich-Legahn-Str. 2
22587 Hamburg
Tel.: 0 40/86 64 59 91
(Lerntherapie, Psychologische Beratung, Feldenkrais)

Interessenverband Unterhalt und Familienrecht
Bauvereinstr. 30
90489 Nürnberg
Tel.: 09 11/55 04 78

Kinder- und Jugendtelefon
zeittaktfreie Rufnummer: 0 13 08/1 11 03

Kreisel e.V.
Bugdahnstr. 5
22767 Hamburg
Tel.: 0 40/38 61 23 71
www.Kreiselhh.de
(Weiterbildung: Frühe Kindheit, Lernförderung)

Triple P
Institut Braunschweig der Christoph-Dornier-Stiftung für Klinische Psychologie
Konstantin-Uhde-Str. 4
38106 Braunschweig
Tel.: 05 31/3 91-28 65
(Positives Erziehungsprogramm)

Väter für Kinder (VfK)
Initiative für Kind, Familie, Menschenrechte e.V.
Postfach 38 02 68
80615 München
http://members.aol.com/VfK

Verband Anwalt des Kindes e.V.
Siegelweg 28
30519 Hannover
Tel.: 05 11/8 38 67 31
(Ziel: Kontakt von Kindern zu beiden »geschiedenen« Eltern)

Österreich

KIDS UNITED!
Schützgasse 16
8020 Graz
Tel.: 03 16/77 45 25
(Verein zur Unterstützung Jugend- und kultureller Aktivitäten)

Oberösterreichischer Familienbund
Starhembergstr. 3
4070 Eferding

Steirischer Familienbund
Mondscheingasse 8/3/5
8010 Graz

Unabhängiges Kinderschutzzentrum Wien
Kandlgasse 37
1070 Wien
Tel.: 01/5 26 18 20-21

Zentrale für Ehe- und Familienfragen
Erlerstr. 2
6060 Hall

Schweiz

Eltern-Notruf
Basel, Tel.: 0 61/2 61 10 60
Bern, Tel.: 0 31/6 33 41 41
Ostschweiz, Tel.: 0 71/2 44 20 20
Zürich, Tel.: 01/261 88 66
Zug, Tel.: 0 41/7 10 22 05

Schweizer Kinderschutzbund
Postfach 344
Brunnmattstr. 38
3014 Bern
Tel.: 0 31/3 82 02 33

Weitere Adressen finden Sie zumindest in größeren Städten unter folgenden Stichworten:

- Erziehungsberatungsstellen
- Pro Familia

- Telefonseelsorge, Kindertelefon
- Jugendämter, Gesundheitsämter und Krankenkassen
- Familienbildungsstätten
- Musikschulen, Sportvereine
- Caritas, Diakonisches Werk

Internetadressen

www.blinde-kuh.de/kunst/links.html (virtuelles Museum für Kinder)

www.familien-ferien-werk.de

www.family-line.de (Rundum-Service in allen pädagogischen Fragen)

www.kolping.de/ferien

www.stiftunglesen.de (Hinweise auf die besten Medien für Ihr Kind)

www.webmuseum.de (Museen und Ausstellungen im deutschsprachigen Raum)

Sachregister